Wie man Meinung macht
Simon Horton

WIE MAN
MEINUNG
MACHT

Jeden

überzeugen

in

6 SCHRITTEN

SIMON HORTON

BOOKS4SUCCESS

Die Originalausgabe erschien unter dem Titel
Change Their Mind: 6 Practical Steps to Persuade Anyone Anytime
bei Pearson Education Limited.
ISBN 978-1-292-40679-4

Copyright der Originalausgabe 2022:
Copyright © Simon Horton 2022. All rights reserved.
This translation of Change Their Mind is published by arrangement with Pearson
Education Limited.

Copyright der deutschen Ausgabe 2023:
© Börsenmedien AG, Kulmbach

Übersetzung: Rotkel e. K., Berlin
Gestaltung Cover: Anna Lena Schramm
Gestaltung, Satz und Herstellung: Timo Boethelt
Lektorat: Sebastian Politz
Druck: CPI books GmbH, Leck, Germany

ISBN 978-3-86470-832-9

Bibliografische Information der Deutschen Nationalbibliothek:
Die Deutsche Nationalbibliothek verzeichnet diese Publikation in der
Deutschen Nationalbibliografie; detaillierte bibliografische Daten
sind im Internet über <http://dnb.d-nb.de> abrufbar.

BÖRSEN MEDIEN
AKTIENGESELLSCHAFT

Postfach 1449 • 95305 Kulmbach
Tel: +49 9221 9051-0 • Fax: +49 9221 9051-4444
E-Mail: info@plassen-buchverlage.de
www.books4success.de
www.facebook.com/plassenverlag
www.instagram.com/plassen_buchverlage

Inhalt

Einleitung

Wie ändern Sie die Meinung einer anderen Person?

Im Jahr 2009 lehnten die Wähler in Maine das Gesetz zur Zulassung der gleichgeschlechtlichen Ehe mit 53 zu 47 Prozent ab. Im November 2012 änderten dieselben Wähler ihre Meinung, und dieses Mal wurde das Gesetz mit der gleichen Mehrheit von 53 zu 47 Prozent verabschiedet. Wie konnte das passieren?

Nun, genau darum geht es in diesem Buch – Menschen davon zu überzeugen, ihre Meinung zu ändern. Und zwar auf eine Art und Weise, mit der man Freunde gewinnt und nicht verliert.

Egal ob Sie für oder gegen die gleichgeschlechtliche Ehe sind, Sie werden die Meinung Ihres Gegenübers ändern wollen. Egal ob Sie Republikaner sind oder Demokrat, Labour oder Tory, Brexit-Fan oder Brexit-Gegner, Impfbefürworter oder Impfgegner, ob Sie für Black Lives Matter sind oder dagegen, ob Sie #MeToo befürworten oder nicht, Sie werden die Meinung der Person auf der anderen Seite des Tisches ändern wollen.

Und natürlich dreht es sich nicht nur um Politik, sondern auch um Ihre Arbeit. Wenn Sie die verdiente Gehaltserhöhung wollen, müssen Sie Ihren Chef oder Ihre Chefin überzeugen (und wahrscheinlich auch dessen oder deren Chef, die Personalabteilung und die Finanzdirektorin); wenn Sie wollen, dass die Kunden Ihr Produkt kaufen, müssen Sie sie davon überzeugen, dass es sich lohnt; wenn Sie wollen, dass die Lieferanten Ihnen ein gutes Angebot machen, kostet das Überzeugungsarbeit; wenn Sie in einer arbeitsreichen Zeit einen Tag freinehmen wollen, kostet auch das Überzeugungsarbeit.

Und wenn Sie wollen, dass Ihr Wohnzimmer aufgeräumt ist, müssen Sie Ihre Kinder davon überzeugen, ihre Spielsachen aufzuheben; wenn Sie mit jemandem ausgehen wollen, müssen Sie ihn davon überzeugen, dass Sie ein guter Fang sind; wenn Sie wollen, dass Ihr Partner Kevin im Rahmen der Scheidungsvereinbarung zu sich nimmt und Ihnen den Hund überlässt, während er sich vehement für das Gegenteil einsetzt, geht es nur um Überzeugung.

Ob in der Vorstandsetage oder im Schlafzimmer, ob wir andere überzeugen, beeinflussen oder mit ihnen verhandeln wollen, es geht immer darum, ihre Meinung zu ändern. Manchmal müssen wir sogar unsere *eigene* Meinung ändern: Vielleicht ist es an der Zeit, dass ich anfange, ein wenig Geld zu sparen, wenn ich älter bin; vielleicht sollte ich mich doch bei meinem Ex entschuldigen.

Es gibt eine Menge Menschen da draußen, deren Ansichten verändert werden müssen.

Überzeugen ist nicht einfach

Es ist nicht leicht, jemanden zum Umdenken zu bewegen. Wenn Sie jemals auf Facebook oder Twitter waren, wissen Sie das. Bei allen politischen Argumentationen, die Sie dort finden, können Sie so viele Seiten herunterscrollen, wie Sie wollen, und noch nie in der Geschichte der sozialen Medien hat jemand gesagt: „Oh ja, du hast recht. Ich habe meine Meinung geändert."

Das passiert nicht.

Warum ist das so? Weil wir das Überzeugen auf die falsche Weise angehen.

Wir überzeugen uns selbst von den Vorzügen unserer Argumente und gehen dann davon aus, dass das gleiche Argument auch die anderen überzeugen wird. Wir gehen davon aus, dass sie die Situation genau so sehen werden wie wir.

Aber das tun sie nicht und unsere Argumente stoßen auf taube Ohren, sodass wir mit Kinderspielzeug im ganzen Wohnzimmer, ohne Gehaltserhöhung und mit Freunden, die die andere Partei wählen, dastehen. Unsere Welt scheint voll von Menschen zu sein, die entweder dumm sind oder absichtlich schwierig.

Es gibt eine gute Nachricht

In meiner täglichen Arbeit leite ich Workshops zum Thema Einflussnahme und ich beginne oft damit, meinen Teilnehmern zu sagen, dass es eine schlechte und eine gute Nachricht zu diesem Thema gibt. Die schlechte Nachricht ist, dass es fast acht Milliarden Menschen auf der Welt gibt und sie alle unterschiedlich sind.

Woher wissen Sie also, wie Sie die Person, die vor Ihnen sitzt, überzeugen können?

Die gute Nachricht ist, dass sie es Ihnen sagt.

Natürlich sagt sie es Ihnen nicht ausdrücklich, aber sie lässt immer wieder Informationen durchsickern, die Sie wissen müssen – fragen Sie Pokerspieler. Die Frage ist nur, ob Sie sich darauf einstellen können.

Es funktioniert also nicht, einfach aus der Hüfte zu schießen und Ihren Vorschlag oder Ihre Bitte direkt anzubringen. Stattdessen müssen Sie zunächst Vorbereitungen treffen und das, was normalerweise als Überzeugungsprozess angesehen wird, muss an letzter Stelle stehen.

Sechs Schritte, um jeden jederzeit zu überzeugen

Worum geht es also bei diesen Vorbereitungsarbeiten? In diesem Buch stellen wir Ihnen sechs einfache Schritte vor, mit denen Sie die Meinung anderer erfolgreich ändern können.

1. Benennen Sie Ihre Ziele und seien Sie ehrgeizig

Wenn Sie sich über Ihr Ziel nicht im Klaren sind, können Sie nicht erwarten, dass Sie es erreichen. Wenn Sie sagen: „Leute, folgt mir", und die fragen: „Ja, wohin?", und Sie antworten: „Hmm, ich weiß nicht genau, ich melde mich bei dir", dann wird das nicht funktionieren.

In einer komplexen Welt fühlen sich Menschen zur Gewissheit hingezogen. Je genauer Sie Ihr angepeiltes Resultat durchdacht haben, desto klarer können Sie es kommunizieren und desto wahrscheinlicher ist es, dass Sie es erreichen. In Kapitel 1 erklären wir Ihnen, wie Sie dies tun können, und wir ermutigen Sie, ehrgeizig zu sein. Es gibt großartige Ergebnisse, die man erzielen kann!

2. Machen Sie Ihre Hausaufgaben

Nehmen Sie die Überredungssituation nicht als gegeben hin. Wie alles, was wichtig ist, müssen wir uns darauf vorbereiten.

Sie müssen Ihre Angelegenheiten und die Angelegenheiten der anderen kennen, wissen, wie sich Ihre Angelegenheiten auf deren Angelegenheiten auswirken und den anderen einen Nutzen bringen. Sie müssen wissen, wie die anderen denken, wie sie ihre Entscheidungen treffen und wie sie sich fühlen werden.

In Kapitel 2 werden wir Ihnen zeigen, welche Nachforschungen Sie anstellen müssen, bevor Sie Ihre Bitte äußern, was Ihre Erfolgsaussichten erheblich verbessern wird.

3. Werden Sie ein Weltklasse-Zuhörer

Überzeugen beruht letztlich darauf, zuzuhören – hören Sie intensiv zu, achten Sie auf das, was sich hinter den Worten verbirgt, achten Sie auf das, was zwischen den Zeilen steht, achten Sie auf das, was nicht gesagt wird. So sammeln Sie die Informationen, die Sie für Ihren Erfolg benötigen.

Wir alle hören zu und wir alle können noch deutlich besser zuhören. Ganz einfach: Die besten Zuhörer sind die besten Beeinflusser. In Kapitel 3 erfahren Sie genau, was Sie tun müssen und worauf Sie achten sollten.

4. Seien Sie stark, das wird Ihr Gegenüber kooperativer machen

In Kapitel 4 werden wir den Schwerpunkt auf Stärke legen. Und warum? Damit Sie Ihre Sichtweise durchsetzen können? Nein, ganz und gar nicht. Wir werden einen sehr ethisch-kooperativen Ansatz vertreten. Wir werden argumentieren, dass Macht überhaupt kein Faktor sein sollte.

Angesichts des derzeitigen Entwicklungsstands unserer Spezies muss dies jedoch leider immer noch in Betracht gezogen werden.

Einfach ausgedrückt: Es ist erstaunlich, wie kooperativ der andere ist, wenn man eine größere Armee hat als er. Wir werden uns also dafür einsetzen, dass Sie Ihre Kraft aufbauen, und zwar nicht, damit Sie sie nutzen, sondern damit Sie sie nicht nutzen müssen.

5. Finden Sie gemeinsam eine Lösung

Die Lösung liegt nicht bei einer Person, sie liegt bei Ihnen beiden.

Sie haben ein Anliegen, aber die anderen haben einen berechtigten Einwand.

Oder Sie haben eine Lösung, aber die Gegenseite bevorzugt eine andere. Oder Sie haben Informationen, die eine bestimmte Vorgehensweise nahelegen, aber die anderen haben abweichende Informationen, die eine unterschiedliche Herangehensweise nahelegen.

Es gibt eine Antwort, die für beide Seiten passt, aber Sie müssen gemeinsam nach ihr suchen. In Kapitel 5 wird genau gezeigt, wie man die richtige Lösung findet, die von allen mitgetragen werden kann.

6. Finden Sie den richtigen Weg, um Ihre Botschaft zu vermitteln

Schließlich wird in Kapitel 6 erläutert, wie Sie Ihre Botschaft am besten vermitteln – was für den einen funktioniert, muss für den anderen nicht auch gelten.

Und es muss betont werden, dass dies der letzte Schritt ist – nur sehr wenige Menschen machen sich die Mühe, die anderen Schritte zuerst zu gehen, und genau deshalb scheitern sie. Um die richtigen Worte in Kapitel 6 zu finden, müssen Sie zunächst die Vorarbeit in den Kapiteln 1 bis 5 leisten. Aber wenn Sie all diese Arbeit im Vorfeld erledigt haben, werden Sie überrascht sein, wie reibungslos es abläuft.

Aus milliardenschweren Verhandlungen werden nette Gespräche, Fluggesellschaften erstatten stornierte Flüge zurück, Ehemänner übernehmen freiwillig den Abwasch. Nein, ganz im Ernst.

Funktioniert diese Methode tatsächlich?

Kehren wir zurück nach Maine im Jahr 2009. Die LGBT-Gemeinschaft hatte eine sehr klare Vorstellung davon, was sie wollte: das, was die heterosexuelle Gemeinschaft *bereits hatte* – all das und nicht mehr als das. Gleichberechtigung schien nicht zu viel verlangt zu sein.

Aber das funktionierte nicht, also mussten sie einen anderen Ansatz finden. Sie wussten, dass sich viele Menschen niemals überzeugen lassen würden und viele bereits auf ihrer Seite waren. Ihre Aufgabe bestand also darin, diese beeinflussbaren Wähler aufzuspüren und herauszufinden, was genau deren Meinung ändern würde.

Und genau das taten sie. Mithilfe von Fokusgruppen und anderen Marktforschungsmethoden sprachen sie mit 250.000 Menschen, die gegen sie gestimmt hatten, aber höchstwahrscheinlich ihre Meinung ändern würden. Sie hörten sich an, was sie zu sagen hatten, und begannen, deren Ansichten besser zu verstehen.

Auf diese Weise erfuhren sie, warum ihr ursprünglicher Ansatz gescheitert war und was sie stattdessen tun mussten.

In der Kampagne 2009 ging es um die Forderung nach Gleichberechtigung und die Forderungen wurden oft recht aggressiv gestellt. Aber als sie diesen potenziellen Wechselwählern zuhörten, entdeckten sie, dass es für diese bei der Ehe überhaupt nicht um Rechte und Gleichheit ging, sondern um Liebe, Engagement und Familie. Also änderten sie ihren Modus Operandi und starteten eine neue Website, die dies aufgriff: www.whymarriagematters.org. Wenn jemand die Homepage besuchte, waren die ersten Worte, die man sah, „Liebe. Verbindlichkeit. Familie" neben dem Bild eines Herzens und eines Hauses. Dann die Frage in großen Lettern: „Warum heiraten?", gefolgt von der Antwort: „Weil die Ehe auf eine Weise sagt: ‚Wir sind eine Familie', wie es kein anderes Wort tut."

Sie hatten der Gemeinschaft zugehört und sagten ihr, sie hätten sie verstanden und seien einverstanden.

Da war noch mehr. Oben auf der Seite war ein kurzes Video zu sehen, in dem vier Paare ihre Ansichten zur Ehe darlegten. Es gab ein schwarzes heterosexuelles Paar, das seit 31 Jahren verheiratet war, ein weißes heterosexuelles Paar, ein lesbisches Paar und zwei Männer, die im folgenden Monat ihren 57. Jahrestag feierten.

Und die Ansichten? So schnulzig und hausbacken wie möglich: „Ich würde einfach sagen, dass Liebe Liebe ist, sie gehört allen" und so weiter. In einem anderen Video ging es um ein älteres Ehepaar, das zu seinem Priester ging, als sich seine Tochter outete; der Rat des Priesters lautete: „Sie ist dieselbe Person, die Sie gestern geliebt haben."

Sie wissen sicher, was ich meine. Diese Website war die Grundlage für die neue Kampagne der LGBT-Gemeinschaft, in der es um die *Werte der Wähler* und nicht um die Forderungen der LGBT-

Gemeinschaft ging. Durch diese Art der Formulierung ihrer Botschaft konnten sie ihre Ziele erreichen. Drei Jahre nach der ersten Abstimmung gab es eine zweite – und dieses Mal gewannen sie.

Die gleiche Kampagne wurde auch andernorts fortgesetzt, bis sie genügend Wähler, Richter auf Bundes- und Landesebene, Bürgermeister, Senatoren und sogar Präsidenten auf ihrer Seite hatten und der Oberste Gerichtshof schließlich am 26. Juni 2015 entschied, dass die Ehe ein Grundrecht für gleichgeschlechtliche Paare im ganzen Land ist.

Es stellt sich also heraus, dass man die Meinung der Leute ändern kann.

Und tatsächlich werden wir uns in diesem Buch mit Fachleuten befassen, die in den schwierigsten Situationen arbeiten. Dabei geht es nicht nur darum, Menschen, die gegen LGBT-Rechte gestimmt haben, davon zu überzeugen, *für* diese Rechte zu stimmen, was an sich schon schwierig genug ist, sondern wir werden uns auch mit Geiselverhandlern, Vernehmungsbeamten und forensischen Interviewern sowie Beratern, die mit Süchtigen und Wiederholungstätern arbeiten, befassen. Dies sind Extremfälle.

Und interessanterweise werden wir sehen, dass jeder dieser Bereiche unabhängig voneinander bemerkenswert ähnliche Methoden entwickelt hat, die sich selbst unter solch extremen Bedingungen als erfolgreich erweisen.

Aber sind wir nicht alle manipulativ?

Tun Sie nichts Böses.

Beeinflussung ist etwas, das wir ständig tun: Wenn ich Sie bitte, mir das Salz zu reichen, beeinflusse ich damit Ihr Verhalten. Also, wie bei allem, tun Sie es, so gut Sie können, tun Sie es so, dass es funktioniert. Ich glaube daran, dass man gute Überzeugungsmethoden für ethische Zwecke einsetzen sollte: Wenn man jemanden davon überzeugen will, das Richtige, das Gute zu tun, dann sollte man ihn so gut wie möglich überzeugen.

Aber es stimmt, dass die Beeinflussung ein Instrument und als solches von Natur aus neutral ist, aber zu guten oder schlechten Zwecken eingesetzt werden kann. Und Sie können darauf wetten, dass die Bösewichte die besten Praktiken anwenden werden, warum also nicht auch die guten Jungs oder Mädels? Aber wie können wir sicher sein, dass wir nicht manipulativ sind? Wie unterscheidet sich dies von Folgendem?

○ Eine Tabakwerbung weckt in Ihnen ein Bedürfnis, das Sie vorher nicht hatten, ein Bedürfnis, das auf der Lüge vom schönen Lebensstil in der Werbung beruht.

○ Eine politische Partei stellt eine eigennützige Politik als Hilfe für die Armen dar.

○ Eine Website verleitet Sie zum Kauf einer Sache, die Sie eigentlich gar nicht brauchen.

Die Definition des Begriffs „Manipulation" im Wörterbuch beinhaltet in der Regel die Beeinflussung zum eigenen Vorteil (ohne Bezug auf den Vorteil der anderen Person), oft ohne Wissen der anderen Person und oft auf unehrliche Weise.

Ein guter Ausgangspunkt ist also die Absicht. Wenn Sie das Beste für Ihr Gegenüber wollen, dann sind wir auf dem richtigen Weg. Aber wer soll das beurteilen? Vielleicht war Hitler der Meinung, dass er gute Absichten hatte? Das allein reicht nicht aus, es ist einfach zu leicht, sich etwas vorzumachen. Wir müssen unsere Methoden sorgfältiger überprüfen.

7 WEGE ZU EINER BESSEREN ETHIK

1. Gehen Sie offen mit Ihren Absichten um.

2. Sorgen Sie dafür, dass Ihr Gegenüber ebenso davon profitiert wie Sie selbst.

3. Betrügen Sie nicht, lügen Sie nicht, machen Sie keine falschen Angaben und haben Sie keine Hintergedanken.

4. Arbeiten Sie gemeinsam an einer Lösung, mit der alle zufrieden sind.

5. Lassen Sie den anderen die Freiheit, Nein zu sagen.

6. Kommunizieren Sie stets auf der Grundlage von Respekt und bedingungsloser positiver Wertschätzung.

7. Wenden Sie nur Methoden an, die Sie auch bei sich selbst anwenden würden.

Je mehr Punkte wir davon ankreuzen, desto eher können wir sicher sein, dass unsere Methoden fair und nicht manipulativ sind. Und wenn es einmal kompliziert wird, erinnern Sie sich daran: Tun Sie nichts Böses.

Die wirklich gute Nachricht

Meine Mutter ist irisch-katholisch und mein Vater war englischer Protestant. Ich bin in den 1970er-Jahren aufgewachsen und jedes Mal, wenn in Nordirland (oder auch auf dem Festland) eine Bombe hochging, wurde der Bürgerkrieg an unserem Esstisch ausgetragen.

Schon im Alter von zehn Jahren dachte ich, dass es einen besseren Weg geben muss.

Ich schreibe dieses Buch, weil es das gibt. Eine bessere Art, politische Streitigkeiten zu lösen, als Bomben zu werfen und

Menschen zu töten, und eine bessere Art, Meinungsverschiedenheiten in der Familie zu lösen, als zu schreien und sich zu be-
schimpfen. Dies ist die wirklich gute Nachricht. Durch den in diesem
Buch beschriebenen Ansatz werden Sie ein erfolgreicheres Leben
führen und die Qualität Ihrer Beziehungen deutlich verbessern.
Und darüber hinaus wird die Welt mit jedem Gespräch, das wir
führen, zu einem besseren Ort.

Also lassen Sie es uns angehen.

1

Setzen Sie sich hohe Ziele

1.1 Setzen Sie sich hohe Ziele

Okay, legen Sie das Buch weg und holen Sie eine Büroklammer. Diese Büroklammer ist der Schlüssel zu Ihrem zukünftigen Reichtum.

Großartig. Haben Sie eine gefunden? Ihre Aufgabe ist es nun, diese Büroklammer gegen ein Haus einzutauschen. Glauben Sie, dass Sie das schaffen können?

Kyle MacDonald aus Vancouver schon. Er brauchte 14 Tauschgeschäfte im Laufe eines Jahres, aber er hat es geschafft. Und es gelang ihm, ein Buch zu schreiben, *One Red Paperclip*[1].

Er tauschte:

1. die Büroklammer gegen einen fischförmigen Stift
2. den Stift gegen einen Türknauf
3. den Türknauf gegen einen Grill
4. den Grill gegen einen Generator

5. den Generator gegen eine Spontanparty

6. die Spontanparty gegen ein Schneemobil

7. das Schneemobil gegen einen Ausflug nach Yahk, British Columbia

8. den Ausflug nach Yahk gegen einen Lieferwagen

9. den Lieferwagen gegen einen Plattenvertrag

10. den Plattenvertrag gegen ein Jahr freie Unterkunft in Phoenix

11. das Jahr in Phoenix gegen einen Nachmittag mit Alice Cooper

12. den Nachmittag mit Alice Cooper gegen eine motorbetriebene KISS-Schneekugel

13. die Schneekugel gegen eine Filmrolle

14. die Filmrolle gegen ein Haus.

Dieser Mann hat sich hohe Ziele gesetzt und ich gratuliere ihm zu diesem Erfolg.

1.2 Wissen, was man will, was man wirklich will

Wenn Sie jemanden umstimmen wollen, sollten Sie unbedingt wissen, was Sie erreichen wollen.

○ Wenn Sie Ihren Sohn im Teenageralter bitten, das Wohnzimmer aufzuräumen, dürfen Sie sich nicht wundern, wenn er *seine* Version von Aufräumen ausführt, die sich von der Ihren stark unterscheidet. Sie müssen genau sagen, was Sie unter Ordnung verstehen.

○ Wenn Sie um eine Gehaltserhöhung bitten, müssen Sie sich nicht wundern, wenn Sie viel weniger bekommen, als Sie sich vorgestellt haben. Sie müssen klar kommunizieren, wie viel Sie wollen.

○ Wenn Sie Ihren Künstlerfreund dafür bezahlen, eine Skulptur für Ihren Flur zu entwerfen, seien Sie nicht überrascht, wenn er eine andere Vorstellung von Schönheit hat als Sie und Sie unwillkürlich aufschreien, wenn die Skulptur enthüllt wird.

Der erste Schritt in diesem Prozess besteht also darin, sich über das gewünschte Ergebnis klar zu werden. Je mehr Sie darüber nachgedacht haben, desto genauer können Sie es vermitteln und desto wahrscheinlicher ist es, dass Sie es erzielen.

Warum wollen wir das?

Es ist auch wichtig zu wissen, warum wir es wollen. Wie Mick Jagger einmal sagte, können wir nicht immer bekommen, was wir wollen – das ist die Welt, in der wir leben –, aber wenn wir wissen, warum wir es wollen, können wir vielleicht einen anderen Weg finden, es zu erreichen.

Meine Mutter ist 90 Jahre alt und lebt in einem Pflegeheim. Während der Coronavirus-Pandemie habe ich versucht, sie zu besuchen, aber das Pflegepersonal hat mich nicht zu ihr gelassen. Und warum? Sie wollten nicht riskieren, dass ich das Virus ins Heim einschleppe und einen verheerenden Ausbruch verursache. Warum wollte ich meine Mutter sehen? Nun, *sie ist meine Mutter!* Ich wollte sehen, ob es ihr gut geht. Ich wollte nachschauen, ob sie etwas braucht. Ich wollte ihr zeigen, dass wir sie nicht vergessen haben. Ich wollte sie natürlich umarmen, aber ich wusste, dass das nicht möglich sein würde.

Und die Lösung? Sie brachten sie zur Rezeption und setzten sie ans Fenster und ich konnte von draußen mit ihr sprechen. Keine Chance, das Virus durchs Glas zu übertragen, und ich konnte mit meiner Mutter plaudern.

Mit der Frage „Warum?" lassen sich die Hindernisse aus dem Weg räumen.

Warum? Warum? Warum? Warum? Warum?

In der Strategie wird empfohlen, die Frage „Warum?" fünfmal zu stellen, weil man dadurch in Kontakt mit dem kommt, was einem wirklich wichtig ist.

Kyle MacDonald wollte den fischförmigen Stift, weil er wusste, dass es ihm dabei helfen würde, etwas anderes zu bekommen, was ihm dabei helfen würde, etwas anderes zu bekommen ... was ihm dabei helfen würde, ein Haus zu bekommen.

Nehmen wir ein anderes Beispiel. Sie versuchen, sich zu überwinden, ins Fitnessstudio zu gehen, aber Sie haben einen langen Arbeitstag hinter sich und das Sofa ruft. Warum wollen Sie ins Fitnessstudio gehen? Ganz klar, um fitter zu werden. Warum wollen Sie also fitter werden? Nun, Sie sagen, um mehr Energie in Ihr Leben zu bringen. Und warum wollen Sie mehr Energie in Ihrem Leben? So können Sie mehr mit den Kindern spielen. Warum wollen Sie mehr mit den Kindern spielen? Nun, das ist es, was Sie am liebsten tun, die Kinder *sind* Ihr Leben.

Genial, jetzt haben Sie Ihre stärkste Motivation wiedergefunden und jetzt fällt es Ihnen viel leichter, sich vom Sofa zu verabschieden und ins Fitnessstudio zu gehen.

Warum ist es so wichtig

Wenn Sie darüber nachdenken, was Sie wollen, und sich dann fragen, warum Sie das wollen, bringt Sie das in Kontakt mit einem noch wichtigeren Ziel als Ihre erste Antwort und durch diese Art des Denkens werden Sie mehr Erfolg haben. Menschen, die sich auf dieses Ziel der ersten Ebene fixieren, sind nicht immer erfolgreich; Menschen, die sich auf die hinter dem Ziel liegenden Gründe konzentrieren, sind es.

Das liegt daran, dass die Frage nach dem Warum viel mehr Flexibilität bietet. Oft gibt es sehr gute Gründe, warum Ihrem Anliegen nicht entsprochen werden kann. Wenn Sie sich also auf diese Gründe und auf die Gründe für Ihr eigenes Anliegen konzentrieren, haben Sie viel mehr Spielraum für eine Lösung.

Wenn Sie in einem Geschäft eine schöne Jacke sehen und feststellen, dass sie 200 Euro kostet, Sie aber nur 100 Euro zur Verfügung haben, werden Sie sie wahrscheinlich nicht bekommen und keine noch so gute Verhandlung, kein Flehen und kein Tränenausbruch wird daran etwas ändern. Wenn Sie auf diese Jacke zu diesem Preis fixiert sind, werden Sie enttäuscht sein. Aber warum wollen Sie es so sehr? Nun, Sie brauchen etwas, das Sie warmhält, da der Winter kommt, und der Schnitt ist wunderschön, Sie werden darin sehr gut aussehen und es ist ein wirklich flippiger Laden. Gut, wenn es das ist, was Sie wirklich wollen, können Sie wahrscheinlich einen schönen Pullover im selben Geschäft finden, den Sie mit Ihrer bisherigen Jacke tragen können – der Pullover erfüllt alle Kriterien und liegt im Rahmen Ihres Budgets. Und schon haben wir unser Ergebnis.

TOP-TIPP

Wann immer Sie die Wahl zwischen der einfachen und der „richtigen" Option haben (zum Beispiel Sofa oder Fitnessstudio), erinnern Sie sich daran, warum die richtige Option die richtige ist. Stellen Sie sich die Frage „Warum?" so oft wie nötig, um die richtige Entscheidung zu treffen.

Ihre Ziele ausrichten

Der Mensch hat ein sehr zielgerichtetes Nervensystem ausgebildet – sei es, um Nahrung und ein Dach über dem Kopf zu produzieren oder um den neuesten Porsche zu kaufen. Unsere Vorfahren, die am besten in der Lage waren, sich zu beschaffen, was sie zum Überleben brauchten, hatten eindeutig eine höhere Überlebenschance. Wenn wir also unsere Ziele auf diese Art und Weise definieren, aktivieren wir diese Veranlagung, die uns hilft, sie zu erreichen – Chancen wahrzunehmen, Probleme zu lösen, Wege zu finden, Energie zu tanken und so weiter.

Und es kann sehr wirkungsvoll sein, wenn Sie Ihre Ziele so ausrichten, dass das Erreichen eines Zieles Sie dem nächsten, größeren Ziel näherbringt.

Kyle MacDonalds Fünfmal-Warum-Antwort war, dass er ein Haus wollte. Wäre er in ein Immobilienbüro gegangen und hätte versucht, mit seiner Büroklammer eins zu kaufen, hätte man ihn sofort wieder auf die Straße gesetzt. Aber indem er flexibel war, brachte ihn jedes Tauschgeschäft diesem Haus näher.

John D. Rockefeller war um die Jahrhundertwende der reichste Mann der Welt und inflationsbereinigt einer der reichsten Menschen aller Zeiten. Kein Wunder, denn sein Unternehmen, Standard Oil, hatte den Ölsektor weitgehend monopolisiert.

Aber er hat das Monopol nicht direkt aufgebaut, er wusste immer, dass es zu viel Widerstand geben würde, wenn er den direkten Weg gehen würde. Also wählte er einen anderen Weg. Er kaufte heimlich alle Frachtunternehmen auf, die das Öl transportierten, und hielt die Branche schließlich im Würgegriff. Das war eine viel bessere Strategie.

Jetzt, wo ich darüber nachdenke, bin ich enttäuscht, dass Mac-Donald beim Haus aufgehört hat. Er hätte versuchen sollen, den Ölmarkt zu beherrschen.

TOP-TIPP

Arbeiten Sie sich vom langfristigen Ziel aus rückwärts. Angenommen, das Ziel ist die Weltherrschaft in fünf Jahren. Fragen Sie sich, wo Sie in vier Jahren stehen müssen, um dieses Ziel zu erreichen. Und wo müssen Sie dann in drei Jahren stehen und so weiter – bis Sie in der Gegenwart angekommen sind.

Was ist Ihr Lieblingsmuttermal?

Bühne frei für Opfrisdame Anne Nusselder! Die Opfris-
damen machen in den Niederlanden improvisiertes Theater
auf Festivals, Firmenveranstaltungen und in Pflegeheimen.
Eine der beiden Damen, Anne, unterrichtet (visuelles) Ge-
schichtenerzählen und Präsentation an der Universität der
Künste in Utrecht.

„Was ich mache, nenne ich intimes Schauspiel, Eins-zu-eins-Schauspiel. Nein, nicht, was Sie denken. Ich werde dafür bezahlt, dass ich auf irgendeiner Veranstaltung mit Menschen interagiere und ihre Denkweise auffrische. Vor allem, indem ich ihnen wirklich Aufmerksamkeit schenke. Ich stelle viele Fragen, wir kommen uns näher, es rührt oder überrascht sie, aber jedenfalls hat es eine belebende Wirkung.

Ich bringe gern ein bisschen Spaß hinein und vor ein paar Jahren habe ich zufällig das Kinderspiel mit dem gefalteten Papier benutzt – das, bei dem man das Papier mit den Fingern und Daumen bewegt und zurückfaltet, und darunter steht eine Frage geschrieben. Ich sprach eine Frau an, die etwa 60 Jahre alt war und etwas still wirkte, aber sie war bereit für das Spiel, und die Frage, die sie bekam, lautete: ‚Was ist Ihr Lieblingsmuttermal?'

Eine interessante Frage, auf die ich eine interessante Antwort erhielt: ‚Eines auf der rechten Backe eines Männerhinterns!' Wer hätte das von dieser zurückhaltenden kleinen Dame erwartet?

Ich habe nachgehakt: War es ein bestimmter Hintern, den sie kannte, oder einer, den sie suchte? Einer, den sie suchte. Wow, sie war auf der Suche nach etwas Besonderem!

Ich habe sie in die Mangel genommen: Haben Sie jemals jemanden gefragt, ob er ein solches Muttermal hat? Nein, natürlich nicht, der Gedanke war ihr peinlich.

Es war eine volle Veranstaltung und ich schaute mich um und sah eine Menge Männer und eine große Chance. Ich

stellte mich auf einen Stuhl und fragte sehr laut, ob es in der Nähe Kerle mit einem Muttermal auf der rechten Hinterbacke gäbe.

Und siehe da, es meldete sich jemand, und zwar ein gut aussehender Mann, der etwa so alt war wie die Frau, wie sich herausstellte. Ich habe das Einzige getan, was ich tun konnte – ich habe sie einander vorgestellt und sie dann sich selbst überlassen.

Das Happy End? Einige Monate später erhielt ich eine E-Mail von der Dame, in der sie mir mitteilte, dass sie das Muttermal gefunden hatte, nach dem sie gesucht hatte, und dass die beiden nun ein Paar seien."

1.3 Sie müssen fragen

Was für eine schöne Geschichte. Aber die traurige Schlussfolgerung ist natürlich, dass die Frau 60 Jahre lang brauchte, bevor sie ihr Muttermal fand. Alles nur, weil sie zu schüchtern war, um zu fragen. Und was wäre, wenn sie nie eine Opfrisdame kennengelernt hätte, die den Mut hatte, die Frage für sie zu stellen?

Und wie viele Menschen leben ihr Leben, ohne das zu bekommen, was sie wollen, weil sie nicht nachdenken oder zu viel Angst haben, zu fragen? Jedes einzelne solcher Leben ist eine Tragödie.

Sie müssen also fragen.

Das scheint so elementar zu sein, und doch wird es so oft vergessen oder man hat Angst davor. Natürlich bedeutet zu bitten nicht, dass man auch etwas bekommt. Aber Sie können ganz sicher sein, dass Sie nichts bekommen, wenn Sie nicht danach fragen.

Ihr Leben oder Ihr Parkplatz

Manchmal sind es die großen Dinge des Lebens wie die Liebe, manchmal aber auch die kleinen Dinge. Vor vielen Jahren zog eine andere Freundin von mir, Diana, in eine schöne Wohnung im Zentrum von London. Die Wohnung befindet sich in einer kleinen Straße zwischen Leicester Square und Trafalgar Square.

Schöne Wohnung, fantastische Lage, aber ein Problem: Es gab keinen Parkplatz und sie hatte ein wunderschönes rosa Cabrio Peugeot 504, das die Liebe ihres Lebens war. Was tun? Nun, sie hatte einen Geistesblitz. In der gleichen Straße gab es ein Hotel mit einer Tiefgarage und sie dachte, sie könnte einfach mal fragen. Zufälligerweise war ihr Großvater der Makler gewesen, der den Verkauf des Grundstücks, auf dem das Hotel gebaut wurde, vermittelt hatte. Es ist zwar nicht so beeindruckend, wie die Tochter des Besitzers zu sein (falls Sie das lesen, Frau Hilton), aber einen Versuch war es wert.

Leider hat der Versuch nicht funktioniert. Sie erzählte ihre Geschichte und trug ihr Anliegen vor, aber die Geschäftsleitung war nicht in der Lage zu helfen. Tja.

Aber etwa zwei Monate später erhielt sie eine E-Mail vom Hotel, in der stand, dass einer der Mitarbeiterparkplätze frei geworden sei und ob sie noch Interesse hätte ...

Sie war immer noch interessiert.

4 Wege, eine dreiste Bitte vorzubringen

1. Seien Sie zunächst freundlich, zeigen Sie Interesse an Ihrem Gegenüber.

2. Fragen Sie mit einem Lächeln.

3. Geben Sie den anderen einen (vage) plausiblen Grund, um Ja zu sagen.

4. Danken Sie der Gegenseite, auch wenn sie Nein sagt.

1.4 Vernachlässigen Sie sich nicht selbst

Viel zu oft setzen wir uns niedrige statt hohe Ziele. Hier ist eine typische Szene:

Nacht zuvor	Morgen werde ich ins Büro meines Chefs gehen und eine Gehaltserhöhung verlangen. Ich habe Marktforschung betrieben und weiß, dass ich mindestens zehn Prozent zusätzlich verdiene, wahrscheinlich viel mehr, aber ich werde mich mit nichts weniger zufriedengeben.
Nächster Morgen	Hm, er wird sicher wütend, wenn ich zehn Prozent verlange, ich werde neun Prozent verlangen. Nun ja, acht Prozent, für alle Fälle.
Im Büro des Chefs	Hallo, Chef, ich habe Marktforschung betrieben und kann beweisen, dass ich eine 7-prozentige Gehaltserhöhung verdient habe. Aber sechs Prozent würde ich gern akzeptieren. (*Chef grinst*) Okay, ich bin bereit, fünf Prozent zu akzeptieren.
Chef antwortet	Wir könnten Ihnen zwei Prozent geben.
Du	Vier?
Chef	2,5.
Du	Gut.

Sie haben ein Viertel dessen ausgehandelt, was Sie wert sind, was Sie hätten bekommen können, wenn Sie einen anderen Ansatz gewählt hätten.

Aber es ist noch schlimmer, denn wenn Sie dieses Mal so verhandelt haben, werden Sie es auch beim nächsten Mal tun. Und beim nächsten. Und bei dem darauf. Wenn Sie immer nur ein Viertel der jährlichen Gehaltserhöhung aushandeln, die Ihnen zusteht, werden Sie am Ende einer 40-jährigen Karriere nur etwas mehr als ein Fünfzehntel dessen verdienen, was Sie hätten verdienen sollen.

Und das wird auch für alles andere in Ihrem Leben gelten. Klingt ziemlich deprimierend, nicht wahr? Werden Sie *jetzt* verlangen, was Ihnen zusteht?

Vergessen Sie nicht, dass Sie den anderen psychologisch gesehen sagen, dass Sie weniger wert sind, wenn Sie sich selbst herabsetzen. Wenn Sie einen Gehirnchirurgen brauchen, gehen Sie nicht zum billigsten, sondern zum besten. Aber man kann keine hinreichend exakten Vergleiche anstellen, um zu beurteilen, wer der Beste ist. Der Preis ist eigentlich ein sinnvoller Indikator, sodass man dazu neigt, denjenigen zu wählen, der, wie Stella Artois behauptet, beruhigend teuer ist.

In einer Welt, in der der Wert schwer zu berechnen ist, orientieren sich die Menschen an der Zahl, die Sie ihnen nennen. Wir beurteilen den Wert eines Produkts oder einer Dienstleistung häufig anhand des Preises. Wenn Sie also einen niedrigen Preis verlangen, wird man denken, dass Sie nichts taugen; verlangen Sie einen hohen Preis, wird man Sie für gut halten.

TOP-TIPP

Schreiben Sie den Betrag auf – und Sie werden sich weniger selbst unterschätzen. Findet die Besprechung am Telefon statt, schreiben Sie ihn auf einen Zettel und legen diesen auf Ihren Schreibtisch, sodass Sie ihn immer im Blick haben; führen Sie die Besprechung von Angesicht zu Angesicht, schreiben Sie ihn in Ihr Notizbuch und halten es offen.

Ich habe aufgehört, Angst zu haben, dass sie Nein sagen könnten

Vitas Poshkus, Gründer von PVA Developments, einem designorientierten Bauunternehmen, das sich auf maßgeschneiderte Wohnprojekte für Privatkunden spezialisiert hat.

„Als ich meine Tätigkeit als Bauunternehmer aufnahm, setzte ich meine Preise sehr niedrig an, weil ich unbedingt jeden möglichen Auftrag bekommen wollte.

Ich vergeudete viel Zeit damit, Energie in den Umgang mit schwierigen Kunden zu stecken – ständig beschwerten sie sich und verlangten Rabatte und weitere Extras. Es war ein Albtraum, ich konnte das Geschäft so niemals ausbauen.

Aber mit der Zeit begann ich, an mich selbst zu glauben – dass die Leistung, die ich den Kunden erbrachte, das wert war, was ich verlangte. Ich sah mich nicht mehr als Arbeiter mit schlammigen Stiefeln, sondern als Firmenchef; ich fing an, Hemd und Jackett zu tragen, und kaufte mir einen Lexus anstelle meines alten Lieferwagens, und die Kunden begannen, mir mehr Vertrauen entgegenzubringen.

Ich habe mir einmal eine wirklich schöne Uhr zum Geburtstag gekauft, und kurz darauf besuchte ich einen Kunden, der sie mit einem netten Kommentar bedachte. Nach dem Auftrag sagte er mir, er habe sofort gewusst, dass ich die Arbeit für ihn erledigen würde, als er die Uhr sah. Das war für ihn ein Zeichen für Qualität.

Ich habe aufgehört, mir Sorgen zu machen, dass ich Aufträge verliere. Jetzt liebe ich diese ersten Treffen. Ich bringe gern mein Fachwissen ein und zeige, wie ich den Kunden helfen kann. Ich schaue mich um und finde etwas, zu dem ich eine Verbindung herstellen und über das ich ein Gespräch führen kann, vielleicht haben sie eine Katze und ich erzähle ihnen von meiner eigenen Katze. Mittlerweile habe ich viel bessere Beziehungen zu meinen Auftraggebern, es läuft viel menschlicher ab.

Und in dem Zuge habe ich aufgehört, Schlammstiefel-Preise zu nennen, und nenne stattdessen Unternehmens-leiter-Preise. Sicher, ich habe dadurch Aufträge verloren, Kunden, die einen Arbeiter mit schlammigen Stiefeln wollten, und das war das Schwerste für mich. Aber meistens waren sie froh, zu zahlen, weil sie wussten, dass sie eine Dienstleistung in Lexus-Qualität für ihr Haus bekommen würden und nicht in der eines alten Lieferwagens. Außerdem konnte ich so mehr Zeit für meine Bestandskunden aufbringen und bessere Arbeit für sie leisten – das war eine viel bessere Strategie.

Im Jahr 2012 beschäftigte ich zehn Mitarbeiter und verlangte 20.000 bis 30.000 Pfund für einen Auftrag. Ein Jahr später waren es 40 und ich erzielte Preise von 80.000 bis 100.000 Pfund und die Kunden waren zufrieden. Im Jahr 2018 hatte ich 140 Mitarbeiter und bearbeitete Aufträge im Wert von weit über einer Million. Ich habe gelernt, keine Angst mehr davor zu haben, dass die Kunden Nein sagen."

1.5 Setzen Sie sich hohe, wirklich hohe Ziele

Ich will damit nur sagen, dass Sie sich nicht unter Wert verkaufen sollten. Kyle MacDonald hat ein außergewöhnliches Ergebnis erzielt, aber vielleicht gibt es mehr dieser außergewöhnlichen Ergebnisse, als wir uns vorstellen können.

In den späten 2000er-Jahren leitete ich einen Strategie-Workshop für die weltweiten Abteilungsleiter einer großen Beratungsfirma. Ich stellte ihnen eine Brainstorming-Aufgabe und gab ihnen die Anweisung, so viele Ideen wie möglich zu entwickeln, darunter mindestens zwei „unmögliche".

Es waren sehr pragmatische Leute, denen die Brainstorming-Übung nicht wirklich gefiel, aber sie machten im Geiste mit und kamen mit einigen Ideen zurück, die sie zum Lachen brachten, weil sie so lächerlich waren.

Die erste war: „Wir werden all unsere Mitarbeiter loswerden, dann müssen wir keine Gehälter mehr zahlen und unsere Gewinnspannen gehen durch die Decke." Sie kicherten, als sie das sagten. Bis ich darauf hinwies, dass Wikipedia, eine der größten Marken der Welt, zu diesem Zeitpunkt etwa 30 Mitarbeiter hatte. Ein paar Jahre später, als Instagram 2012 von Facebook für eine Milliarde Dollar gekauft wurde, hatte das Unternehmen gerade einmal 13 Mitarbeiter. Die unmögliche Idee war bereits Realität.

„Okay", sagten sie, „unsere zweite Idee ist wirklich unmöglich. Wir werden eine Gedankenlesemaschine erfinden, die die Gedanken unserer Kunden lesen kann, sodass wir ihnen das geben können, was sie wollen, bevor sie überhaupt danach fragen." Urkomisch, dachten sie. Bis ich darauf hinwies, dass Google Ads genau das tat und ihre unmögliche Idee Google von einem Verlustbringer zu einem der größten und profitabelsten Unternehmen der Welt gemacht hatte.

Zwei unmögliche Ideen, die nicht nur bereits umgesetzt worden waren, sondern ihre Organisation auch unglaublich erfolgreich gemacht hatten.

Wir brauchen ehrgeiziges Denken. Wir sind eine erstaunliche Spezies und können viele erstaunliche Dinge erschaffen, aber es gibt noch immer ein riesiges Ausmaß an Armut in der Welt, es gibt noch immer enorme Machtunterschiede, es gibt enorme Ungleichheiten, was Bildung angeht, die potenziellen Katastrophen der globalen Erwärmung und der Umweltzerstörung sind unübersehbar und Kriege und Hungersnöte zerstören immer noch das Leben von Millionen.

Nelson Mandela ging keine Kompromisse ein, als er das Apartheidregime in Südafrika umstimmte. Die Initiatoren des Karfreitagsabkommens hielten sich nicht zurück, als sie den Unruhen in Nordirland ein Ende setzten.

Wir brauchen ehrgeiziges Denken mehr denn je.

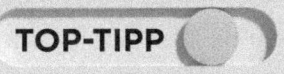

TOP-TIPP

Denken Sie immer an mindestens eine unmögliche Idee; sie könnte zu einer möglichen Idee führen.

1.6 Und in der Küche?

Okay, okay, ich verstehe, viele von Ihnen denken, dass Sie kein Tech-Milliardär werden und auch nicht den Frieden auf Erden haben wollen (nun, das wollen Sie schon, aber deshalb haben Sie dieses Buch nicht gekauft), Sie wollen nur, dass Ihr Mann vom Sofa aufsteht und den Abwasch macht.

Ich habe verstanden. Die Familiendatenbank Uinvue hat herausgefunden, dass eine durchschnittliche Familie 91 Stunden pro Jahr mit Streit verbringt – das sind fast vier volle Tage – und meistens geht es dabei darum, wer die Hausarbeit erledigt.[2] Ich persönlich finde, wir sollten die ganzen ersten vier Tage im Januar lang streiten, dann haben wir es für dieses Jahr hinter uns.

Aber es gilt das gleiche Prinzip. Warum sollte man sich auf so etwas Einfaches beschränken, wenn man, geht man es richtig an, so viel mehr erreichen kann? Vielleicht gelingt es Ihnen sogar, Ihren Mann dazu zu bringen, das ganze Haus zu putzen; vielleicht bringen Sie ihn sogar dazu, es *gern* zu tun, sodass Sie nie wieder darum bitten müssen.

Nachdem Sie also entschieden haben, was Sie wollen, und sich dann gefragt haben, warum (natürlich fünfmal), stellen Sie sich eine weitere Frage: Was wäre ein tolles Ergebnis?

Es ist einfach eine Überlegung wert.

Auf einem Workshop, der kürzlich stattfand, erwähnte ein Teilnehmer, dass sie am nächsten Tag einen Termin mit ihrem Vermieter hätten, der die Miete erhöhen wolle. Die Teilnehmer waren sich einig, dass die Miete gleich bleiben sollte. Aber als wir fragten, was ein erstaunliches Ergebnis wäre, fiel uns ein, dass sie vielleicht sogar den Vermieter veranlassen könnten, die Miete zu *senken.*

Sie wussten, dass der Vermieter sehr viel zu tun hatte und die damit verbundenen Aufgaben nicht mochte – Reparaturen rund ums Haus, das Organisieren neuer Mieter und so weiter –, wenn sie also anbieten würden, einige dieser Aufgaben zu übernehmen, wäre das sicherlich eine Mietminderung wert. Schließlich verlangen Makler 15 bis 20 Prozent. Ein guter Freund von mir lebte jahrzehntelang in derselben Luxuswohnung, in der die Miete so gut wie gar nicht stieg, und zwar auf genau dieser Grundlage.

Außergewöhnliche Ergebnisse sind möglich, auch in der Küche, denken Sie außergewöhnlich und Sie können sie erreichen. Ich kann Ihnen nicht versprechen, dass Sie sie immer erzielen werden. Aber Sie könnten es, und Sie würden es sicher nicht, wenn Sie nicht darüber nachdenken würden.

Es lohnt sich, daran zu denken, dass die Harmonie in der Familie wahrscheinlich irgendwo unter Ihren Fünfmal-Warum-Antworten zu finden ist. Auch wenn Sie die verrückten politischen Ansichten Ihres Onkels gern ändern würden, ist es das wirklich wert, das Weihnachtsessen deswegen zu ruinieren? Oder einen großen Familienkrach vom Zaun zu brechen? Wahrscheinlich nicht. Ab einem bestimmten Punkt ist es oft ratsam, zu leben und leben zu lassen, wenn Sie Wert auf eine glückliche Familie legen oder Ihre Freunde behalten wollen.

Ich hatte die Wahl: Erfolg oder Untergang

Igor Rybakov, Seriengründer, Risikokapitalgeber, Philanthrop, steht laut Forbes auf der Liste der reichsten Menschen der Welt. Er ist Mitbegründer des Unternehmens Technonikol und Gründer der Rybakov-Stiftung und des Rybakov-Preises (von Forbes als „Nobelpreis für Bildung" bezeichnet) sowie der X10 Academy, einer Schule für Unternehmer.

1. Setzen Sie sich hohe Ziele

Als ich Herrn Rybakov interviewte, erzählte er mir, dass sein Unternehmen Technonikol, das größte Dachdeckerunternehmen Russlands, das er jahrelang aufgebaut hatte, 2003 vor einer existenziellen Herausforderung stand. Der Markt veränderte sich und die Kunden verlangten nach moderneren Dämmstoffen: Wenn er ihnen das nicht bieten könne, würden sie einfach woanders hingehen.

Also wandte er sich an Rockwool, den Weltmarktführer für mineralische Dämmstoffe, und unterbreitete ihm das Angebot, ihm 15 Prozent der weltweiten Kapazitäten aller neuen Fabriken, die sie ab diesem Zeitpunkt bauen würden, abzukaufen, was er für ein großzügiges Angebot hielt. Aber Rockwool wollte nichts davon wissen und lachte, als er vorschlug, seine eigenen Fabriken zu bauen. Sie sagten, das sei unmöglich, er sei zwar ein Experte für Dachdeckungen, aber er wisse nichts über mineralische Dämmstoffe, das seien völlig unterschiedliche Technologien.

Das war ein rotes Tuch für Herrn Rybakov und er beschloss, die Brücken zu Rockwool abzubrechen, und sah sich auf dem Markt um. Aber dort gab es einfach nichts von gleicher Qualität, sodass er nun vor der Wahl stand, entweder selbst hochwertige Fabriken zu bauen oder Technonikol sterben zu sehen.

Es gab nur eine klitzekleine Möglichkeit: einen Hersteller der letzten Generation zu finden und ihn davon zu überzeugen, Maschinen der neuesten Generation herzustellen und die Technologie weiterzuentwickeln, aber niemand war bereit, ein so großes Risiko einzugehen.

Schließlich fand er jedoch jemand: Mirko, einen slowenischen Ingenieur, der an einer deutschen Ingenieurschule ausgebildet worden war, aber selbst Mirko hielt es für unmöglich. Sie diskutierten lange darüber, wie sie „das neue russische Rockwool" erschaffen könnten, und schließlich fragte Rybakov: „Wenn du nicht an die Idee glaubst, könntest du dann an mich glauben?" Es dauerte einen Moment, dann sagte Mirko: „Igor, ich werde dich unterstützen."

Sie unterzeichneten den ersten Vertrag auf einer Serviette. Dann teilten sie es Mirkos Team mit (das es ebenfalls für unmöglich hielt) und machten sich an die Arbeit. Ein Jahr später produzierte die Anlage die ersten mineralischen Dämmstoffe, und das in einem Drittel der Zeit, die normalerweise für den Bau einer solchen Anlage benötigt wird. Sie alle feierten, dass sie so schnell etwas geschafft hatten, das alle Experten für unmöglich gehalten hatten.

Innerhalb von vier Jahren bauten sie sieben weitere Produktionslinien, während Rockwool nicht aus dem Staunen herauskam. Rybakov räumte ein, Rockwool habe recht gehabt, dass es sich um eine äußerst komplizierte Technologie handele, dennoch entwickelten sie sich in einem Jahr von einem Unternehmen ohne Kompetenz zum Marktführer.

Heute ist Technonikol mit großem Abstand Marktführer in den Ländern der ehemaligen Sowjetunion und die Nummer 2 in der Welt. Sie haben es mit Rockwool in ihrem eigenen Marktbereich aufgenommen. Und Mirko hat sich zu einem der stärksten und erfolgreichsten Technologieanbieter auf diesem Markt entwickelt.

Heute leitet Herr Rybakov die X10 Academy, in der er Unternehmern hilft, Ziele zu erreichen, die um ein Vielfaches größer sind als von ihnen vermutet. „Ich bringe den Leuten bei", sagt er, „Teams zu bilden, in denen es nicht nötig ist, jemanden zu überreden. Jemanden zu überreden oder zu überzeugen ist für mich fast schon eine Form von Gewalt."

Bei Mirko und allen anderen, die es für unmöglich hielten, „habe ich sie nicht überredet; stattdessen, und das ist viel besser, habe ich sie inspiriert und sie haben mir vertraut." Er nennt es eine „soziale Blockchain des Vertrauens", bei der die Menschen einander so sehr vertrauen, dass sie nicht mehr überzeugt oder überredet werden müssen.

„Wenn Sie ‚Ihre Leute' finden können, wird Ihnen alles gelingen. Nicht nur Ihnen, sondern auch allen anderen." „Wenn Sie das schaffen", so glaubt er, „wird ‚du' zu ‚wir', ‚dir' wird zu ‚uns' und dann beginnt die Magie."

Er sagt, dass es Begeisterung erzeugt – die Begeisterung, die man braucht, um Straßen, Brücken, Krankenhäuser und Schiffe zu bauen, die Begeisterung, die die Menschen verändert und außergewöhnliche Ergebnisse hervorbringt.

Mit Mirko, seinen anderen Projekten und der X10 Academy hat Rybakov eine Gemeinschaft von Menschen, die sich sicher sind, dass sie erfolgreich sein werden. Sie haben sich auf eine große Zukunft eingestellt, sie sind überzeugt, dass etwas Gutes geschehen wird.

„Und", sagt er, „es *kommt* vor."

1.7 Setzen Sie hohe Ziele für beide Seiten

Ich weiß, dass ich Sie bisher dazu ermuntert habe, sich hohe Ziele zu setzen, aber Sie denken wahrscheinlich: „Schön und gut, Simon, aber wenn ich meine 10.000.000 Prozent Gehaltserhöhung verlange, wird mein Chef mir sagen, ich solle zurück an meinen Schreibtisch gehen, meine Arbeit fortsetzen und für das dankbar sein, was ich bekomme." Ein ehrgeiziges Ziel zu haben ist eine Sache, aber jemanden davon zu überzeugen, es mir zu geben, eine andere.

Und um fair zu sein, habe ich Ihnen bisher nur ein paar Ideen gezeigt, die bei diesem Überzeugungsprozess helfen können. Keine Sorge, wenn Sie das Buch zu Ende gelesen haben, werden Sie noch Dutzende weitere erhalten haben, aber hier ist eine, die sehr hilfreich sein wird: Setzen Sie auch für die anderen hohe Ziele.

Dies steht im Gegensatz zu einem Verhandlungsansatz der alten Schule, der es für das Beste hält, die Preise so weit wie möglich herunterzuhandeln. Aber mit nichts verspielen Sie die Sympathie Ihres Gegenübers schneller, als wenn Sie gierig sind, und nichts wird schneller eine Abwehrhaltung auslösen, als wenn Sie etwas auf Kosten anderer nehmen.

Kommen wir noch einmal auf die Gehaltserhöhung zurück. Oft rechtfertigen wir uns mit unserem neuen Haus/Kind/Lebensstil/unserer Leidenschaft, und das reicht einfach nicht aus. Wenn wir etwas schlauer sind, geben wir einen *Business-Case* an: wie wir unsere Ziele konsequent übererfüllt und übertroffen haben. Aber in der Regel hat der Chef diese Tatsache schon verbucht und deshalb ist es ihm egal. Aber wenn Sie stattdessen Ihren Aufstieg mit etwas verbinden, das der anderen Seite wichtig ist, vielleicht etwas, das ihr hilft, *ihre* Ziele zu erreichen, oder *ihr* eine Gehaltserhöhung bringt, dann hört sie Ihnen zu.

Wenn ich meinem Klienten als Anwalt einen Kostenvoranschlag über 10.000 Euro vorlege, kann es sein, dass er sagt, das übersteige sein Budget, und kein noch so gutes Feilschen wird ihn umstimmen. Wenn ich ihm aber zeige, wie er mit meinem Rat 20.000 Euro einsparen kann, wird er dieses Budget auch aufbringen.

Igor Rybakov erhielt überall eine Absage, wohin er sich auch wandte. Aber als er belegen konnte, wie sehr alle anderen davon profitieren würden, kamen die Leute an Bord.

Seien Sie also nicht wie der Neandertaler, der versucht, auf Kosten anderer zu gewinnen. Im Gegenteil, setzen Sie sich hohe Ziele, sowohl für die anderen als auch für sich selbst.

Helfen Sie ihnen, *mehr zu erreichen, als sie selbst für möglich gehalten hätten.*

1.8 Auf den Mond zielen und die Sonne treffen

1992 wollte Alex Ferguson, der Trainer vom Manchester United FC, Alan Shearer kaufen, um der Mannschaft dazu zu verhelfen, zum ersten Mal seit 1967 die englische Liga zu gewinnen. Shearer war der beste Mittelstürmer des Landes und folglich auch der teuerste. Er wurde für den Rekordpreis von 3,6 Millionen Pfund an die Blackburn Rovers verkauft. Ferguson setzte sich hohe Ziele; er versuchte, das Beste zu erreichen, aber es klappte nicht. Ein paar Monate später erhielt er jedoch einen Anruf von Bill Fotherby, dem Geschäftsführer von Leeds United. Während des Gesprächs fragte Ferguson, ob Eric Cantona zur Verfügung stünde. Fotherby sagte, er werde zurückkommen. Eine Stunde später wurde Cantona für 1,2 Millionen Pfund an Manchester United verkauft. Cantona brachte die Fähigkeiten, aber vor allem die Mentalität mit, die die Mannschaft brauchte, und sie gewann in vier der darauffolgenden fünf Jahre die Liga.

Ferguson holte zwar nicht Shearer, dafür aber Cantona und damit begann seine unglaubliche Karriere, in der er 13 der nächsten 21 Premier-League-Titel gewann.

Selbst wenn Sie Ihr Ziel nicht erreichen, könnten Sie etwas anderes bekommen, was Sie sonst nicht bekommen hätten. Und dieses Etwas kann sogar besser sein, als Sie es sich ursprünglich gewünscht haben.

Wenn etwas schiefläuft, was tun Sie dann?

Natürlich geht manchmal etwas schief, manchmal sogar richtig schief, aber das ist Teil unserer Reise auf diesem Planeten.

Im Juni 2014 brachte Amazon unter großem Beifall ein neues Produkt auf den Markt, das Fire Phone, mit dem das Unternehmen den Markt für Mobiltelefone dominieren wollte.

Es verkaufte sich zwei Wochen lang gut, dann gingen die Zahlen rapide in den Keller. Vier Monate später gab Jeff Bezos bekannt, dass sie 170 Millionen Dollar mit dem Projekt verloren hatten und die Verkäufe fast zum Stillstand gekommen waren.

Eine Riesenkatastrophe. Außer ...

... Bezos hatte einen frühen Prototyp gesehen und war von den Spracherkennungsfunktionen begeistert. Innerhalb weniger Tage richtete er eine neue Abteilung ein, die sich mit diesem Thema befassen sollte, und genau in dem Moment, als das Fire Phone starb, wurde aus dieser Asche Alexa geboren.

Alexa wurde bereits auf weit über 100 Millionen Geräten verkauft.

Es kann also sein, dass etwas schiefläuft, aber damit ist das Spiel noch nicht vorbei.

TOP-TIPP

Wenn Sie einen großen Rückschlag erleiden, passen Sie sich einfach an die neuen Gegebenheiten an. Wohin wollen Sie gelangen? Wo sind Sie jetzt? Fragen Sie sich, was Sie tun müssen, machen Sie sich auf und tun Sie es. Schon bald werden Sie wieder in Schwung kommen und Ihr Ziel erreichen.

Man hat im Leben mehr als einen Versuch

Vielleicht wird Ihre Anfrage abgelehnt, aber geben Sie nicht auf.

1997 wurde in Santa Cruz ein kleines Unternehmen mit der großen Idee gegründet, Filme in jedes Haus der Welt zu liefern. Es gab nur ein Problem: Das Herunterladen eines typischen Films dauerte mit der damaligen Technologie Monate, sodass das erste Geschäftsmodell darin bestand, DVDs mit der Post zu verschicken. Das war jedoch nicht wirklich die großartige Lösung, nach der man gesucht hatte.

Aber man wusste, dass es nicht immer so sein würde, und hielt an der eigenen Vision fest. Das Unternehmen war Netflix und sein Gründer Reed Hastings sagte: „Als wir anfingen, uns Kapital zu beschaffen, dachten wir, dass wir in fünf Jahren hauptsächlich Streaming anbieten würden. 2002 hatten wir allerdings noch kein Streaming."

Man erkannte, dass es nicht plangemäß lief und der Plan einer Änderung bedurfte. „Wir dachten, dass Streaming bis 2007 die Hälfte unseres Geschäfts ausmachen würde. Aber 2007 waren wir dort noch längst nicht angelangt." Was wurde also aus dem Plan? Ab 2021 wurde Netflix von über 200 Millionen Haushalten gestreamt.

Nur weil Sie Ihr Ziel nicht auf Anhieb erreichen, heißt das nicht, dass Sie es nie erreichen werden. Sie haben mehr als einen Versuch, um ins Ziel zu gelangen. Wie Geoff Mulgan über seine Zeit in der Blair-Regierung sagte: „Wir haben immer überschätzt, was wir kurzfristig tun können, aber wir haben immer unterschätzt, was wir langfristig tun können."

Scheitern ist nicht endgültig. Man hat im Leben mehr als einen Versuch.

Ich stelle mir gern vor, dass die ersten Versuche der Milliardäre Bezos, Musk und Branson in der Raumfahrt nur Sprünge waren.

3 Fragen zum Erreichen der Meisterschaft

Stellen Sie sich nach jedem Versuch, Ihr Ziel zu erreichen, oder nach jedem Versuch, jemanden umzustimmen, diese drei Fragen unabhängig davon, ob Sie erfolgreich waren oder nicht:

1. Was hat funktioniert?
2. Was hat nicht funktioniert?
3. Was könnten Sie beim nächsten Mal anders machen?

Das ist der Prozess des kontinuierlichen Verbesserns, der Prozess zum Erreichen der Meisterschaft. Tun Sie das jedes Mal und Sie werden große Ziele erreichen und ein Meister darin werden, die Meinung der Menschen zu ändern!

Zusammengefasst

Wenn wir versuchen, jemanden umzustimmen, stürzen wir uns in der Regel sofort auf unsere Vorschläge, ohne sie zu durchdenken. Damit ist das Scheitern vorprogrammiert.

Stattdessen:

- **Seien Sie sich darüber im Klaren, was Sie wollen**
  Wenn Sie Ihr Ziel genau durchdenken und sich darüber im Klaren sind, wird es Ihnen leichter fallen, es zu vermitteln, und Sie werden es mit größerer Wahrscheinlichkeit erreichen.

- **Seien Sie sich darüber im Klaren, warum Sie es wollen**
  Dadurch sind Sie viel flexibler, wenn es darum geht, Ihr Ziel zu erreichen. Manchmal können wir nicht genau das bekommen, was wir wollen, aber wenn wir wissen, warum wir es wollen, können wir einen Weg finden, dieses übergeordnete Ziel zu erreichen.

- **Sie müssen fragen**
  Wer nicht fragt, bekommt nichts; wer fragt, bekommt vielleicht etwas. Verschwenden Sie nicht Ihr Leben damit, sich etwas zu wünschen, obwohl Sie es vielleicht bekommen hätten, wenn Sie nur gefragt hätten.

- **Verkaufen Sie sich nicht unter Wert**
  Allzu oft disqualifizieren wir uns selbst, noch bevor wir fragen. Wir müssen uns selbst wertschätzen, denn wenn wir das nicht tun, wie können wir dann erwarten, dass die andere Person es tut?

○ **Setzen Sie sich hohe Ziele, für sich selbst und für die andere Person**
Seien Sie ehrgeizig, machen Sie weiter! Erfolgreiche Menschen verbringen ihr Leben nicht damit, sich zu fragen, ob sie ein besseres Ergebnis hätten erzielen können – sie versuchen es einfach. Und seien Sie *auch für die Gegenseite* ehrgeizig. Helfen Sie den anderen, mehr zu erreichen, als sie selbst für möglich gehalten hätten. Wenn Sie das tun können, werden sie Ihnen helfen, Ihr ehrgeiziges Ziel zu erreichen, und so wird es wahrscheinlicher, dass Sie es erreichen.

○ **Im Leben gibt es mehr als einen Versuch**
Was ist, wenn Sie Ihr Ziel nicht erreichen? Keine Sorge, versuchen Sie es weiter, bis Sie es schaffen. Und vielleicht bringen Ihre Bemühungen Ihnen etwas anderes, vielleicht etwas Besseres ein.

Toll, jetzt wissen wir, was wir wollen, aber wir sind noch nicht bereit, andere zu überzeugen. Es bedeutet lediglich, dass wir uns selbst überzeugt haben. Wenn wir die Meinung unseres Gegenübers ändern wollen, müssen wir ein wenig recherchieren, wie wir das am besten anstellen können.

2

Suchen Sie
nach Hinweisen

Die Menschen-Hackerin

Jenny Radcliffe, Sozialingenieurin, Sicherheitsexpertin für den Faktor Mensch, Menschen-Hackerin. Jenny nutzt ihr Fachwissen in den Bereichen nonverbale Kommunikation, Täuschung und Überzeugungstechniken für ethisches White-Hat-Hacking, um die Websites ihrer Kunden zu sichern und sie vor feindlichen Angriffen zu schützen. Sie war Teil der Spezialeinheit bei der erfolgreichen Channel-4-Serie „Hunted".

„Ich bin eine Hackerin, aber ich bin nicht die stereotype Hackerin in einem Kapuzenpulli hinter einem Computer, ich bin eine Sicherheitsberaterin und arbeite mit Psychologie, als ‚Menschen-Hackerin'. Meine Aufgabe besteht darin, physisch einzudringen, wenn Organisationen oder vermögende Privatpersonen mir die Erlaubnis dafür erteilen, dass ich versuche, ihre Sicherheitsmaßnahmen zu umgehen und Zugang zu ihren Räumlichkeiten zu erhalten.

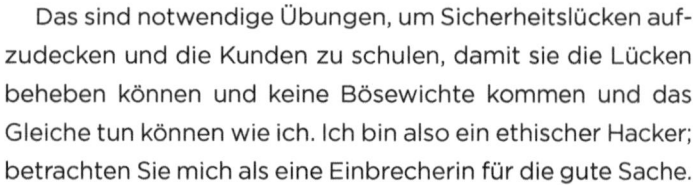

Das sind notwendige Übungen, um Sicherheitslücken aufzudecken und die Kunden zu schulen, damit sie die Lücken beheben können und keine Bösewichte kommen und das Gleiche tun können wie ich. Ich bin also ein ethischer Hacker; betrachten Sie mich als eine Einbrecherin für die gute Sache.

Ein Kunde fragte mich, ob ich versuchen könnte, Zugang zu seinem Büro in einem Gebäude zu erhalten, das er für einen sicheren Ort hielt. Er sagte: ‚Sie werden niemals reinkommen. Wir haben gerade 2,4 Millionen Euro für die Gebäudesicherung ausgegeben, wir haben Zäune, Alarmsysteme und Wachen.

Sie kommen nur rein, wenn jemand die Tür für Sie offen lässt, und das wird nie passieren.'

Der Zugang zu einem Standort erfordert eine detaillierte Planung. Ich verwende Open-Source-Intelligence-Techniken (OSINT), um Erkundigungen über die Branche, die Organisation, das Gebäude und die Menschen einzuziehen. Ich suche nach Triggern, auf die sie reagieren, und nach Schwachpunkten, die man ausnutzen kann. Das ist oft etwas, das mit ihren Werten und Überzeugungen in Einklang steht oder damit, wie sie arbeiten und ihre Geschäfte führen.

Meine Recherchen ergaben, dass es sich um ein traditionelles und hierarchisches Unternehmen handelte, das in einer Branche tätig war, in der zahlreiche Sicherheitsaspekte eine Rolle spielten. Es war wichtig, dass die Menschen sich an Regeln hielten, und dies war ein wesentlicher Bestandteil der Unternehmenskultur. Das Management war ‚Gott' und die Leute taten, was ihnen gesagt wurde. Damit habe ich also gearbeitet.

Um den Zaun zu überwinden, schossen wir mit einem Luftdruckgewehr einen Riss in die Windschutzscheibe eines Autos und gaben uns dann als Autowartungs- und -reparaturfirma aus, wie es das Leistungspaket für die Mitarbeiter vorsah. Das überzeugte das Sicherheitspersonal, das uns durch den Zaun ließ, aber wir mussten immer noch ins Gebäude gelangen. Meine ‚Windschutzscheibenreparatur'-Kollegen gingen weg und ich versteckte mich und wartete.

Ich hatte einen Zettel vorbereitet, auf dem Folgendes aufgedruckt war: ‚Bitte schließen Sie diese Tür nicht. Danke.' Diesen hatte ich mit einer undeutlichen Unterschrift versehen, unter der ‚HR Dept' stand. Es sah offiziell genug aus und ich klebte es an die derzeit geschlossene Brandschutztür.

Nach einer Weile kam jemand heraus und hielt inne, als er das Schild an der Tür sah. Dann keilte er gehorsam die Tür fest und entfernte sich.

Ich wartete und sah zu, wie die Leute gingen, wobei jeder fröhlich die Tür offen ließ, wie es das Schild verlangte. Nachdem die meisten Leute das Gebäude abends verlassen hatten, ging ich durch die Tür in die Fabrik und fand das Büro des Kunden. Ich machte ein paar Fotos, um mein Eindringen zu beweisen, und hinterließ ihm meine Visitenkarte, die er am nächsten Morgen vorfinden sollte.

Wäre ich ein Krimineller gewesen, hätte diese Art von Sicherheitsverletzung sehr ernste Konsequenzen nach sich gezogen.

Es waren nur sieben Worte, aber wenn man sie an der richtigen Stelle und bei der richtigen Person einsetzte, funktionierten sie.

Das hätte nicht an jedem Standort funktioniert; vielleicht nicht in einem Unternehmen mit einer zwangloseren oder von Protesten geprägten Unternehmenskultur, in der Regeln nicht als so wichtig angesehen werden. Wenn man es am richtigen Ort und bei den richtigen Personen einsetzte, konnte dieses Stück Papier jedoch die Tür öffnen.

Nur sieben Worte, aber wenn man weiß, wie eine Gruppe von Menschen funktioniert, dann ist das manchmal alles, was man braucht. Psychologie und Unternehmenskultur erledigen den Rest."

2.1 Das Geheimnis, wie man andere leicht überzeugt

Wir haben also gelernt, uns hohe Ziele zu setzen, und wir haben gelernt, dass wir nichts bekommen, wenn wir nicht darum bitten. Aber das bedeutet nicht, dass man immer etwas bekommt, wenn man darum bittet. Manchmal kann es wirklich schwierig sein, andere zu überzeugen. Manchmal liegt es nicht in der Macht der anderen Person, Ihre Bitte zu erfüllen – „Ich würde Ihnen gern helfen, aber mir sind die Hände gebunden".

Aber es gibt immer Antworten, wenn wir nur genau genug hinschauen.

Im Laufe der Jahre, in denen ich Verhandlungsgeschick lehre, habe ich mit vielen Top-Verhandlungsführern zusammengearbeitet. Ein Kollege, der regelmäßig an Geschäften im neunstelligen Bereich in der Londoner Finanzmeile beteiligt war, beschrieb seine Verhandlungen so: „Es ist seltsam", sagte er, „ich gehe zu dem Treffen, schüttle dem anderen die Hand, wir unterhalten uns nett bei einer Tasse Kaffee, dann unterschreiben wir den Vertrag und dann gehe ich. Es ist überhaupt nicht wie eine Verhandlung, es ist nur ein nettes Gespräch."

Wie kommt das? War er einfach ein so großartiger Verhandlungspartner? Ein Naturtalent? Oder hatte er Glück?

Nein, nichts von alledem. Er hatte sich nur vorbereitet. Dieses Treffen stand am Ende tage-, wochen- oder monatelanger Vorbereitungen.

Wenn das Gespräch wirklich reibungslos verlaufen soll, liegt das Geheimnis in der Vorbereitung. Recherchieren Sie und Sie werden die Hinweise finden, die Sie brauchen, um Ihr Gegenüber zu überzeugen.

Was sollten Sie vorbereiten? Jede Menge! Fast jeder Absatz dieses Buches ist ein Punkt, den Sie bei Ihrer Vorbereitung berücksichtigen sollten. Sie sollten die Fakten und die Zahlen kennen – Ihre, die der anderen, die der Wettbewerber, die Benchmarks. Das

Ganze wird nicht unbedingt geradlinig verlaufen, also planen Sie ein Szenario, kennen Sie die „Was-wäre-wenn"-Szenarien, stellen Sie sich auf schwierige Fragen ein, auf Gegenvorschläge, Angebote und Ihre Antworten darauf. Denken Sie jetzt nach, damit Sie es später nicht unter Druck im Gespräch tun müssen.

TOP-TIPP

Das ABCD-Prinzip der Forschung lautet „Always Be Collecting Data" (Immer Daten sammeln) – das ist ein guter Leitsatz, den man sich merken sollte. Wenn Sie überall nach Hinweisen suchen, werden Sie auch Hinweise finden und sie werden Ihnen bei Ihrer Aufgabe helfen.

Und bereiten Sie Ihre Stimmung vor. Wenn Sie in der *richtigen Stimmung* sind, sind Sie wahrscheinlich nicht zu bremsen. Was können Sie also im Vorfeld tun, um sicherzustellen, dass Sie in der Sitzung in dieser Stimmung sind? Wie muss die Stimmung sein? Sehr selbstbewusst? Stark und belastbar? Geistig wach und aufgeweckt? Charmant? Was auch immer Sie für Ihr Gespräch brauchen, tun Sie, was Sie tun müssen, um sich in diesen Zustand zu versetzen – dann werden die Ergebnisse einfach folgen.

Ich weiß, dass manche Menschen Angst vor solchen Situationen haben, aber das muss nicht so sein. Selbst die schwierigsten Gespräche können wie eine nette Unterhaltung wirken, wenn man sich richtig darauf vorbereitet. Man kann sie genießen, man kann sich sogar auf sie freuen.

Und wenn Sie das tun, werden Sie mit ziemlicher Sicherheit bessere Ergebnisse erzielen.

2.2 Anhaltspunkte im Kontext

Bei Ihren Nachforschungen werden Sie überall auf Hinweise stoßen – Hinweise, die Ihnen helfen können, die Meinung der anderen zu ändern.

Solche Hinweise finden Sie im Kontext. Aus dem Kontext können wir eine Menge über jemanden lernen. Wo arbeitet Ihr Gegenüber? Wo lebt es? Verbringt es seine Zeit im Fitnessstudio oder in der Kneipe? Gibt es sein Geld hauptsächlich bei Harrods aus oder auf dem samstäglichen Flohmarkt? Wenn Sie sich in einem Restaurant seiner Wahl treffen, gehen Sie dann zum örtlichen McDonald's oder zu einem schicken Essen in Mayfair?

Einige Studien haben sogar gezeigt, dass der Standort die Ergebnisse von Persönlichkeitsprofilen beeinflusst. So sind Menschen beispielsweise in Cafés extrovertierter, in Gotteshäusern weniger neurotisch und in Fitnessstudios gewissenhafter.[1]

Erwarten Sie also eine entsprechend unterschiedliche Reaktion. Erwarten Sie eine andere Reaktion, je nachdem ob Sie sich auf einer Hochzeit oder einer akademischen Konferenz treffen. Erwarten Sie eine andere Reaktion, wenn eine Wirtschaftskrise im Gange ist oder eine Zeit des Überflusses herrscht.

Es hat sich herausgestellt, dass Menschen ihre Entscheidungen zum Teil in Abhängigkeit vom Kontext treffen – wow, wer hätte das gedacht? Nun, vielleicht haben Sie das getan, aber wussten Sie auch, wie *sehr* es vom Kontext abhängt? Und wie könnten Sie das für sich nutzen?

Das kann durchaus sehr nuanciert sein. Forscher stellten je vier Flaschen französischen und deutschen Wein in die Weinabteilung eines Supermarktes: An Tagen, an denen französische Musik im Hintergrund lief, wurde dreimal mehr französischer als deutscher Wein gekauft; an Tagen, an denen deutsche Musik lief, verhielt es sich genau andersherum. Und auf die Frage nach ihrer Wahl sagten 86 Prozent der Käufer, dass sie sich von der Musik überhaupt nicht hatten beeinflussen lassen.[2]

Der Kontext zählt. Sie können daraus viel lernen und Strategien entwickeln, wie Sie andere besser überzeugen können. Versuchen Sie, mit französischem Akzent zu sprechen, man weiß ja nie.

2.3 Hinweise in der Geschichte des Gegenübers

Vor einigen Jahren hatte ich ein Verkaufsgespräch mit einer großen Anwaltskanzlei und ich recherchierte kurz zu der Person, die ich treffen sollte. Meine übliche Strategie für eine Anwaltskanzlei ist es, den Schein zu wahren – schicker Anzug und Krawatte, schöne Aktentasche und polierte Schuhe.

Aber fünf Minuten auf Facebook zeigten mir, dass mein Gesprächspartner zufällig der Leadsänger einer Thrash-Metal-Band war. Also habe ich einen anderen Ansatz als normalerweise gewählt.

Wir sind eben alle nur Menschen. Wenn Sie also versuchen, jemanden zu überzeugen, sollten Sie das im Hinterkopf behalten.

Eine der erfolgreichsten Verhandlungen der letzten Zeit war das nordirische Karfreitagsabkommen, das den jahrzehntelangen Bürgerkrieg in der Region beendete. Der Prozess wurde von Senator George Mitchell geleitet und jeder, der etwas im endgültigen Abkommen unterbringen wollte, musste letztlich ihn überzeugen.

Im Laufe der drei Jahre, die die Verhandlungen währten, heiratete Mitchell, seine Frau hatte eine Fehlgeburt, ein weiteres Kind wurde geboren und sein Bruder starb.[3] So viele emotionale Momente von solcher Intensität mussten ihm zwangsläufig durch den Kopf gehen, ganz gleich, wie professionell oder heldenhaft er zu sein versuchte. Dies zu berücksichtigen kann entscheidend dafür sein, ob Ihr Antrag Erfolg hat oder scheitert.

Verstehen Sie die Perspektive der anderen

Aber es geht nicht nur um solche Verhandlungen, bei denen viel auf dem Spiel steht oder bei denen es um Leben und Tod geht. In jeder Situation können Sie sich sicher sein, dass die andere Person diese ganz anders sehen wird, als Sie es tun. Und typischerweise haben wir unsere Argumente, unsere Beweise, um unsere Version zu untermauern, und denken: „Das ist doch offensichtlich, oder?"

Aber die Gegenseite hat eine ganz andere Perspektive, sie hat eine ganz andere Logik, sie hat ihre eigenen Beweise, um ihre Version zu stützen, und sie denkt: *„Das* ist doch offensichtlich, oder?"

Wir kehren dann zu unserer Begründung zurück, vertreten diese noch lauter – und das klappt nicht.

Deshalb ist unsere Welt voll von irrationalen Menschen, die verrückte Entscheidungen treffen. Eigentlich sind sie nicht irrational, sie haben nur eine andere Logik als wir.

Wir müssen uns stattdessen die Zeit nehmen, uns in ihre Lage zu versetzen, ihre Sichtweise zu verstehen und dann unsere Ergebnisse mit ihren Argumenten zu begründen. Das ist der einzige Weg, der funktionieren wird. Bei allem anderen werden sie sagen: „Ja, aber du verstehst es nicht."

Einer von uns

Wenn wir die Geschichte einer Person kennen, wissen wir, wer sie ist, und das ist entscheidend, wenn wir ihre Meinung ändern wollen. Wenn die anderen uns als anders als sie selbst wahrnehmen, wenn wir nicht zu ihrem „Wir" zugehörig empfunden werden, sondern als fremdes „Sie", wird es sehr schwierig sein, sie zu überzeugen.

Der Mensch ist sehr stammesorientiert – aus gutem Grund: Seit Millionen von Jahren sind die Tiere, die wir am meisten fürchten, andere Menschen. Wir sind also davon geprägt, zwischen „Uns" (sicher, vertrauenswürdig) und „Denen" (definitiv nicht sicher, definitiv nicht vertrauenswürdig) zu unterscheiden.

2. Suchen Sie nach Hinweisen

2. Suchen Sie nach Hinweisen

Mark Levine und seine Kollegen von der Lancaster University führten eine großartige Studie durch, in der sie eine Gruppe von Manchester-United-Fans aufforderten, einen Aufsatz darüber zu schreiben (ein bisschen ehrgeizig, dachte ich), warum sie Manchester-United-Fans sind.[4] Als sie dann das Gebäude verließen, sahen sie, wie ein Läufer ausrutschte und sich offenbar verletzte. Wenn der Läufer ein Trikot von Manchester United trug, kamen 92 Prozent der Menschen zur Hilfe, wenn er ein Trikot von Liverpool trug, halfen nur 30 Prozent.

Der wirklich interessante Teil des Experiments war die zweite Phase, in der sie eine ähnliche Gruppe von United-Fans dazu einluden, einen Aufsatz zu schreiben, aber diesmal ging es darum, warum sie Fußballfans waren. Diesmal halfen 80 Prozent dem Liverpool-Fan. Es hieß nicht mehr: „Ich bin Manchester-United-Fan, er ist Liverpool-Fan", sondern: „Ich bin Fußballfan, er ist Fußballfan."

Wir alle haben verschiedene Eigenschaften. Ich bin ein Mann, ein Mann mittleren Alters, ja, ein fahler und blasser Mann! Ich bin Engländer, halb Ire, ein Mann aus Essex, West-Ham-Fan, Fußballfan. Ich bin Autor, Trainer, gelegentlich Meditierender, begeisterter Leser, ehemaliger Trapezkünstler und Sporttaucher. Ich bin in 80 Länder gereist; die Wahrscheinlichkeit ist groß, dass ich Ihr Land besucht habe, und wenn ja, habe ich Ihr Land mit Sicherheit geliebt. Ich bin ein Sohn, ich bin ein Bruder, ich bin ein Mensch und so vieles mehr ... Wir haben eine quasi unendliche Bandbreite an Identitäten und sie alle haben unterschiedliche Perspektiven und Eigenschaften und zu einem bestimmten Zeitpunkt des Tages nehme ich vielleicht die und im nächsten Moment eine andere ein.

Das ist eine gute Nachricht. Es gibt uns die Möglichkeit, diese Überschneidung mit der anderen Person zu finden, indem wir ihre Geschichte kennen. Und wenn Sie dies getan haben, können Sie eine tiefere Verbindung zu ihr aufbauen und viel effektiver mit ihr arbeiten.

8 Wege, um „einer von uns" zu werden

1. Sie arbeiten in demselben Bereich.
2. Sie leben in der gleichen Stadt.
3. Sie haben die gleichen Interessen oder Hobbys.
4. Sie haben in der Vergangenheit eine ähnliche Erfahrung gemacht.
5. Sie haben den gleichen Hintergrund.
6. Sie sind im gleichen Alter.
7. Sie haben das gleiche Geschlecht.
8. Sie leben auf demselben Planeten.

2.4 Hinweise auf die Persönlichkeit Ihres Gegenübers

Wenn Sie die anderen umstimmen wollen, hilft es natürlich, wenn Sie wissen, wie sie denken – und es gibt alle möglichen Persönlichkeitsinstrumente, die dabei helfen können.

Einige, wie der Typenindikator Myers-Briggs und der Persönlichkeitstest DISC, werden häufig im Büro verwendet und die Teamrollen nach Belbin in der Teamentwicklung eingesetzt. Andere („Was für ein Eichhörnchen bist du?") scheinen hingegen kaum Verwendung zu finden.

Das Thomas-Kilmann-Modell wurde von den Ärzten Kenneth Thomas und Ralph Kilmann entwickelt und kategorisiert Menschen danach, wie sie mit Konflikten umgehen. Leider haben sich Thomas und Kilmann bei der Wahl des Namens zerstritten ... Okay, nein, haben sie nicht, das war nur ein kleiner Scherz von mir.

Sie identifizierten fünf verschiedene Arten von Menschen.

1. Konkurrierend

Der Kämpfer sucht die Auseinandersetzung. Er will gewinnen und er will, dass du verlierst.

Thomas: Ich *bestehe darauf, dass* wir dies das Thomas-Kilmann-Instrument nennen.

2. Entgegenkommend

Das sind die „netten", zu netten Menschen, die zu den Verlierern gehören.

Thomas: Nennen wir es das Kilmann-Thomas-Instrument.

Kilmann: Oh nein! Wir werden es das Thomas-Kilmann-Instrument nennen, das ist viel besser.

3. Vermeidend

Das sind die Angsthasen, Leute, die Konflikte überhaupt nicht mögen.

Thomas: Wie sollen wir unser fantastisches neues Instrument nennen?

Kilmann: Ähm, gute Frage, können wir später darüber reden?

4. Kompromisse eingehend

Die „Split the difference"-Typen, die glauben, dass ein Kompromiss eine Win-win-Situation ist (obwohl er in Wirklichkeit eine Lose-lose-Situation ist; keine Seite bekommt, was sie will).

Thomas: Sollen wir es Thomas-Kilmann oder Kilmann-Thomas nennen?

Kilmann: Wie wäre es mit Kiltho-Masmann?

5. Zusammenarbeitend

Der vernünftige, intelligente, erfolgreiche und meist gut aussehende Typ, der gemeinsam nach einer Lösung sucht, die allen gerecht wird.

Thomas: Wir können dieses Modell das Thomas-Kilmann-Instrument nennen ...

Kilmann: ... und das nächste nennen wir das Kilmann-Thomas-Instrument.

(High *five*)

Hoffen wir, dass Kilmann nicht der wettbewerbsorientierte Typ ist, denn er könnte mich wegen Rufmordes verklagen, aber ich bin zuversichtlich, dass er der vernünftige, intelligente, erfolgreiche, gut aussehende, kooperative Typ ist, also sollte ich keine Probleme haben.

Scherz beiseite, das TKI kann eine wirklich nützliche Übung vor jeder Verhandlungs- oder Überzeugungssituation sein. So können Sie die wahrscheinliche Reaktion Ihres Gesprächspartners vorhersagen und herausfinden, welcher Ansatz für Sie der beste wäre.

Jede dieser Arten hat ihre Berechtigung, aber wie Sie wahrscheinlich schon erraten haben, wird in diesem Buch der kooperative Ansatz in den meisten Fällen am erfolgreichsten sein.

Die OCEAN Big Five

In den letzten Jahren hat sich in der wissenschaftlichen Welt das OCEAN-Big-Five-Modell als das Profiling-Instrument erster Wahl durchgesetzt. Ich vermute, dass es hier ein Element der selbst erfüllenden Prophezeiung gibt – es schien intensiver studiert zu werden als die anderen, was ihm mehr Glaubwürdigkeit verlieh, und so wurde es weiter studiert, was ihm noch mehr Glaubwürdigkeit verlieh – und so weiter.

Unabhängig von seiner Geschichte ist das Endergebnis, dass es sich um das Instrument mit den meisten glaubwürdigen Forschungsergebnissen handelt, die es untermauern, und somit mit dem größten wissenschaftlichen Rückhalt. Auch in diesem Modell wird zwischen fünf Menschentypen unterschieden, die jedoch in einem viel breiteren Kontext als nur auf Konflikte anwendbar sind.

Sobald Sie wissen, welchen Typ Sie vor sich haben, können Sie Ihre Botschaft entsprechend anpassen. 2012 veröffentlichten Hirsh, Kang und Bodenhausen eine Studie, die zeigt, wie sich dies erreichen lässt.[5] In ihrem Experiment wurden fünf verschiedene Anzeigen für ein fiktives „XPhone" präsentiert, die jeweils auf eine der Eigenschaften abzielten. Die Befragten hielten die Werbung viel eher für wirksam, wenn sie zu ihrem dominanten Persönlichkeitsstil passte.

Dies sind die Big-Five-Persönlichkeitstypen, ihre Eigenschaften und die XPhone-Werbung, die jeweils am effektivsten war:

1. Offenheit

Offenheit für neue Ideen: Personen, die in diesem Feld hohe Werte erzielen, sind typischerweise kreativ, neugierig, tolerant, politisch liberal; ein niedriger Wert auf dieser Skala korreliert mit Pragmatismus, Bodenständigkeit, politischem Konservatismus.

„Mit dem neuen XPhone haben Sie Zugang zu Informationen wie nie zuvor, damit Sie geistig aktiv und inspiriert bleiben ..."

2. Gewissenhaftigkeit

Menschen mit einem hohen Wert sind in der Regel organisiert, zielorientiert und arbeiten hart; Menschen mit einem niedrigen Wert sind oft spontaner und gelassener.

„Mit dem neuen XPhone verpassen Sie nie wieder eine wichtige Nachricht und gestalten Ihr Arbeitsleben einfacher ..."

3. Extroversion

Wie der Name schon sagt, sind Menschen mit einem hohen Wert gesellig, freundlich und oft laut; Menschen mit einem niedrigen Wert sind eher zurückhaltend, ernsthaft und ziehen es vor, allein zu sein.

„Mit dem neuen XPhone sind Sie immer dort, wo was los ist ..."

4. Verträglichkeit

Freundliche, vertrauensvolle, kooperative Menschen erzielen in diesem Bereich hohe Werte; durchsetzungsfähige, auf sich selbst bezogene Menschen, die viel mit anderen streiten, erzielen niedrige Werte.

„Mit dem neuen XPhone haben Sie Zugang zu Ihren Liebsten wie nie zuvor ..."

5. Neurotizismus

Hohe Werte deuten auf einen ängstlichen, befangenen Bedenkenträger hin, niedrige Werte auf einen ruhigen, selbstbewussten und stabilen Typ.

„Das XPhone wurde entwickelt, um Sie sicher und gesund durchs Leben zu bringen, und hilft Ihnen, die Ängste und Unsicherheiten des modernen Lebens zu reduzieren ..."

TOP-TIPP

Verlassen Sie sich nicht zu sehr auf das Etikett. Nur weil jemand normalerweise extrovertiert ist, heißt das nicht, dass er keine Zeit mit sich allein genießen kann.

Geben Sie der richtigen Person den richtigen Anstoß

Patrick Fagan, Verhaltensforscher, Gastdozent an drei Londoner Universitäten, Autor von „Hooked: Why cute sells ... and other marketing magic that we just can't resist" (Pearson). Er war leitender Psychologe bei Cambridge Analytica und ist derzeit Chief Scientific Officer bei der verhaltenswissenschaftlichen Beratungsfirma Capuchin.

„Ich bin Verhaltensforscher und meine Aufgabe ist es, die Psychologie dafür zu nutzen, Menschen in der realen Welt zu beeinflussen.

Ich habe zum Beispiel vor Kurzem eine Studie abgeschlossen, in der wir durch gezielte Anstöße die Wahrscheinlichkeit erhöht haben, dass Menschen die Telefonnummer einer Suizidpräventions-Hotline in ihrem Telefon abspeichern.

In der ersten Phase ließen wir fast 500 Personen eine Onlineumfrage machen, beginnend mit einem Fragebogen, der es uns ermöglichte, ein psychologisches Profil in Bezug auf verschiedene demografische Faktoren wie das OCEAN-Big-Five-Modell, ihr Geschlecht und ihr Alter zu erstellen. Außerdem wurden sie anhand der sechs Beeinflussungsprinzipien von Cialdini auf ihr Überzeugungsprofil hin untersucht. Am Ende des Fragebogens wurden sie aufgefordert, die Nummer eines Krisentelefons in ihrem Telefon abzuspeichern. Nun wurde jeder Gruppe eine etwas andere Botschaft übermittelt. Bei der ersten Gruppe war es eine sehr neutrale Botschaft, aber bei der zweiten entsprach sie Cialdinis ‚Autoritäts'-Konzept (dass Menschen eher durch den Anschein von Autorität beeinflusst werden) und bei der dritten seiner Idee der sozialen Bewährtheit (dass Menschen eher beeinflusst werden, wenn andere dasselbe tun). Zur Beeinflussung durch Autorität (authority nudge) teilten wir ihnen mit, dass Experten sagten, es würde funktionieren, und legten ihnen Statistiken vor, um dies zu untermauern, wobei wir eine glaubwürdige Sprache verwendeten. Zur Beeinflussung durch soziale Bewährtheit (social proof nudge) wurde in der Nachricht hervorgehoben, dass andere Menschen die Nummer benutzten, dass es eine beliebte Sache sei, die man tue, und so weiter.

Dann haben wir gemessen, wie viele Leute die Nummer in ihrem Telefon abgespeichert haben. Und wir fanden heraus, dass diese Anstöße funktioniert haben. Sowohl die Beeinflussungen durch Autorität als auch die durch soziale Bewährtheit erhöhten die Wahrscheinlichkeit, die Nummer abzuspeichern, um etwa 14 Prozent.

Aber als wir uns genauer ansahen, wie die einzelnen Anstöße bei bestimmten Persönlichkeitstypen wirkten, erzielten wir noch bessere Ergebnisse. So wurden beispielsweise Frauen, die bei der Gewissenhaftigkeit eine hohe Punktzahl erreichten, besonders von der Botschaft der sozialen Bewährtheit beeinflusst. Tatsächlich war die Wahrscheinlichkeit, dass sie die Nummer abspeicherten, um 40 Prozent höher als bei anderen Personen, die denselben Anstoß erhielten.

In einer zweiten Phase ließen wir dann speziell den Frauen, die einen hohen Gewissenhaftigkeitsgrad aufwiesen, eine Botschaft der sozialen Bewährtheit zukommen und bedachten alle anderen nach dem Zufallsprinzip entweder mit der gleichen Beeinflussung der sozialen Bewährtheit oder gar keinem Anstoß.

Von unserer Kontrollgruppe, der Zufallsbevölkerung ohne Beeinflussung, haben 14 Prozent die Nummer in ihrem Telefon abgespeichert. Von der Zufallsbevölkerung mit Botschaft speicherten 29 Prozent der Menschen die Nummer ab, mehr als doppelt so viele. Aber ganze 50 Prozent der gewissenhaften Frauen, die der Beeinflussung ausgesetzt waren, speicherten die Nummer ab.

Diese Anstöße funktionieren also, aber sie sind noch effektiver, wenn wir die richtige Beeinflussung bei der richtigen Person anwenden."

2.5 Anhaltspunkte im Gesamtbild

Wenn wir die Perspektive unseres Gegenübers verstehen wollen, müssen wir die Welt verstehen, in der es lebt. Zu dieser Welt werden viele Menschen gehören: seine Familie, seine Freunde, seine Chefin, der Hund der Oma seiner Chefin und so weiter. Okay, der Hund der Oma der Chefin zählt offiziell nicht als Mensch, auch wenn er sich dafür hält, aber Sie verstehen, worauf ich hinauswill.

> Wenn Sie Ihr Kind dazu überreden wollen, an der Hausaufgabenbetreuung teilzunehmen, sollten Sie zuerst die Eltern des besten Freundes anrufen und fragen, ob er ebenfalls teilnimmt.

○ Wenn Sie versuchen, Ihre Nachbarin zum Beschneiden ihres Baumes zu überreden, sie sich aber nur widerwillig dazu durchringen kann, könnte ein freundlicher Brief der Gemeindeverwaltung, der sie darauf hinweist, dass Sie den Baum selbst beschneiden dürfen (mit einem Terminvorschlag von Ihnen, an dem Sie Zeit haben), der richtige Anstoß für sie sein.

Erweitern Sie also die Perspektive und beantworten Sie die Fragen: „Wer ist noch beteiligt?", „Wer kann noch beteiligt werden?" und „Wen brauchen Sie noch, der sich beteiligt?".

Übertragen wir dies auf den Unternehmenskontext, so können wir das von Bourne und Walker entwickelte Modell[6], das sie „Die Sieben Richtungen" (The Seven Directions) nannten, zur Ermittlung der wichtigsten Interessengruppen verwenden:

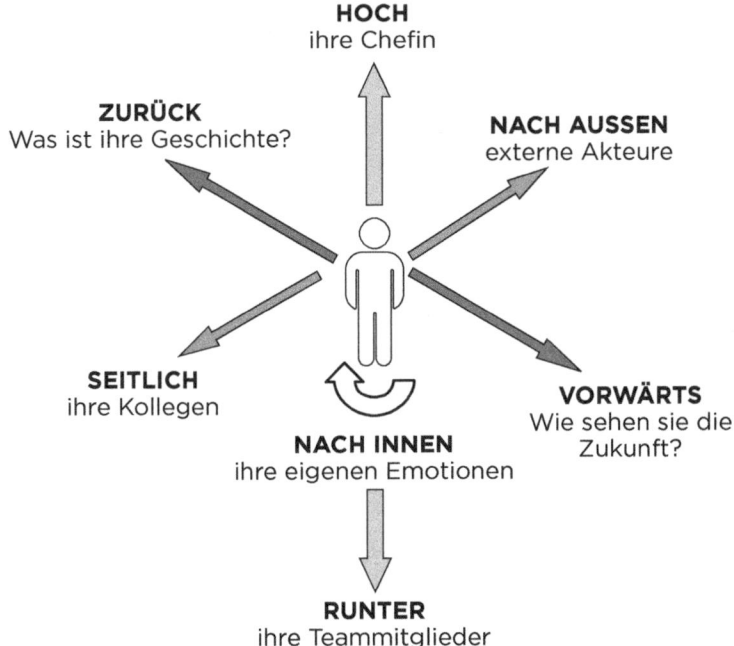

Die Sieben Richtungen

HOCH
ihre Chefin

ZURÜCK
Was ist ihre Geschichte?

NACH AUSSEN
externe Akteure

SEITLICH
ihre Kollegen

VORWÄRTS
Wie sehen sie die Zukunft?

NACH INNEN
ihre eigenen Emotionen

RUNTER
ihre Teammitglieder

Um die Perspektive der anderen Person zu verstehen, müssen Sie wissen, was mit ihrem Chef, ihren Teammitgliedern, ihren Kollegen und so weiter los ist. Und je mehr Sie darüber wissen, desto erfolgreicher werden Sie sie überzeugen.

Sie können Ihre eigene Variante dieses Modells auch außerhalb der Arbeit anwenden. Nehmen Sie ein Blatt Papier und zeichnen Sie alle Beteiligten darauf. Man muss dafür kein großer Künstler sein, ich kann nicht einmal Strichmännchen zeichnen und es funktioniert trotzdem, aber die visuelle Zuordnung kann ein tiefes Verständnis für die Situation vermitteln. Irgendwo auf dieser Karte werden Sie jemanden (oder jemandes Hund) sehen, der die kritische Person (oder der Hund) ist. Und so werden Sie Ihre Antwort erhalten.

TOP-TIPP

Verwenden Sie so viel visuelle Vielfalt wie möglich. Zeichnungen, unterschiedliche Farben, verschiedene Arten von Linien oder Formen können zusätzliche Informationen enthalten und ein besseres Verständnis der Situation ermöglichen.

Als Yanis Varoufakis mitten in der Schuldenkrise seines Landes griechischer Finanzminister wurde, bestand seine Aufgabe darin, die berühmte Troika (die Europäische Zentralbank, die Europäische Kommission und den IWF) von seinen Plänen zur Umstrukturierung der Schulden zu überzeugen. Dafür brauchte er jedoch mehr Unterstützung von den politischen Führern Großbritanniens, Frankreichs und Deutschlands.

Am schwersten zu überzeugen würde die britische Regierung sein, die für ihre Liebe zur Sparsamkeit bekannt war. Wenn sie ihr eigenes Land mit so harten Maßnahmen überzogen, war die Wahrscheinlichkeit gering, dass sie ein anderes Land ungeschoren davonkommen lassen würden.

Doch Varoufakis hatte einen unwahrscheinlichen Verbündeten. Drei Jahre zuvor hatte er bei einer Veranstaltung in Australien Norman Lamont kennengelernt – ein Grande der Konservativen Partei und selbst ehemaliger Finanzminister – und sie waren sehr gute Freunde geworden. Ein kurzer Anruf bei Lamont und dann ein Anruf von Lamont bei George Osborne, dem britischen Finanzminister, und das Treffen war ein überraschender Erfolg.

Und kein einziger Hund war zu sehen.

Verstehen Sie die Machtdynamik durch visuelle Darstellung

Dr. Lynda Bourne, Expertin für Stakeholder-Engagement, Dozentin an der Monash University und Direktorin für berufliche Entwicklung bei Mosaic Project Services. Sie ist eine anerkannte internationale Autorität für Stakeholder-Management und Visualisierungstechnologien und veröffentlichte in zahlreichen akademischen und professionellen Fachzeitschriften Beiträge zu diesem Thema.

„Ich habe ein globales Hafenmanagement-Unternehmen beraten, das in Zusammenarbeit mit anderen Organisationen auf der ganzen Welt neue Containerhäfen gebaut und bestehende Anlagen modernisiert hat. Die Arbeit an den einzelnen Standorten war sehr ähnlich, aber um erfolgreich zu sein, musste das Unternehmen die Art der Beziehungen zu den lokalen Interessengruppen verstehen, die sehr unterschiedlich waren.

Jeder Standort hat sein eigenes komplexes Geflecht von Organisationen, darunter Hafenverwaltungsbehörden, nationale Regierungsstellen, andere Reedereien und Betreiber und sogar die örtliche Bevölkerung und die Einstellungen und die relative Bedeutung jedes Einzelnen müssen verstanden werden. Und natürlich hat jede Partnerorganisation sehr unterschiedliche Berichtsstrukturen, sehr unterschiedliche Entscheidungsfindungsprozesse und sehr unterschiedliche nationale Kulturen – all das musste gründlich verstanden werden, wenn die Partnerschaft erfolgreich sein sollte.

Der Ansatz, den das Unternehmen verfolgte, war ein detaillierter Prozess zur Identifizierung der Stakeholder auf der Grundlage von Teams, die die ‚Richtungen' verwendeten. Auf diese Weise konnten sie sich ein gutes Bild von den verschiedenen Machtverhältnissen und den Kommunikationsprozessen machen, die erforderlich waren, um Entscheidungen zu beeinflussen und jedes Projekt voranzubringen.

Die Situation wurde noch dadurch kompliziert, dass ein und dieselbe Organisation in einem Land zusammenarbeiten und in einem anderen konkurrieren kann. In diesen Fällen nutzten sie die Analyse, um die Beziehungen zu steuern und die für die Zusammenarbeit erforderlichen Informationen zu übermitteln, gleichzeitig aber sicherzustellen, dass wettbewerbsrelevante Informationen zurückgehalten wurden.

Durch die Anwendung eines disziplinierten und konsistenten Prozesses für die Stakeholder-Analyse an allen Standorten konnte ein besseres Verständnis der Stakeholder-Gruppen in den einzelnen Häfen und der lokalen Machtdynamik erreicht werden, sodass effektivere Arbeitsbeziehungen und erfolgreichere Projekte entstehen konnten."

2.6 Hinweise auf die Kultur

In der globalisierten Welt von heute kann es leicht passieren, dass wir versuchen, jemanden vom anderen Ende der Welt zu überzeugen; und wenn wir das tun wollen, ist es hilfreich, wenn wir seine Kultur verstehen. Die Zusammenarbeit mit jemandem aus Peking ist ganz anders als die mit jemandem aus Paris, die wiederum ganz anders ist als die mit jemandem aus Mexiko-Stadt und so weiter. Und wenn wir es falsch angehen, kann das respektlos wirken und das ganze Geschäft zunichtemachen. Organisationen, die diesen Faktor nicht ernst genug genommen haben, haben viele Milliarden Dollar verloren.

Natürlich gibt es zu viele Kulturen auf der Welt, um sie hier alle behandeln zu können, aber es lohnt sich, einige allgemeine Grundsätze zu lernen.

7 Wege zur erfolgreichen Zusammenarbeit zwischen verschiedenen Kulturen

1. Verstehen Sie die Kultur Ihres Gegenübers so gut wie möglich. Studieren Sie sie auf jede erdenkliche Weise.

2. Verbringen Sie viel Zeit in seinem Land.

3. Wenn Sie sich nicht gut auskennen, suchen Sie jemanden, der sich auskennt.

4. Vergleichen Sie Ihre Kultur mit der anderen und stellen Sie die Unterschiede fest.

5. Besprechen Sie etwaige Meinungsverschiedenheiten mit der anderen Person. Feiern Sie diese Unterschiede.

6. Rechnen Sie mit Missverständnissen und berücksichtigen Sie sie.

7. Treffen Sie sich von Angesicht zu Angesicht in Ihrem oder im Land der anderen, wenn Sie können.

Kulturelle Unterschiede gibt es natürlich nicht nur auf nationaler, sondern auch auf regionaler Ebene: Mailänder haben eine andere Mentalität als Neapolitaner, New Yorker sind anders als Texaner, Hochlandbewohner anders als Flachlandbewohner, Küstenbewohner anders als Menschen vom Festland.

Und das ist nicht nur geografisch bedingt: Verschiedene Branchen haben unterschiedliche Kulturen, verschiedene Organisationen innerhalb einer Branche, verschiedene Abteilungen innerhalb einer Organisation, verschiedene Teams innerhalb der Abteilung. Es gibt kulturelle Unterschiede in Bezug auf Alter, Geschlecht, Rasse, Schulbildung, Einkommensschichten und soziale Herkunft.

Und bei allem Wissen über die Kultur Ihres Gegenübers sollten Sie nicht vergessen, dass der Mensch nicht mit seiner Kultur gleichzusetzen ist. Behandeln Sie also immer jeden und jede als einzigartig. Verwenden Sie die kulturellen Richtlinien als genau das – als bloße Richtlinien; aber seien Sie darauf vorbereitet, dass diese Person ganz anders ist als die Norm ihrer Gruppe.

Letztlich sind alle Interaktionen kulturübergreifend; jeder Mensch hat seine eigene Kultur.

Wenn Sie das Heft in der Hand haben, sind Sie im Vorteil

David Landsman war unter anderem britischer Botschafter in Griechenland, britischer Botschafter in Albanien, Geschäftsführer von Tata Ltd. (Europa) und Direktor des UK India Business Council. Als internationaler Verhandlungsführer und Experte für Unternehmensstrategie und Geopolitik ist er derzeit Vorsitzender von Cerebra Global Strategy und Vorsitzender der Britisch-Serbischen Handelskammer.

„Als ehemaliger Diplomat, der zuvor Linguistik studiert hat, habe ich mich schon immer für die Rolle der Sprache in der Diplomatie im weitesten Sinne interessiert. Die Sprache des Gegenübers zu kennen ist von unschätzbarem Wert. Bei meinen Auslandseinsätzen hatte ich fast immer das Glück, die Sprache vor meiner Ankunft zu lernen, was mir zweifellos einen Vorteil gegenüber meinen Diplomatenkollegen verschaffte, die dies nicht taten.

Natürlich können Sie einen Übersetzer beauftragen, aber der kann Ihnen nicht im Detail erklären, wie es gesagt wurde, den Tonfall oder die enthaltene Andeutung. Andererseits habe ich in der EU, der NATO und der UNO verhandelt und ich spreche definitiv nicht die Sprache aller Mitgliedsländer!

In den frühen 2000er-Jahren gehörte ich zum europäischen Team, das mit dem Iran über dessen Atomprogramm verhandelte. Ich hatte den Vorteil, dass die Verhandlungen auf Englisch stattfanden, aber es wäre definitiv besser gewesen, wenn ich auch Farsi verstanden hätte. Wenn ich mich recht erinnere, konnte es nur einer aus unserem Team, während mehrere Iraner Englisch verstanden, was ihnen viele Vorteile verschaffte: ein paar Sekunden mehr Bedenkzeit, während der Dolmetscher erklärte; sie konnten Nuancen besser erfassen und sie konnten sogar die Nebenbemerkungen verstehen, wenn wir uns ‚privat' unterhielten.

Noch besser ist es, Muttersprachler in der Sprache zu sein, in der die Verhandlung geführt wird – und das ist heutzutage meist Englisch. Ich erinnere mich an eine Verhandlung im Rahmen der (damaligen) G8, die in London unter britischer Präsidentschaft stattfand. Wir haben versucht, einen Weg zu finden, um eine ernsthafte Meinungsverschiedenheit zur jüngsten Entwicklung in Bezug auf Nordkorea und seine Atomwaffen auszuräumen.

Einige wollten eine härtere Linie einschlagen als andere: Einige wollten ‚große Besorgnis' zum Ausdruck bringen, andere wollten nicht über ‚Besorgnis' hinausgehen. Wir haben eine Weile darüber geredet, ohne Fortschritte zu erzielen. Dann schlug ich eine Alternative vor: Wie wäre es mit ‚erheblich'? Alle nicken.

Wenn Sie das Heft in der Hand haben, sind Sie im Vorteil.

‚Sprache' kann mehr sein als die Frage, ob man Französisch oder Farsi spricht. Es ist wichtig, ganzheitlich darüber nachzudenken, was wann und von wem gesagt wird und was nicht gesagt wird.

Ich war in Libyen und verhandelte mit hochrangigen Mitgliedern des Gaddafi-Regimes, nachdem dieser beschlossen hatte, seine chemischen und nuklearen Waffenprogramme aufzugeben. Dies war eine schwierige Entscheidung für Libyen und die Verhandlungen wurden angespannt geführt. Die beiden libyschen Verhandlungsführer waren ein ungleiches Paar, obwohl beide sehr hochrangig waren und enge Verbindungen zum Staatsoberhaupt hatten. Einer dominierte die Gespräche, sprach nur auf Arabisch, oft laut und aggressiv, und schaffte es ziemlich gut, einige unserer Mitarbeiter zu ermüden. Sein Kollege hingegen schwieg während der langen Verhandlungssitzungen, obwohl er ausgezeichnet Englisch sprach und zweifellos alle Nuancen erfasste. Am Ende war er es, der in wenigen Worten ein ruhiges Fazit zog. Keine Frage, wer der Boss war.

Verhandlungsführer sprechen idealerweise die Sprache(n) der Verhandlung. Wenn sie Glück haben, halten sie das Heft in der Hand. Aber selbst wenn beides nicht möglich ist, wird es sicherlich helfen, der ‚Sprache' im weitesten Sinne aktive Aufmerksamkeit zu schenken."

2.7 Hinweise im Kanal

Welches ist Ihr Lieblingsmedium? Ich frage nicht nach Ihrem Lieblingshellseher, sondern: Wie kommunizieren Sie am liebsten?

Jeder Mensch hat einen Lieblingskanal, und wenn man sein Gegenüber umstimmen will, lohnt es sich, darüber nachzudenken, welcher Kommunikationskanal am geeignetsten ist. Ein Großteil der Antwort besteht in dem Kanal, über den *das Gegenüber* am liebsten kommuniziert, sei es Face to Face, über TikTok oder per Brieftaube.

Aus seinen Vorlieben können wir eine Menge lernen. Wenn es um ein persönliches Gespräch geht, will es dann ein formelles

Treffen im Büro oder lieber ein kurzes Gespräch im örtlichen Café oder das Probiermenü in einem Sternerestaurant? Wenn es sich um eine Videokonferenz handelt, ist die Kamera ein- oder ausgeschaltet? Bevorzugt die Gegenseite das Telefon oder die neueste, noch exklusive „Invite-only"-Plattform? Wir können auch aus seinem Kommunikationsstil etwas über das Gegenüber lernen. Vor vielen Jahren führte ich zwei verschiedene Projekte mit zwei verschiedenen Freunden durch, die beide Alex hießen. Der eine war der knallharte Investmentbanker Alex und der andere der sanfte, gefühlvolle Hippie Alex. Wenn der knallharte Investmentbanker Alex anrief, dauerte der Anruf nie länger als drei Minuten. Es war „Hallo" und „Tschüss", keine Zeit für ein „Wie geht's?". Wenn der sanfte, gefühlvolle Hippie Alex anrief, dauerte es anderthalb Stunden, worüber auch immer wir sprachen. Bevor wir über irgendetwas sprachen, was mit dem Projekt zu tun hatte, wollte er wissen, wie ich mich fühlte, und dann erzählte er mir, wie er sich fühlte, und dann wollte er wissen, was ich darüber fühlte, wie er sich fühlte, und so weiter.

Ich übertreibe natürlich und beide Alex' waren sehr gute Freunde und beide Projekte waren erfolgreich, aber ich musste den Kommunikationsstil des jeweils anderen berücksichtigen, wenn ich mein Ziel erreichen wollte.

Selbst wenn es sich um die gute alte E-Mail handelt, können wir daraus eine Menge ableiten. Manche Leute schreiben lange E-Mails, manche schreiben nur eine Art Ein-Wort-Grunzlaut, manche antworten überhaupt nicht. Einige sind spitzfindig, andere beginnen mit der Frage nach dem Wochenende und wieder andere garnieren die E-Mails mit vielen Emojis und flauschigen Häschen.

Das sind alles nützliche Informationen darüber, wer die anderen sind und wie Sie am besten mit ihnen kommunizieren können, um Ihr Ziel zu erreichen.

Zusammengefasst

Wenn das Gespräch gut verlaufen soll, kommt man um die Vorbereitung nicht herum. Es ist wie mit allem – die Ergebnisse hängen davon ab, wie gut man sich vorbereitet. Und wenn Sie diese Nachforschungen anstellen, werden Sie überall Hinweise darauf finden, wie Sie die Gegenseite überreden können.

○ **Verstehen Sie ihre Perspektive**
Eines lässt sich garantieren: Ihr Gegenüber wird die Dinge anders sehen als Sie. Sie müssen Ihre Botschaft oder Ihr Ergebnis so formulieren, wie *die anderen* es sehen. Andernfalls werden Sie damit nicht durchkommen.

○ **Werden Sie „einer von uns"**
Der Mensch ist ein Stammeswesen, und Sie wollen zeigen, dass Sie und Ihr Gegenüber zum selben Stamm gehören. Das heißt nicht, dass Sie sich verstellen sollen; Sie sollten in der Lage sein, eine echte Überschneidung zwischen dessen Person und Ihnen selbst zu finden. Wenn Sie dies getan haben, wird die Gegenseite Ihrer Idee gegenüber viel aufgeschlossener sein.

○ **Kennen Sie den Persönlichkeitstyp Ihres Gegenübers**
Jeder Mensch ist anders, aber ein Persönlichkeitsprofil kann ein schneller Weg sein, um zu verstehen, wie jemand denkt. Wenn Sie wissen, wie die anderen denken, können Sie damit vorhersagen, wie sie wahrscheinlich auf Ihr Anliegen reagieren werden und wie Sie Ihren Ansatz ändern könnten, um mehr Erfolg zu haben.

○ **Verstehen Sie, wer sonst noch beteiligt ist**
Es geht nie nur um Sie und die eine andere Person, es sind immer noch weitere Personen beteiligt – auch wenn Sie nicht wissen, wer diese sind. Aber wenn Sie alle Beteiligten kennen und die treibenden Kräfte identifizieren können, können Sie einen Weg zum Erfolg finden.

○ **Verstehen Sie die Kultur der Gegenseite**
Letztlich befindet sich jeder innerhalb einer Kultur, aber das Verständnis der kulturellen Vielfalt, innerhalb derer die Person lebt und arbeitet, kann Hinweise dafür liefern, wie sie reagieren könnte.

○ **Welchen Kanal sollten Sie nutzen?**
Normalerweise entscheiden wir uns für unseren Favoriten, sei es die E-Mail, das Telefon oder das Restaurant auf der Dachterrasse mit dem großartigen Blick über die Stadt. Vielleicht möchten Sie aber stattdessen den Lieblingskanal Ihres *Gegenübers* wählen. In jedem Fall kann das Wissen um die Wahl des Kommunikationsmittels und die Art seiner Nutzung Ihnen interessante Hinweise darauf geben, wie Sie ihn beeinflussen können.

Suchen Sie also überall nach Hinweisen. Man muss auch auf Hinweise achten, aber das behandeln wir im nächsten Kapitel.

3

Zuhören, zuhören, zuhören

3.1 Schluss mit dem Narzissmus im Gespräch

Es geht nicht nur um Sie

Dies ist vielleicht der wichtigste Abschnitt des Buches.

Die meisten Menschen betrachten Gespräche als eine Gelegenheit, über sich selbst zu sprechen. Ich hatte eine Freundin, mit der ich mich regelmäßig traf, und sie sprach die ganze Zeit über ihre neuesten Probleme. Ich habe mich damit abgefunden, bis ich selbst einmal eine schwierige Phase durchmachte. Innerhalb eines Monats kündigte ich meinen Job, mein Vater starb, ich trennte mich von meiner Freundin und erfuhr dann, dass sie schwanger war. Als meine gesprächige Freundin dies hörte, sagte sie: „Oh, wow, wir müssen uns treffen und reden."

Was sie meinte, war, dass wir uns treffen und *über sie* reden sollten. Als wir im Café Platz nahmen, sagte ich ganz beiläufig:

„Wie geht's?", und sie erzählte mir die nächsten 90 Minuten lang, wie schrecklich ihr Leben sei.

Sie ist eine Freundin, die ich früher regelmäßig traf.

Nicht nur sie ist so. Viele Menschen lieben den Klang ihrer eigenen Stimme und ihr Lieblingsthema sind sie selbst. Am liebenswürdigsten sind sie, wenn sie sagen: „Ich habe schon viel zu lange geredet, du bist dran, was denkst *du*, was denkst du über mich?"

Charles Derber unterscheidet in seinem Buch *The Pursuit of Attention*[1] zwischen der „Shift Response" und der „Support Response" und er empfiehlt uns, mehr von Letzterer Gebrauch zu machen.

Mit der Shift Response verlagern wir das Thema von der Gegenseite auf uns:

Freund:	Ich bin gerade von einem tollen Urlaub zurückgekehrt.
Wir:	Oh, ich auch. Ich war in Magaluf, es war genial, ich war in dieser tollen Bar ...

Zu diesem Zeitpunkt ist es unwahrscheinlich, dass unser Freund besonders freundlich zu uns ist. Aber wenn wir uns für die Support Response entscheiden würden, würden wir den Schwerpunkt auf die Gegenseite legen:

Freund:	Ich bin gerade von einem tollen Urlaub zurückgekommen.
Wir:	Oh, wow, wo warst du denn?
Freund:	Ich war eine Woche lang in Magaluf.
Wir:	Fabelhaft, was hast du denn so getrieben?

Hier wird sich unser Freund uns gegenüber freundlicher geben.

Es kann subtil sein. Manchmal möchten wir etwas zum Thema der anderen hinzufügen (Support Response), aber wir sind so sehr auf das konzentriert, was wir sagen wollen, dass wir aufhören, ihnen zuzuhören. Wir haben einfach nicht den Platz in unserem Gehirn, um ihnen und unsere eigenen Gedanken gleichzeitig zuzuhören.

TOP-TIPP

Es ist in Ordnung, Dinge aus dem eigenen Leben mitzuteilen, aber stellen Sie sicher, dass Sie am Ende den Scheinwerfer wieder auf Ihr Gegenüber richten.
„Ich war auch in Magaluf! Sag mal, was hast du eigentlich gemacht?"

Wenn Sie die anderen umstimmen wollen, müssen Sie sie dazu bringen, Ihnen zuzuhören. Aber wie können Sie erwarten, dass Ihr Gegenüber Ihnen zuhört, wenn Sie ihm selbst nie zuhören? Das können Sie nicht.

Wenn Sie wollen, dass man Ihnen zuhört, müssen Sie den Anfang machen und den anderen zuhören.

Die Amygdala, ein wichtiger Teil des Gehirns

Amygdalum ist das lateinische Wort für Mandel. Es gibt zwei kleine mandelförmige Bereiche im Gehirn – die Amygdala –, die eine enorm wichtige Rolle dabei spielen, uns am Leben zu erhalten. Und nicht nur das: Sie haben bereits eine ungeheuer wichtige Rolle für das Überleben unserer Vorfahren gespielt, eine Linie, die sich in unserem Stammbaum bis zur Ente zurückverfolgen lässt.

Eigentlich stammen wir nicht von Enten ab, aber Sie verstehen, was ich meine.

Die Amygdala ist die Region des Gehirns, die sich mit Gefahr befasst. Wenn ein Bär hinter einem Baum hervorspringen würde, wäre Ihre Amygdala sofort alarmiert und würde Ihre Kampf-, Flucht- oder Erstarrungsreaktion auslösen, bevor Sie sagen könnten: „Oh, schau mal, da ist ein Bär." *

Es ist auch die Region, die Aggressionen auslöst – die Kampfreaktion –, und der Teil, der, wenn er glaubt, angegriffen zu werden oder unter Stress zu stehen, viele andere Bereiche des Gehirns dämpft, damit er sich allein darauf konzentrieren kann, Ihre Haut zu retten.

Eine Region des Gehirns, die die Amygdala stört, ist der präfrontale Kortex (PFC) – ein Teil des Gehirns, der maßgeblich am Zuhören beteiligt ist. Der PFC empfängt Informationen aus dem auditorischen Kortex sowie aus anderen Bereichen des Gehirns und fügt sie zum Zweck des rationalen Denkens und der Entscheidungsfindung zusammen.

Mit anderen Worten: Wenn Sie wollen, dass Ihr Gesprächspartner Sie richtig versteht und in der Lage ist, rational zu denken und eine gute Entscheidung zu treffen, muss sein PFC vollständig mobilisiert sein, was bedeutet, dass seine Amygdala ruhig sein muss.

Mit anderen Worten: Er muss sich absolut sicher fühlen.

Interessanterweise haben einige Studien gezeigt, dass die Anfechtung unserer tief verwurzelten Überzeugungen die Amygdala genauso triggert wie eine physische Bedrohung.[2]

Liebe und Angst

„Es gibt nur zwei Gefühle: Liebe und Angst. Alle positiven Emotionen entspringen der Liebe, alle negativen Emotionen der Angst. Aus der Liebe erwachsen Glück, Zufriedenheit, Frieden und Freude. Aus Angst entstehen Wut, Hass, Unbehagen und Schuldgefühle. Es stimmt, dass es nur

---

* Beinhaltet keine Koalabären.

zwei primäre Emotionen gibt: Liebe und Angst. Genauer gesagt gibt es nur Liebe oder Angst, denn wir können diese beiden Gefühle nicht gleichzeitig empfinden. Sie sind gegensätzlich. Wenn wir Angst haben, sind wir nicht in der Lage, zu lieben. **Wenn wir an einem Ort der Liebe sind, können wir nicht an einem Ort der Angst sein ... Es gibt hier keine Neutralität."**

Dies ist ein Zitat von Elisabeth Kübler-Ross, der schweizerischamerikanischen Psychiaterin, die vom *Time Magazine* zu einer der 100 wichtigsten Denkerinnen des 20. Jahrhunderts ernannt wurde.

Was sie damit sagen will: Wenn wir nicht wollen, dass die andere Person an einem Ort der Angst ist (und dadurch deren Amygdala getriggert und ihre Fähigkeit, zuzuhören und Fakten zu verarbeiten, ausgeschaltet wird), muss sie an einem Ort der Liebe sein.

Wie beim Zuhören gilt auch hier: Wenn Sie wollen, dass die anderen an einem Ort der Liebe sind, müssen Sie vorangehen und ebenfalls an einem Ort der Liebe sein.

Für einige von Ihnen wird dies eine außerordentlich intensive Lernerfahrung sein und Sie werden das Buch weglegen und voller Liebe in die Welt hinausgehen und die Ergebnisse, die Sie erhalten, in etwas Gutes umwandeln. Der schwierige Nachbar, die lästige Kollegin werden zu Ihren besten Freunden werden.

Andere werden von Liebe und Hippies reden und davon, dass in den 1960er-Jahren alles schiefgelaufen ist, und fragen, was um alles in der Welt das damit zu tun hat, dass ich den Wachmann überreden muss, mich durchzulassen, obwohl ich meinen Ausweis vergessen habe.

Um fair zu sein, Liebe ist hier ein ziemlich starkes Wort, also lassen Sie uns stattdessen über die Lehre vom Primat des Affekts sprechen.[3] Affekt bedeutet ganz einfach, dass wir von etwas angezogen oder abgestoßen werden. So wie eine Amöbe sich auf bestimmte Bedingungen, die sie wahrnimmt, zubewegt oder sich von ihnen entfernt, verarbeitet unser Gehirn große Mengen an Informationen aus der Außenwelt und tut im Prinzip dasselbe. Es entscheidet, ob wir uns auf sie zubewegen (Nährstoffe, günstige Bedingungen, Fortpflanzung) oder uns von ihnen entfernen (ungünstige Bedingungen, Krankheitserreger, Raubtiere). Wir sind der Amöbe gar nicht so unähnlich.

Die Entscheidung, ob sie sich annähert oder ausweicht, trifft sie in einer Zehntelsekunde. Einer Zehntelsekunde.

Die Lehre vom Primat des Affekts besagt, dass dieser an erster Stelle steht und sich auf alle nachfolgenden Prozesse im Gehirn auswirkt, einschließlich des Denkens. Das heißt, wenn wir etwas mögen (positiver Affekt), finden wir Gründe, die dafürsprechen; wenn wir etwas nicht mögen (negativer Affekt), finden wir Gründe, die dagegensprechen. Die Argumentation ist eine nachträgliche Rationalisierung des Affekts.

So halten wir beispielsweise gut aussehende Menschen für intelligenter als den Durchschnitt und es ist wahrscheinlicher, dass sie von Geschworenen freigesprochen werden; unsere Bewertung und unsere Argumentation sind das Ergebnis des positiven Affekts, den wir für sie empfinden.

Mit anderen Worten: Auch wenn wir glauben, dass Liebe ein zu starkes Wort ist, möchten wir doch, dass die anderen uns gegenüber einen positiven Affekt empfinden, wenn wir wollen, dass sie ihre Meinung ändern.

Unbedingte positive Wertschätzung

Laut Dr. Will Schutz, dem Erfinder der FIRO-Theorie (Fundamental Interpersonal Relations Orientation – Grundlegende Orientierung der zwischenmenschlichen Beziehungen), wollen alle Menschen

- ◉ sich wichtig fühlen und haben Angst, ignoriert zu werden,

- sich kompetent fühlen und haben Angst, gedemütigt zu werden,
- sich sympathisch fühlen und haben Angst, abgelehnt zu werden.

Das ist der Grund für so viele menschliche Verhaltensweisen. Der einfachste Weg, jemanden umzustimmen, besteht also darin, ihm zu zeigen, dass er für Sie wichtig ist, dass er kompetent ist, dass er gemocht wird.

In ähnlicher Weise führte Carl Rogers die Idee der unbedingten positiven Wertschätzung ein. Rogers, der Erfinder der Humanistischen Psychologie und für viele einer der bedeutendsten klinischen Psychologen des 20. Jahrhunderts, war der Ansicht, dass therapeutische Veränderungen nur dann möglich sind, wenn bedingungslose positive Wertschätzung vorhanden ist, das heißt eine echte Fürsorge, die nicht von einem bestimmten Verhalten abhängt.

All diese Ansätze – Liebe, positiver Affekt, bedingungslose positive Wertschätzung und das Gefühl, wichtig und kompetent zu sein und gemocht zu werden – sind letztlich nur verschiedene Variationen desselben Rezepts, sie sagen alle dasselbe aus.

Warum, wenn die anderen es nicht verdient haben?

Jetzt denken Sie vielleicht, dass die Person, die Sie zu überzeugen versuchen, dies nicht verdient: Ihr Verhalten ist zu sehr aus dem Ruder gelaufen. Vielleicht ist sie Alkoholiker und hat zu viele Probleme; vielleicht ist sie ein Glücksspieler und hat zu viel Geld der Familie verloren; vielleicht sind Ihnen ihre politischen Ansichten ein Gräuel.

Erinnern Sie sich, dass wir in Kapitel 1 gesagt haben, dass Sie sich über Ihr Ziel im Klaren sein und sich dann *immer* darauf konzentrieren sollten? Überprüfen wir es also. Hat das, was Sie bisher getan haben, funktioniert?

Hat das Nörgeln bei Alkoholikern und Glücksspielern funktioniert? Hat es funktioniert, ihnen zu sagen, dass sie Taugenichtse sind? Haben Ihre unwiderlegbare Logik und Ihr hervorragendes Beweismaterial Ihre politischen Gegner jemals von ihren Irrtümern überzeugt? Unwahrscheinlich. Um Ihr Ziel zu erreichen, müssen Sie also etwas anderes ausprobieren.

Warum hat Ihr bisheriger Ansatz nicht bei Ihrem Gegenüber funktioniert? Weil Sie wahrscheinlich nicht auf dieses Element seines Bedürfnisses nach seelischer Geborgenheit eingegangen sind, sodass es sich abkapselt und nichts von dem hört, was Sie sagen, und seine Meinung sicher nicht ändert.

Aber schauen wir mal, was passiert, wenn man dieses Bedürfnis anspricht. Im Jahr 2012 startete Google das Projekt Aristoteles, eine mehrjährige Studie über die Leistung aller Teams innerhalb des Unternehmens, um herauszufinden, welche Teams am erfolgreichsten waren und welche Schlüsselfaktoren für diesen Erfolg verantwortlich waren. Sie fanden heraus, dass der bei Weitem größte Faktor die seelische Geborgenheit war.[4]

Aus rein pragmatischen Gründen ist es also einen Versuch wert: Dieser Faktor könnte genau der richtige für Sie sein. Er hat eine großartige Erfolgsbilanz bei der Arbeit mit schwierigen Fällen wie Alkoholikern, Glücksspielern und Süchtigen jeglicher Art. Er funktioniert in den schwierigsten Fällen, bei Kriminellen, bei Wiederholungstätern, bei Polizeiverhören, bei Terrorismusverhören.

Echte Fürsorge für einen mutmaßlichen Terroristen? Warum sollten Sie das tun? Aus dem einfachen Grund, dass es funktioniert. Aus dem rein praktischen Grund, dass Sie Ihr Ziel erreichen wollen.

Und *das ist es*, was Sie letztendlich wollen.

Ob Sie es nun Liebe oder positiven Affekt oder bedingungslose positive Wertschätzung oder die Senkung des Erregungsniveaus der Amygdala nennen – wenn Sie damit Ihr Ziel erreichen, ist es die Sache wert. Und der einfachste Weg, all dies zu erreichen, ist das Zuhören, das wirkliche Zuhören.

Ich habe meinen Vater zurück

Aliya* ist Rechtsanwältin und arbeitet als Unternehmensjuristin bei einer Investmentbank.

„Ich bin in Hertfordshire geboren und aufgewachsen, habe aber einen bangladeschischen Hintergrund und führte zwei Leben – im Alltag war ich das westliche Ich, das wahre Ich, aber zu Hause respektierte ich die Grenzen und war eine gute bangladeschische Tochter. Es war nicht immer einfach.

Als ich an der Uni war, lernte ich einen pakistanischen Mann kennen, der mir gefiel, und wir fingen an, uns zu treffen, aber mein Vater fand das nicht gut. Viele Freunde meines Vaters waren im Krieg zwischen Pakistan und Bangladesch gefallen, und nun wollte sein Goldkind mit dem ‚Feind‘ ausgehen!

Wir hatten einen heftigen Streit und es war das erste Mal, dass ich ihn herausforderte: Sein Krieg war nicht mein Krieg. Mehr noch, er musste verstehen, dass ich anders aufgewachsen war als er, konnte nicht erwarten, dass ich so werde wie er. Ich musste meinen eigenen Lebensweg wählen.

Aber er sprach nicht mehr mit mir und ich begann, ihn zu meiden. Ich achtete darauf, nie zur gleichen Zeit mit ihm zu Abend zu essen: Ich aß entweder gar nichts oder ich wartete, bis alle im Bett waren, und schlich mich dann hinein, um etwas zu kochen.

Das ging für ein paar Monate so, aber schließlich beschloss ich, etwas zu ändern. Ich liebte meinen Vater und wollte eine liebevolle Beziehung zu ihm haben.

---

* Aliya ist nicht ihr richtiger Name.

Also beschloss ich, ihm nicht mehr aus dem Weg zu gehen, und saß eines Abends wieder ganz normal mit am Tisch. Er sagte nichts, aber das war in Ordnung, ich wollte nur bei ihm sein.

Die ersten paar Male habe ich nichts gesagt, sondern nur positive Energie eingebracht. Dann setzte ich mich zu ihm und meiner Mutter ins Wohnzimmer und sah mit ihnen fern, aber er sprach immer noch nicht mit mir.

Dann kam die Hochzeit meines Bruders, alle waren aufgeregt und wir brauchten ein neues Tor für die Vorderseite des Hauses. Ich schlug es meiner Mutter vor und sie sagte: ‚Warum gehst du nicht mit deinem Vater zu B&Q und kaufst eins?' Ich sah ihn an und fragte: ‚Sollen wir?', und er stimmte zu. Und als wir an der Kasse standen und mir das Tor auf den Fuß fiel, reagierte Papa sofort. ‚Oh mein Gott!', rief er und sprang nach vorn, um zu verhindern, dass es ganz auf mir landete. Er war wirklich besorgt, ich hätte mich verletzt, doch es ging mir gut. Aber weißt du was, es war das erste liebevolle Wort, das er seit Langem zu mir gesagt hatte.

Das war ein Durchbruch, ich war begeistert. Er zeigte mir die Fürsorge und Liebe, nach der ich mich gesehnt hatte, von der ich die ganze Zeit wusste, dass er sie empfand, und ich war so glücklich, dass er sie zum Ausdruck bringen konnte.

Ich wusste, dass er immer gute Absichten gehabt hatte. Er wollte das Beste für mich und er dachte, er wüsste, was das ist. Aber ich musste ihm zeigen, dass ich letztendlich meine eigenen Entscheidungen für mein Leben treffen würde und dass ich gute Entscheidungen treffen konnte. Aber ich musste das auch auf die liebevollste Weise tun, die mir möglich war.

Danach kehrten wir zur Normalität zurück, ja wir kamen uns sogar näher als je zuvor. Wir haben noch viel mehr miteinander geredet. Es gab noch viel mehr liebevolle Gespräche, in denen wir versuchten, uns gegenseitig zu verstehen. Ich erzählte ihm mehr über mein Leben und das gemischte Umfeld, in dem ich mich bewege, und er war sehr aufgeschlossen und interessiert daran.

Ich hatte es ihm vorher nicht erzählt, weil ich Angst hatte, dass er wütend wäre, aber vielleicht wäre er nicht so schockiert gewesen, als er das mit meinem Freund herausfand, wenn ich früher ihm gegenüber offener gewesen wäre.

Manchmal denke ich, dass wir uns alle gegenseitig mit Liebe nur so überschütten würden, wenn keiner von uns sich zurückhalten würde. Aber wir sind zu ängstlich, zu sehr darauf bedacht, uns selbst zu schützen. So war es bei mir und meinem Vater: Es gab zwar Missverständnisse und Misskommunikation, aber letztlich war immer viel Liebe da.

Am Ende habe ich mich für diese Liebe eingesetzt. Es brauchte Ausdauer, aber ich blieb hartnäckig. Und ich habe im Gegenzug Liebe zurückbekommen. Ich habe meinen Vater zurück."

3.2 Zuhören, um zu verstehen, nicht um zu widerlegen

Selbst wenn Sie nicht an diese fiese Sache von Liebe oder positivem Einfluss glauben und selbst wenn Sie Ihre Amygdala nicht von Ihrem Ellbogen unterscheiden können und es auch nicht wollen, gibt es eine Menge anderer Gründe, warum Sie sich auf das Zuhören konzentrieren sollten, wenn Sie die Meinung der anderen Person ändern wollen.

Allerdings ist das Zuhören schwierig. Wir haben andere Dinge im Kopf, wir werden abgelenkt, wir planen das Abendessen für heute und die andere Person hilft uns auch nicht gerade dadurch weiter, dass sie mit monotoner Stimme spricht. Auch ist unsere Entwicklung nicht darauf angelegt, dass wir gut zuhören können, sondern darauf, dass unsere Aufmerksamkeit umherspringt und die Welt nach Gefahren absucht: Befindet sich ein Raubtier vor oder hinter uns? Ist da ein Hai in den Büschen oder ein Tiger, der sich hinter den Vorhängen versteckt? Sich über einen längeren Zeitraum auf einen bestimmten Kanal zu konzentrieren widerspricht unserer Veranlagung.

Wie können wir also gut zuhören?

Das Wichtigste ist Ihre Absicht. Wenn Sie die richtige Absicht haben, folgt das, was Sie tun müssen, automatisch. Und selbst wenn Sie sich beim Zuhören ungeschickt anstellen, wird Ihnen das verziehen, solange Ihre Absicht erkennbar ist.

Was sollte diese Absicht also sein? Nun, wie oben erwähnt, erwächst die stärkste Absicht aus Liebe. Und ich verstehe, dass das manchmal schwierig ist, wenn die Person, die Sie eben fast überfahren hat, jetzt aus dem Autofenster Ihre Mutter beleidigt. Dennoch, je mehr Sie sich jedoch darauf besinnen können, desto besser wird Ihr Ergebnis sein.

Wenn es hilft, lieben Sie Ihr Gegenüber aus egoistischen Gründen, lieben Sie es einfach, weil es funktioniert.

Zumindest sollte Ihr Ziel sein, die anderen zu verstehen.

Dies ist nicht die Norm. Bei einem Streit hören wir normalerweise nur zu, um die Gegenseite zu widerlegen. Wir warten darauf, dass sie etwas sagt, auf das wir uns mit einem Gegenargument stürzen können. Und das Gleiche macht sie mit uns und die Diskussion führt dann nirgendwohin.

Sie können dies in den sozialen Medien sehen. Die Kommentare dort lauten: „Ja, aber ...", und die Erfolgsquote bei der Meinungsänderung ist gleich null.

Wenn Sie aber offen sagen, dass Sie versuchen, zu verstehen oder zu helfen, und diese Absicht erneut mitteilen, wenn das Gespräch schwierig wird – dann ist es viel wahrscheinlicher, dass die anderen sich öffnen.

Nach der Absicht kommt die Aufmerksamkeit

Alle Formen des Zuhörens erfordern Ihre volle Aufmerksamkeit. Entscheiden Sie sich im Geiste, an nichts anderes zu denken: nicht an Ihre Aufgabenliste, nicht an Ihr nächstes Treffen. Hören Sie mit dem Multitasking auf, legen Sie das Telefon weg, schalten Sie den Fernseher aus und sehen Sie Ihr Gegenüber an. Nebeneinander oder in einem leichten Winkel zueinander zu sitzen ist oft besser als einander direkt gegenüberzusitzen, da weniger Druck auf den Redner ausgeübt wird und leichter ein „Wirgefühl" entsteht.

Während Sie zuhören, sollten Sie das äußern, was Unterhändler bei Geiselnahmen „minimale Ermutigungen" nennen – diese unaufdringlichen Verhaltensweisen, die zeigen, dass Sie zuhören. Menschen haben das tiefe Bedürfnis danach, sich gehört zu fühlen. Es reicht also nicht aus, nur zuzuhören: Die andere Person muss das Gefühl haben, dass ihr vollständig zugehört wird. Kurze Worte wie „Ja", „Okay", „Verstehe", „Verstanden", „Hm-hm" und Kopfnicken sind hilfreich.

Lassen Sie Stille zu: Stille ist Zeit zum Denken. Manche Menschen müssen ihre Überlegungen erst in Gedanken durchsprechen, also lassen Sie ihnen Raum dafür.

Wiederholen Sie einige der Dinge, die Ihr Gegenüber sagt. Dabei kann es sich um eine einfache Wiedergabe einiger Schlüsselwörter oder um eine größere Zusammenfassung handeln.

TOP-TIPP

Geben Sie die Argumente der Gegenseite besser wieder, als sie es selbst hätte tun können. Danach, und erst danach, unterbreiten Sie Ihren Vorschlag.

Und während Sie zuhören, versuchen Sie, tiefer einzusteigen und einige Punkte zu verknüpfen. Nehmen Sie die Argumente der anderen nicht nur auf, sondern verarbeiten Sie sie auch. Was muss wahr sein, damit sie das sagen? Welche Auswirkungen hat das? Wie passt das zu den anderen Aussagen, die sie gemacht haben? Was spielt sich bei den anderen ab, sodass sie sagen, was sie sagen? Wie würde ich denken/fühlen/handeln, wenn meine Welt so wäre, dass ich dies sagen würde?

Was noch wichtiger ist: Wie müssen *die anderen* in dieser Situation denken/fühlen/sich verhalten, wenn man bedenkt, was ich sonst noch über sie weiß (und das, was ich über mich weiß, außer Acht lässt)?

Und gleichzeitig tun Sie nichts von alledem, sondern sitzen Sie einfach nur da und teilen Sie mit ihnen diese Erfahrung. Die Verarbeitung steht dem Zuhören im Weg. Wie viel von dem einen und wie viel von dem anderen sollten Sie also tun? Das hängt vom Ergebnis ab. Die Samariter würden sagen, seien Sie einfach bei ihnen; aber wenn Sie ein kompliziertes Argument verstehen wollen, müssen Sie vielleicht aktiver nachfragen. Die richtige Balance zwischen aktivem und passivem Engagement zum jeweils richtigen Zeitpunkt zu finden braucht Zeit.

Und denken Sie beim Verarbeiten stets daran, dass es sich um Vermutungen Ihrerseits handelt. Wenn Sie drei Punkte zu einem Dreieck verbinden, existiert dieses Dreieck vielleicht nur in Ihrer Vorstellung und nicht in der realen Welt. Es gibt nur einen Weg, das herauszufinden – fragen Sie nach! „Eine Sache, die mir auffällt, ist ...“ oder „Ich habe den Eindruck, dass ...“. Und dann kann Ihr Gegenüber Ihnen mitteilen, ob Sie recht haben oder nicht.

Sie musste erst ihre Meinung ändern, bevor sie seine ändern konnte

Sue Atkins, The Parenting Coach, ist Erziehungsexpertin in der ITV-Sendung „This Morning" sowie bei BBC-Radio, Disney Junior und „Good Morning Britain". Zudem moderiert sie

3. Zuhören, zuhören, zuhören

zahlreiche weitere Fernsehsendungen auf der ganzen Welt.
Sie ist seit über 15 Jahren als Erziehungsberaterin tätig.

„Wenn Eltern zu mir kommen und mich wegen ihres Kindes um Hilfe bitten, ist es sehr oft die Einstellung der Eltern, die ich zuerst ändern muss, bevor sie die Einstellung ihres Kindes ändern können.

Es kommt häufig vor, dass Eltern einen zu bestimmenden Ansatz verfolgen, der ihnen nicht das gewünschte Ergebnis bringt, und deshalb zu mir kommen müssen. Ständig zu reden und nicht zuzuhören vermittelt sehr negative Botschaften an Kinder, unabhängig von ihrem Alter, und sie bauen nur Mauern und keine Brücken zwischen sich und ihnen. Wenn sich das Kind bedrängt fühlt, wird es sie abweisen.

Wenn ich also mit Eltern arbeite, erzähle ich ihnen Geschichten von meinen eigenen Kindern und anderen Familien, mit denen ich gearbeitet habe, und helfe ihnen, verschiedene Erziehungsansätze zu verstehen.

Kürzlich kam ein Ehepaar zu mir wegen seines jugendlichen Sohnes Mike, der zu viel am Computer saß. Die Mutter war ziemlich aggressiv und drohte damit, Mike den Computer für die nächsten sechs Monate wegzunehmen. Der Vater fand, dass sie es ein bisschen übertrieb, aber das war im Hinblick auf die Erziehung des Sohnes nicht gut, weil die Eltern sich dadurch nur stritten.

Ich saß also da und hörte mir ihre Geschichte an. Ich war neugierig auf die Situation und stellte viele Fragen. Ich war unvoreingenommen, entspannt und erzählte einige amüsante Anekdoten, aber nicht zu herablassend. Aber ich stellte eine Verbindung zu ihnen her und schuf ein Umfeld, in dem sie sich sicher fühlen konnten, sodass sie selbst zu dieser Art der Kommunikation übergehen konnten.

Das fällt Eltern zu Hause oft schwer, weil sie zu nah an der Situation dran sind: Wenn sie mitten in dem stecken, was ich ‚die Socken und Hosen des Lebens' nenne, können sie das Gesamtbild nicht sehen. So kommt es oft vor, dass sie sich gegenseitig hochschaukeln und es im Streit endet; aber bei der Zusammenarbeit mit mir fühlten sich beide Elternteile sicher und konnten ihre unterschiedlichen Standpunkte erkunden. Beide Seiten konnten einander besser zuhören und sich dann gehört fühlen, zumal ich als Resonanzboden fungierte.

Ich bitte Eltern oft, ein Foto ihres Kindes mitzubringen. Ich erinnere mich an eine Coaching-Sitzung über Zoom mit einem Paar, das sich scheiden ließ, und ich bat die beiden, ein Foto von ihrer Tochter Ruby auf dem Bildschirm einzublenden, während wir zusammenarbeiteten. Im Laufe der Sitzung hetzte der Vater gegen die Mutter, worauf diese sofort reagierte, und es sah so aus, als würde ein weiterer Streit beginnen. Ich sagte nur ganz ruhig: ‚Was würde Ruby davon halten?‘ Er sah sich das Bild des Kindes an und sagte: ‚Oh mein Gott, das ist eine schreckliche Vorstellung.‘ Es war die Erinnerung an die sehr realen Auswirkungen auf die Tochter, die ihm klarmachte, dass er sein Vorgehen ändern und überdenken musste.

Bei Mikes Eltern wiederum wandte ich eine andere Strategie an. Ich legte ein Blatt Papier auf den Boden und bat die Mutter, sich darauf zu stellen. Dann bat ich sie, in Mikes Rolle zu schlüpfen und mir zu sagen, was er wohl fühlte. Es trat eine sofortige Veränderung ein. ‚Mama ist wirklich nervig, sie nörgelt ständig an mir herum ... Ich möchte einfach die gleichen Dinge tun wie meine Freunde ... Sonst ist es langweilig ... Mama und Papa streiten sich ... Es gibt viele Spannungen im Haus ...‘ Es kam alles heraus und zum ersten Mal verstand sie wirklich, wie sich ihr Sohn fühlte.

Der Vater tat das Gleiche und dann ermutigte ich sie, miteinander zu reden, und sie hörten einander zu, was sie zu Hause eindeutig nicht taten. Und das machte den entscheidenden Unterschied aus.

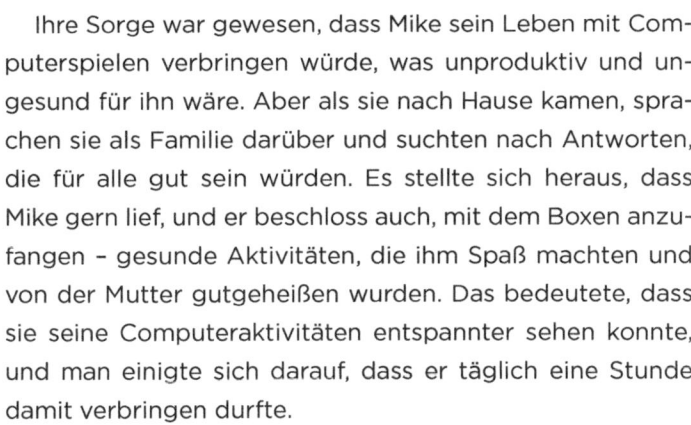

Ihre Sorge war gewesen, dass Mike sein Leben mit Computerspielen verbringen würde, was unproduktiv und ungesund für ihn wäre. Aber als sie nach Hause kamen, sprachen sie als Familie darüber und suchten nach Antworten, die für alle gut sein würden. Es stellte sich heraus, dass Mike gern lief, und er beschloss auch, mit dem Boxen anzufangen – gesunde Aktivitäten, die ihm Spaß machten und von der Mutter gutgeheißen wurden. Das bedeutete, dass sie seine Computeraktivitäten entspannter sehen konnte, und man einigte sich darauf, dass er täglich eine Stunde damit verbringen durfte.

Sie musste erst ihre Meinung ändern, bevor sie seine ändern konnte."

3.3 Hören Sie mit Ihren Ohren

In meiner Einführung habe ich gesagt, dass die Leute einem sagen, wie man sie beeinflussen kann – man muss ihnen nur zuhören. Aber worauf achten Sie?

○ Sie achten darauf, was sie antreibt: was sie wollen und was nicht, was sie hoffen und was sie befürchten. Denn wenn Sie Ihre Botschaft in diese Begriffe fassen können, werden die anderen eher zustimmen.

Wenn Sie möchten, dass Ihr Mann den Rasen mäht, und Sie wissen, dass er später Fußball schauen möchte, könnten Sie vorschlagen: „Wie wäre es, wenn du heute Nachmittag den Rasen mähst und ich dann ein schönes Abendessen koche, während du später Fußball schaust?" Sie verknüpfen Ihre Anfrage mit den Interessen der anderen.

- Sie achten auf die Emotionen der anderen: Emotionen sind Indikatoren für ihre Reaktionen auf Situationen und Reize. Wenn Sie also ihre Emotionen verstehen, können Sie ihre wahrscheinliche Reaktion auf Ihr Angebot vorhersagen. Auf dieser Grundlage können Sie Ihr Angebot entsprechend zuschneiden, und die Kunden werden eher zustimmen.

- Sie achten auf ihre Auswahlkriterien: die spezifischen Eigenschaften, nach denen sie bei ihrem Ziel Ausschau halten. Sie sagen Ihnen zum Beispiel, dass sie heute Abend auswärts essen gehen wollen, und denken, sie hätten sich klar ausgedrückt. Aber was meinen sie eigentlich? Sie könnten McDonald's vorschlagen und damit meilenweit danebenliegen.

- Manche wollen Haute Cuisine, andere mögen es lieber billig und ungezwungen; manche wollen gesund essen, andere einfach nur zu ihrem alten Lieblingsrestaurant gehen; für andere ist die Atmosphäre wichtig und sie suchen nach einem exklusiven, einem lebhaften oder auch nach einem familienfreundlichen Ort.

- Wenn wir kommunizieren, denken wir, dass wir uns klar ausdrücken, aber hinter unseren Worten können sich sehr unterschiedliche Interpretationen verbergen: Wenn Sie also Ihr Gegenüber wirklich verstehen wollen, müssen Sie tiefer graben, um herauszufinden, was es genau meint.

- Sie achten auf ihre Werte: Werte sind die Dinge, nach denen wir unser Leben ausrichten, für die wir stehen und für die wir bereit sind, uns einzusetzen. Es sind Dinge, die wir für gut oder schlecht, richtig oder falsch, wichtig oder unwichtig halten. Es handelt sich schlechthin um die Maßstäbe, an denen wir uns bei unseren Entscheidungen orientieren.

○ Verknüpfen Sie also Ihre Botschaft mit den Werten der Gegenseite und die Wahrscheinlichkeit, dass sie sich darauf einlässt, ist viel größer. Sie wird sie im Licht von etwas sehen, das sie für gut, richtig oder wichtig hält.

○ Und Sie achten auf den Persönlichkeitstyp: Im letzten Kapitel haben wir gesehen, wie leistungsfähig verschiedene Profiling-Methoden sind, die helfen können, die Denkweise der anderen Person zu verstehen. Nun, man braucht keine Computersoftware für die Analyse, man kann einfach zuhören, wie die anderen sprechen. Nichts anderes macht die Software.

Wenn Sie auf diese Punkte achten, lernen Sie genau, wie Sie Ihr Gegenüber überzeugen können. Wenn Sie seine Antriebskräfte, seine Emotionen, seine Werte, seine Auswahlkriterien und seinen Persönlichkeitstyp kennen, können Sie Ihre Botschaft darauf abstimmen und die Wahrscheinlichkeit, dass es Ja sagt, steigt.

3.4 Hören Sie mit Ihren Augen

Die Leute teilen einem mit, wie man sie beeinflussen kann, aber sie teilen es natürlich nicht ausdrücklich mit.

Sie werden Ihnen keine schriftliche Liste ihrer Antriebskräfte oder ihrer Werte geben, nicht einmal eine mündliche. Manchmal führen sie einen geradezu in die Irre: Jemand, der ein Auto kauft, gibt vielleicht an, dass das Preis-Leistungs-Verhältnis sein Hauptkriterium ist, aber in Wirklichkeit bevorzugt er einen Sportwagen, weil er damit seine Freunde beeindrucken will.

Wenn die anderen es Ihnen nicht sagen, wie können Sie es dann herausfinden?

Man muss genau hinhören und auf das achten, was hinter den Worten steht, auf die Zwischentöne, auf die Dinge, die nicht gesagt werden, auf die Wiederholung, die Betonung und die Pause.

Achten Sie auf das Nonverbale

Die menschliche Sprache hat sich im Laufe einiger Hunderttausend Jahre entwickelt, aber die nonverbale Kommunikation haben wir über Hunderte von *Millionen* Jahren entwickelt. Wir haben eine sehr große Veranlagung, auf diesen Kanälen zu kommunizieren, aber leider übertönt der verbale Kanal alle anderen.

Wir müssen uns wieder auf sie einstellen, um die andere Person besser zu verstehen: Die nonverbalen Kanäle sind genauso wichtig wie die verbalen.

Man könnte mich fragen, ob ich Donald Trump mag, und ich könnte mit einem Schnauben, einem schiefen Lächeln und einem Augenrollen antworten: „Ja!", oder ich könnte dasselbe Wort mit einer Energie sagen, die mich von einem Ohr zum anderen strahlen lässt. Einmal sarkastisch, das andere Mal bejahend. Der verbale Inhalt ist identisch, die Bedeutungen sind völlig verschieden. Meine gesamte Kommunikation findet auf nonverbalen Kanälen statt.

Wir müssen also auf den Gesichtsausdruck, den Tonfall, die Geste, das Kratzen am Ohr, die Bewegung auf dem Sitz, das Wegschauen und viele andere Dinge achten.

Wir lassen unsere Gedanken die ganze Zeit durchblicken

Stellen Sie sich das ekelhafteste Essen vor, das Ihnen in den Sinn kommt. Maden? Kuhmist? Tomaten? (Für mich sind es Tomaten.) Wenn Sie sich jetzt vorstellen, dass Sie dieses Essen zu sich nehmen, wird zweifellos etwas auf Ihrem Gesicht zu sehen sein. Selbst wenn es sich nur um eine Mikrobewegung handelt, werden Sie den Mund zusammenkneifen, den Kopf zurückziehen oder würgen müssen, wenn Sie Ekel bei dem Gedanken daran empfinden.

Wir lassen ständig etwas von unseren Gedanken durchblicken, und wenn wir das wissen, können wir daran arbeiten.

Beispielsweise verkaufen Sie ein Haus und das Gesicht der Kundin hellt sich auf, wenn Sie darauf hinweisen, dass der Bahnhof zu Fuß zu erreichen ist. Also können Sie sich denken, dass sie Pendlerin ist und ihr eine kürzere Reisezeit wichtig ist. Sagen Sie ihr, dass demnächst eine neue Bahnlinie mit einer schnellen Verbindung eröffnet wird, und schon haben Sie Ihr Geschäft unter Dach und Fach.

11 Dinge, die uns etwas über die anderen erzählen können

1. die Kleidung, die sie tragen
2. ihre Accessoires
3. die Bücher, die sie lesen
4. die Fernsehsendungen, die sie sich ansehen
5. die Websites, über die sie ihre Nachrichten beziehen
6. ihr Urlaub
7. das Auto, das sie fahren
   (oder nicht fahren, also das Fahrrad, das sie fahren)
8. ihr Haus
9. ihre Arbeit
10. die Freunde, die sie haben
11. ihr Partner

All dies und noch mehr vermittelt Ihnen nützliche Informationen über andere, ihre Werte und ihren Stil.

Sie müssen nicht nur zuhören, sondern auch hinsehen. Gewöhnen Sie sich an, auf diese Dinge zu achten, und Sie werden viel lernen.

Pokerspieler wissen das.

TOP-TIPP

Wenn Sie vermuten, dass Ihr Gegenüber bestimmte Werte vertritt, Sie sich aber nicht hundertprozentig sicher sind, können Sie das jederzeit überprüfen, indem Sie etwas sagen, das darauf anspielt. Durch die verbale oder nonverbale Reaktion der anderen werden Sie zu einer besseren Einschätzung Ihrer Annahme gelangen.

Wie ein Pokerspieler, der seine Karten aufdeckt

Michael Reddington, zertifizierter forensischer Befrager, Entwickler der Disciplined Listening Method, Präsident von In-Quasive, Inc. und Experte darin, Menschen von Widerstand zu Kooperation zu bewegen. Er hat mehr als ein Jahrzehnt damit zugebracht, Ermittler in der erfolgreichen Anwendung nicht-konfrontativer Interview- und Verhörtechniken zu schulen, und ist Autor des Buches „Disciplined Listening".

„Das Händeschütteln bietet eine gute Gelegenheit, die Kommunikation des Gegenübers zu beurteilen. Wenn ich jemanden treffe und wir uns die Hand geben, achte ich darauf, wie er oder sie sich verhält: den Abstand, den er oder sie einhält, ob er oder sie auf mich zugeht, ob er oder sie mir in die Augen schaut, die Worte, die er oder sie benutzt und natürlich die Stärke des Händedrucks. Auch wenn diese Beobachtungen nicht endgültig sind, geben sie doch oft Aufschluss über das Selbstvertrauen, die Persönlichkeit und die Aggressivität meines Gegenübers.

Sobald ich dann die Denkweise und Vorgehensweise der anderen Person kenne, passe ich meine in vielerlei Hinsicht an, um davon zu profitieren.

3. Zuhören, zuhören, zuhören

Mein denkwürdigstes Beispiel für ein Verhör war die Befragung eines Direktors für Verbrauchermarketing eines nationalen Einzelhandelsunternehmens. Er war kurz davor, zum Vizepräsidenten befördert zu werden, als Gerüchte aufkamen, er würde Betrug begehen und Geld veruntreuen. Es gab keine stichhaltigen Beweise und der Beförderungsprozess war bereits in Gang gesetzt. Mir wurde ganz klar mitgeteilt, dass man ihn entlassen würde, wenn er gestünde. Täte er das nicht, würde er zum Vizepräsidenten befördert.

Ein ganz normaler Tag im Büro.

Mein Mandant warnte mich, dass der Verdächtige 1,93 m groß sei und über 113 kg wiege. Sie sagten, er habe in letzter Zeit eine Menge Gewicht verloren und sei deutlich arroganter geworden. Sie bereiteten mich auf die Tatsache vor, dass er seine Größe gern dazu nutzte, Menschen zu schikanieren und einzuschüchtern.

Es ist immer schön, wenn die Leute wie angekündigt auftreten. Als er den Verhörraum betrat und mir die Hand schüttelte, stand er so nah bei mir, dass sich unsere Schuhspitzen berührten. Er hatte einen Händedruck wie ein Schraubstock, legte seine Hand auf meine und zog mich zu sich heran. Ich musste buchstäblich zu ihm aufblicken, um sein Gesicht zu sehen. Seine Einführung war so dominant, wie sie nur hätte sein können.

Gut: ein Vorteil für mich. Er hatte ganz klar versucht, mich einzuschüchtern, bevor unser Gespräch überhaupt begonnen hatte. Ich wusste nun, dass er einen Mangel an Selbstvertrauen überkompensierte und mich in einen Wettkampf um die Vorherrschaft über die Situation hineinziehen wollte. Sein Versuch, die Vorherrschaft zu erlangen, brachte mich sogar in eine überlegene Position.

Ich hatte keine Beweise und das wusste ich. Wenn ich ihm auf dem metaphorischen Schlachtfeld Auge in Auge gegenübergetreten wäre, hätte ich ihn gezwungen, eine Position einzunehmen, die er für immer verteidigen könnte. Ich beschritt den umgekehrten Weg. Ruhig, beherrscht und gelassen zu bleiben und das Gespräch auf mich zukommen zu lassen. Oft ist der Mann, der nicht verunsichert werden kann, derjenige, der am meisten verunsichert. Als er merkte, dass er mich nicht in einen Streit verwickeln konnte, musste er sich anhören, was ich zu sagen hatte. Glücklicherweise begann er etwa 30 Minuten nach dem Treffen zu gestehen und unterzeichnete am Ende unseres Gesprächs ein mehrseitiges schriftliches Geständnis.

Wenn Menschen ihre Einstellung und ihre Absichten auf diese Weise kundtun, unabhängig davon, was sie sind, verschaffen sie Ihnen einen strategischen Vorteil. Wie ein Pokerspieler, der seinen Konkurrenten die Karten zeigt. Wenn man weiß, was die anderen in der Hand halten, weiß man auch, wie man sie ausspielen kann. Bleiben Sie ruhig. Bleiben Sie bei sich selbst und konzentrieren Sie sich auf Ihre Ziele."

3.5 Hören Sie mit Ihrem Körper

Zuhören ist ein körperlicher Vorgang. Wir haben vorhin gesehen, dass Menschen ein starkes Bedürfnis danach haben, sich gehört zu fühlen. Es reicht also nicht aus, bloß zuzuhören, man muss auch *zeigen*, dass man zuhört, und wir haben gesehen, dass das Stellen von Fragen und das Äußern von minimalen Ermutigungen dabei helfen. Aber auch die körperliche Seite ist hilfreich: Ein aktiver Blick, ein Kopfnicken und eine aufmerksame Körpersprache zeigen, dass man zuhört, und tragen dazu bei, das Bedürfnis des Gesprächspartners, gehört zu werden, zu befriedigen. Jetzt fühlt er sich sicherer, ist eher bereit, sich zu öffnen, und wird Ihnen im Gegenzug eher zuhören.

Und es gibt noch mehr, was wir physisch tun können. Wir haben gesehen, dass das Wiedergeben der Worte der anderen Person dazugehört, um zu zeigen, dass Sie sie verstanden haben, ebenso wie das Widerspiegeln ihrer Körpersprache. Die Körpersprache der anderen Person ist nicht willkürlich, sie ist Teil ihrer Kommunikation, und wenn Sie sie erwidern, zeigt das, dass Sie sie verstanden haben.

Es ist, wie das Wort schon sagt, eine Sprache – ein Ausdruck der Oberflächenstruktur, der vermittelt, was in den tieferen Regionen des Gehirns dieser Person vor sich geht. Vor ein paar Jahren beschrieb mein junger Neffe im Urlaub aufgeregt das Frühstücksbuffet in seinem Hotel und machte dabei eine ausladende Handbewegung. Diese Geste war nicht zufällig, sondern drückte aus, wie sich das Buffet in seinem Kopf als eine große Auswahl an köstlichen Speisen darstellte, die vor ihm ausgebreitet waren. Täte ich etwas Ähnliches, wenn ich über das Buffet spräche, würde ich ihm unbewusst zeigen, dass ich ihn voll und ganz verstehe.

Die Körpersprache drückt also mit aus, was das Gegenüber meint, aber sie ist noch mehr, sie ist auch ein Ausdruck seines Energieniveaus oder gar seiner Stimmung. Wir können die Stimmung einer Person oft schon an ihrer Körpersprache ablesen, bevor sie etwas sagt – „Oh, sie sieht wütend aus" –, wenn wir also ihre Körpersprache widerspiegeln, spiegeln wir auch ihre Stimmung wider. Wir sagen (auf einer unterbewussten Ebene): „Ich verstehe, wie du dich fühlst." Mehr noch, wir sagen: „Ich fühle dasselbe" und noch mehr: „Ich bin wie du." Und wenn es Ihre Absicht ist, ihr zu helfen, sich bedeutsam, kompetent und beliebt zu fühlen, dann trägt dies sehr dazu bei, diesen sicheren Raum für die andere Person zu schaffen.

Außerdem können Sie sie besser verstehen, wenn Sie sich auf ihre Körpersprache einlassen, denn die Verbindung zwischen Physiologie und Emotionen verläuft in beide Richtungen. Wenn man eine Emotion hat, führt das in der Regel zu einer bestimmten Körpersprache, weshalb wir Bemerkungen wie „sie sieht wütend aus" machen können. Aber wenn Sie eine bestimmte Mine oder Geste Ihres Gegenübers imitieren, werden Sie auch dessen Emotion aufgreifen. Ahmen Sie also seine Körperhaltung nach – sitzen Sie so, wie die andere Person sitzt, oder stehen Sie so, wie sie steht – und Sie werden etwas von ihrer Stimmung verspüren. Wenn Sie auf der Ebene der Körpersprache zuhören, hören Sie viel intensiver zu. Es ist eine kraftvolle Art, all die Dinge zu hören, die gefühlt, aber nicht wirklich gesagt werden.

3.6 Hören Sie mit Ihrem HERZEN

Menschen treffen Entscheidungen aufgrund von Emotionen, also achten Sie auf diese. Das hilft Ihnen nicht nur dabei, Ihre Botschaft zu formulieren, sondern es ermöglicht Ihnen auch, sich in Ihre Gesprächspartner hineinzuversetzen und unausgesprochene Themen und Motivationen zu erkennen. Sie wollen zeigen, dass Sie ihre Erfahrungen und Gefühle verstehen und dass diese legitim sind.

HÖREN Sie die anderen

Die forensischen Psychologen Laurence und Emily Alison haben jahrelang die Methoden untersucht, die in so extremen Situationen wie der Vernehmung von Terrorverdächtigen und Sexualstraftätern funktionieren. Ihre Arbeit basiert auf dem Ansatz der Motivierenden Gesprächsführung, der auch als Beratungsansatz zur Verhaltensänderung bekannt ist.

Sie sind der Meinung, dass die effektivste Herangehensweise an das Gespräch folgende Struktur ist:[5]

- Ehrlichkeit
- Einfühlungsvermögen
- Selbstbestimmung
- Widerspiegelung

Ehrlichkeit bedeutet, dass Ihre Kommunikation von einem Ort der Wahrheit und Authentizität ausgehen muss. Wenn die andere Person auch nur den geringsten Verdacht hat, betrogen oder manipuliert zu werden, haben Sie sie verloren. Seien Sie offen, auch wenn die Wahrheit schwierig ist. Wenn Sie etwas vor Ihrem Gesprächspartner verbergen, bedeutet das wiederum, dass er Ihnen nicht voll und ganz vertraut und sich daher selbst nicht öffnen wird.

Einfühlungsvermögen bedeutet, dass Sie der anderen Seite zeigen, dass Sie verstehen, wie sie sich fühlt. Ein Beispiel dafür ist, wenn Ihr kleines Kind sein Lieblings-Dinosaurier-T-Shirt anziehen möchte und Sie ihm sagen, dass es das nicht darf, weil es in der Wäsche ist. Das wird ein Kleinkind nicht überzeugen, selbst wenn es das Teil selbst in die Waschmaschine gesteckt hat, und Sie werden eine ganze Menge Geschrei zur Antwort bekommen.

Wenn Sie stattdessen antworten: „Ich weiß, du liebst dieses T-Shirt, es ist echt cool und der Dinosaurier darauf ist wirklich gruselig. Schauen wir mal nach, oh, es ist gerade in der Wäsche. Schon gut, ich sage dir, was wir machen: Wir trocknen es heute, damit du es morgen tragen kannst. Das wird spannend. Und heute kannst du dieses andere T-Shirt tragen, das du so liebst" (hoffentlich auch mit einem Dinosaurier drauf!). Sie werden wahrscheinlich ein viel glücklicheres Kind und einen erfolgreicheren Morgen erleben.

Die Gefühle zu benennen, sie in Worte zu fassen, ist sehr wirkungsvoll. Tatsächlich reduziert es die Aktivität der Amygdala – genau das Ergebnis, das wir anstreben.[6]

TOP-TIPP

Verbalisieren Sie alle negativen Gefühle, die Sie bei Ihrem Gegenüber vermuten. „Du bist offenbar wütend auf mich, weil ... Wäre ich auch, wenn mir das passierte." So wird das Problem offengelegt und kann nun angegangen werden.

Nun zur Selbstbestimmung: Die andere Person muss eine Wahl haben und die Kontrolle über diese Wahl haben. Wenn wir versuchen, sie unter Druck zu setzen, wird sie sich noch mehr zurückziehen. Wenn Sie ihr die Wahl lassen und sie nach ihrer Meinung zu dem Thema fragen, zeigen Sie, dass Sie sie respektieren.

Widerspiegelung

Weitere hilfreiche Leitlinien von Laurence und Emily Alison:

- Einfache Widerspiegelung: Wörtliche Wiedergabe eines Teiles des Gesagten (wobei der Teil, den Sie wiedergeben, derjenige sein sollte, auf den Sie eingehen möchten)
- „Einerseits"-Widerspiegelung: Fassen Sie zwei widersprüchliche Ansichten der anderen Person zusammen („Es scheint, dass Sie einerseits wütend auf ... sind, ... aber andererseits ein guter Freund von Ihnen ist.").
- Keine Widerrede: Fragen Sie stattdessen nach („Können Sie mir mehr über ... erzählen?", „Ich bin mir nicht ganz sicher, ob ich ... verstehe.").
- Affirmationen: Suchen Sie nach Dingen, denen Sie zustimmen und auf denen Sie aufbauen können („Thatcher hatte zweifellos gute Absichten und wollte das Beste für das Land.").
- Reframing: Spiegeln Sie tiefere Gefühle oder Werte zurück, von denen Sie glauben, dass sie beim Gegenüber vorhanden sind („Ich habe den Eindruck, ... ist wichtig für Sie.")

Hören Sie mit Ihrem HERZEN

Ich liebe diese beiden Modelle. Doch es fehlt noch eine ganz wichtige Zutat: Wir müssen mit dem Herzen hören. Wir müssen den anderen Mitgefühl entgegenbringen; wir müssen ihnen bei ihrem Bedürfnis nach seelischer Geborgenheit helfen. Wir müssen gemeinsam zuhören. Wir müssen uns gegenseitig zuhören. Wir müssen Hand in Hand arbeiten, um das Problem, mit dem wir konfrontiert sind, zusammen zu lösen. Wenn wir gemeinsam an der Lösung einer Herausforderung arbeiten, werden die anderen uns bei der Lösung dieser Aufgabe unterstützen.

Man muss also zuhören, um zu verstehen, wie die andere Seite die Situation sieht und warum sie sich so verhält, wie sie es tut, und um die Gründe, vielleicht sogar die tieferliegenden Gründe, für den Widerstand zu verstehen. Wenn Sie dies getan haben und die Sichtweise der anderen Person anerkennen, können Sie nun gemeinsam nach einer Lösung suchen, die für alle Beteiligten zufriedenstellend ist.

Um es noch einmal zu sagen: Wenn Sie sie umstimmen wollen, müssen Sie sie dazu bringen, Ihnen richtig zuzuhören und das, was Sie sagen, zu verarbeiten, und das wird sie nur tun, wenn Sie ihr richtig zuhören und das, was sie sagt, zuerst verarbeiten.

Sie müssen gemeinsam zuhören, und das bedeutet, dass Sie den Anfang machen.

Sie machen das alles schon?

„Ja", sagen Sie, „ich bin ehrlich. Ich bin einfühlsam. Ich lasse die anderen selbst entscheiden. Ich streite mich nie. Ich tue all diese Dinge, aber ich dringe trotzdem nicht zu ihnen durch."

Und ich bin mir sicher, dass Sie all diese Dinge tun, aber manchmal, wenn Sie nicht die gewünschten Ergebnisse erzielen, müssen Sie etwas mehr tun.

Vielleicht denken Sie, dass Sie nicht streiten, aber die anderen denken, dass Sie streiten. Vielleicht denken Sie, dass Sie ehrlich sind, aber vielleicht verschweigen Sie eine winzige Information und die Gegenseite hat sie aufgeschnappt. Schließlich beteuern alle, ehrlich zu sein, aber sie bestehen gern darauf, dass sie nicht mehr als 1.000 Euro für das Auto bezahlen können, obwohl sie genau wissen, dass sie 1.500 Euro in bar in der Tasche haben. Mit dem Herzen zuzuhören kann schwierig sein, aber es kann wirklich den Unterschied ausmachen.

Stellen Sie sich vor, Sie arbeiten in einem Callcenter und haben einen wütenden Kunden am Telefon, der Sie wegen einer schlechten Erfahrung, die er mit Ihrem Unternehmen gemacht hat, anschnauzt. Sie können es persönlich nehmen und selbst wütend werden oder Sie können sich im Namen Ihres Unternehmens verteidigen, aber das führt nur dazu, dass der Kunde noch wütender wird. Warten Sie stattdessen, bis der andere fertig ist, und entschuldigen Sie sich dann im Namen Ihres Unternehmens und sagen Sie, dass Sie seine Gefühle verstehen und selbst wütend waren, als Ihnen kürzlich etwas Ähnliches passiert ist. Wenn Sie all dies tun, wird sich der Kunde beruhigen und bereit sein, ein vernünftiges Gespräch zu führen.

Wenn Sie derjenige sind, der das Callcenter anruft, werden Sie ebenfalls ein viel besseres Ergebnis erzielen, wenn Sie sich dafür entschuldigen, dass Sie Ihre Gefühle an der Mitarbeiterin ausgelassen haben, und sagen, dass Sie verstehen, dass es nicht ihre Schuld ist und dass es für sie sehr schwierig sein muss, den ganzen Tag angeschrien zu werden.

Wie weit sollte man damit gehen? Die Antwort ist ganz pragmatisch. Wenn Sie Ihr Ziel erreicht haben, haben Sie es genau richtig gemacht. Wenn Sie Ihr Ziel nicht erreicht haben, müssen Sie mehr tun.

Ich war einmal an der Überführung einer zentralen Abteilung eines großen Ölkonzerns in ein Shared Services Center beteiligt und hatte eine Besprechung mit der Leiterin eines bestimmten Teams zur Überführung ihrer Aufgaben. Das Treffen verlief sehr gut – zumindest dachte ich das, bis ich an meinen Schreibtisch zurückkehrte und feststellte, dass sie eine E-Mail an alle Mitarbeiter geschickt hatte, in der sie ihre Empörung über meine Vorschläge kundtat. Also traf ich mich erneut mit ihr, um reinen

Tisch zu machen, und dieses Mal klärte ich die Angelegenheit –
bis ich, zurück an meinem Schreibtisch, eine ähnliche E-Mail erhielt, wiederum an alle Mitarbeiter gerichtet.

Bei dieser Person handelte es sich um eine recht hochrangige
Person mit politischem Einfluss innerhalb der Organisation und
diese E-Mails waren nicht gut für meinen Ruf, geschweige denn
für den Erfolg des Projekts. Aber ich habe es noch einmal versucht. Und dieses Mal habe ich ihr zugehört, ich habe wirklich
zugehört. Ich dachte, ich hätte schon einmal zugehört, aber ich
hatte nicht richtig zugehört. Ich hatte ihr nur zum Schein zugehört; ich hatte überhaupt nicht verstanden, was sie sagte. Warum
sollte ich? Ich kannte die Antworten ja bereits.

Aber natürlich waren meine Antworten nicht zu gebrauchen.
Bei diesem dritten Treffen hörte ich also richtig zu: Ich achtete
auf die Bedenken, die sich hinter ihren Worten verbargen, und
änderte dann meine Antworten, um zu zeigen, dass ich sie zur
Kenntnis genommen hatte und sie so gut schützen würde, wie
sie es selbst getan hätte.

Als ich dieses Mal an meinen Schreibtisch zurückkehrte, fand
ich keine E-Mail vor. Einige Wochen später traf jedoch wieder
eine ein, und zwar an alle Mitarbeiter. Aber inzwischen war sie
zu einer Verfechterin des Projekts geworden und ihre Nachricht
teilte allen mit, was für eine großartige Arbeit wir leisteten und
wie sehr sich alle dafür einsetzen sollten, dass es funktionierte.

Laurence und Emily Alisons Methoden, die wir eben gelernt
haben, bergen das Geheimnis, wie man die Meinung des anderen ändern kann, selbst unter extremen Umständen.

Aber man muss es tun, auch wenn es wirklich schwierig ist.

Ich habe doch etwas Besseres verdient, oder nicht?

*Richard Bryant-Jefferies, Berater und Autor. Er hat viele
Jahre als Berater und Supervisor in verschiedenen Bereichen gearbeitet und sich dabei auf die Suchtberatung spe*

zialisiert. Bryant-Jefferies hat über 20 Bücher zu diesem Thema geschrieben und zahlreiche Kapitel in anderen Fachbüchern veröffentlicht.

Beim Schreiben hat er einen romanhaften Ansatz entwickelt, bei dem er fiktive Szenarien und Dialoge verwendet, die auf seinen eigenen Erfahrungen als Berater basieren, um zu vermitteln, was in der Therapie passiert. In dem folgenden Stück verwendet er diese Technik.

„Ich erinnere mich, wie ich dasaß und mir den Überweisungsbrief des Hausarztes ansah: ‚Alkoholkonsum auf der Straße …, chaotischer Lebensstil …, häusliche Gewalt in der Kindheit …' Gary war Ende 30 und hatte es schwer. Ich wusste, dass es eine Herausforderung werden würde.

Gary erschien zu seinem ersten Termin. Er war misstrauisch, sagte nicht viel und war eindeutig nervös. Er hatte nur ein geringes Selbstwertgefühl und in den vielen Therapiesitzungen, die folgten, wurde deutlich, dass er sich trotz seines selbstbewussten Auftretens nicht wohl in seiner Haut fühlte.

In seinem frühen Leben hatte er drei fundamentale Entwicklungserfahrungen verpasst: Menschen, die ehrlich zu ihm waren – er hatte so etwas kaum erlebt und fand es nun schwer, jemandem zu vertrauen; Menschen, die versuchten, ihn zu verstehen – niemand hatte ihm zugehört, als er jemanden brauchte; und Menschen, die freundlich zu ihm waren – niemand hatte sich um ihn gekümmert, als er Hilfe brauchte.

Mit der Zeit fiel es Gary leichter, zu sprechen. Ja, er verpasste ein paar Termine, aber er kam immer wieder und erzählte von den Schwierigkeiten, die er in seinem Leben gehabt hatte. Er redete und ich hörte zu. Dass er sich nicht umsorgt gefühlt, sich nicht sicher gefühlt hatte, wütend war, all das kam immer wieder in ihm hoch.

Eine Sitzung stach besonders hervor:

Gary hatte darüber gesprochen, dass er immer in missbräuchlichen Beziehungen zu landen schien und wie er sich dabei fühlte.

‚Ich kann niemanden finden, dem ich wirklich wichtig bin, und ich werde wütend.'

Ich antwortete leise, wollte mitfühlen, aber den Gedanken- und Gefühlsstrom nicht stören, den er gerade durchlebte. ‚Sie finden niemanden, dem Sie wirklich wichtig sind, und Sie werden wütend.'

Er nahm einen tiefen Atemzug und seufzte. ‚Ich schätze, ich verdiene einfach niemanden.'

Er blickte nach unten, während er sprach. Ich antwortete auf das, was er gesagt hatte: ‚Verdiene niemanden.' Ich sprach mit demselben Nachdruck.

Der Raum wurde plötzlich sehr still. Ich bekam eine Gänsehaut. Etwas geschah, etwas Tiefgreifendes. Ich hatte diese Empfindungen schon früher gehabt. Ich konnte spüren, wie meine Augen feucht wurden. Bleib still, sagte ich mir.

Gary schien in etwas vertieft zu sein. Gedanken, Gefühle, ich wusste nicht, in was. Aber meine Aufgabe war jetzt klar: Ich durfte ihm nicht im Weg stehen.

Ich hörte, wie er einen weiteren tiefen Atemzug nahm, der als Seufzer wieder herauskam. Noch mehr Stille.

Gary sah auf. Er sprach, fast flüsternd.

‚Ich verdiene doch etwas Besseres, oder?'

Ich fühlte mit ihm mit, sah all seinen Schmerz, seine Verzweiflung, all diese Gefühle, die sich in seine Miene eingebrannt hatten. Wie soll man sein Mitgefühl in Worten zum Ausdruck bringen? Ich nickte nur langsam. Es fühlte sich nicht richtig an, etwas zu sagen und ihn aus dem herauszureißen, was in ihm vorging.

Ein schwaches Lächeln. Er nickte ebenfalls. Noch ein tiefer Atemzug. Diesmal kein Seufzer.

In den folgenden Wochen ging es voran bei Gary. Er hatte seinen Alkoholkonsum besser im Griff. Er entwickelte eine größere Fähigkeit zur Selbstachtung und nahm Veränderungen in seinem Leben vor. Als er viel später darüber nachdachte, was ihm geholfen hatte, erinnerte er sich an diese Sitzung.

‚Das war der Moment, in dem es klick gemacht hat, in dem sich etwas verschoben hat, ich weiß nicht, wie ich es ausdrücken soll, aber ich weiß, was es ausgelöst hat.'

Ich fragte ihn, ob er es mir erzählen wolle.

‚Ich habe es an Ihrem Gesichtsausdruck gesehen, Sie hatten Tränen in den Augen. Das hatte ich noch nie bei jemandem erlebt. Und ich meine niemals. Sie haben mich verstanden, ich war Ihnen wichtig, wirklich wichtig. Es gab mir das Gefühl, dass ich etwas Besseres verdient hatte, das *wusste* ich jetzt, und ich wollte rausgehen und es finden.'"

3.7 Hören Sie auf die Dinge, die nicht gesagt werden können

Daniel Shapiro, der Gründer des Harvard International Negotiation Program, schreibt in seinem meisterhaften Buch *Negotiating the Nonnegotiable* ebenfalls über die Bedeutung des Zuhörens für die Emotionen.[7] Er weist darauf hin, dass wir eine rationale Lösung finden müssen, was aber nur möglich ist, wenn wir uns zuvor mit den zugrunde liegenden emotionalen Überlegungen auseinandergesetzt haben.

Gier, Wut, Ego, Hass, Groll, Eifersucht, Abscheu, Panik und Trauer verhindern eine rationale Lösung.

Schwieriger wird es jedoch, wenn die Emotionen mit einem Tabu belegt sind, wenn es etwas gibt, über das eine oder beide Seiten nur ungern sprechen: vielleicht zwei Geschwister, die sich gut verstehen, außer wenn die Scheidung ihrer Eltern zur Sprache kommt; vielleicht zwei Freunde, die sich gut verstehen, außer wenn die israelisch-palästinensische Situation erwähnt wird.

Dies können die schwierigsten Situationen sein, mit denen man arbeiten muss, und paradoxerweise sind es auch die Situationen, in denen wir die Meinung der anderen am liebsten ändern würden. Shapiro ermutigt uns, einen sicheren Raum für das Gespräch zu schaffen, indem wir die Absicht klären und kommunizieren („Hören Sie, keiner von uns will sich hier streiten ...") und um Erlaubnis bitten, über das Tabuthema zu sprechen, es zu benennen und zu erforschen, ohne dass eine der beiden Seiten eine Verpflichtung eingeht.

Wenn es zu schwierig ist, sich damit auseinanderzusetzen, empfiehlt er, sich langsam vorzuarbeiten und die Macht des Tabus abzuschwächen.

11 Wege, ein Tabuthema indirekt anzuschneiden

1. Reden Sie drum herum.
2. Sprechen Sie indirekt darüber.
3. Sprechen Sie inoffiziell darüber.
4. Sprechen Sie in einer weniger formellen Umgebung darüber.
5. Erlauben Sie einem Vermittler, die Situation zu entschärfen.
6. Setzen Sie Humor ein.
7. Erinnern Sie sich an das große Ganze.
8. Sprechen Sie über die längerfristigen historischen Beziehungen.
9. Sprechen Sie über vergangene Erfolge.
10. Sprechen Sie über Zukunftspläne.
11. Suchen Sie sich Unterstützer, die Ihnen auf beiden Seiten zur Seite stehen.

3.8 Zuhören und Fragen stellen

Zuhören ist schwierig; es entspricht nicht unserer Veranlagung. Aber es gibt einen einfachen Trick, der dabei hilft: die Frage. Wir neigen von Natur aus dazu, uns mit unserer Meinung einzumischen. Eine Frage zu stellen hält uns davon ab, und wir müssen uns die Antwort der anderen Person anhören, bevor wir uns einmischen.

Zuzuhören muss nicht bedeuten, zu schweigen und gelegentlich „Ich verstehe" zu sagen. Wir können Neugier mitbringen; Neugier darauf, zu verstehen,

- warum die andere Person so denkt, wie sie denkt,
- warum sie die Dinge sagt, die sie sagt,
- warum sie sich so verhält, wie sie sich verhält,
- warum sie sich so fühlt, wie sie sich fühlt.

Wenn Sie sich das Vertrauen des anderen erworben haben, wird dieser die Interaktion schätzen und sich öffnen. Wenn er wirklich das Gefühl hat, dass Sie ihm zuhören, um ihn zu verstehen, und ihm den Raum geben, das auszudrücken, was er ausdrücken will, und ihm vielleicht sogar *dabei helfen,* das auszudrücken, was ihm schwerfällt, muss Ihre Rolle in dem Gespräch nicht völlig passiv sein, Sie können auch Fragen stellen und Vorschläge machen.

Fragen stellen, Raum geben, zuhören, schweigen, zuhören, schweigen, wieder fragen ist ein gutes Muster.

Frage: Wie können Sie das Gehirn Ihres Gegenübers gefangen nehmen?

Antwort: Stellen Sie ihm eine Frage.

Das Gehirn ist so veranlagt, dass die Person bei einer Frage an nichts anderes denken kann, während sie versucht, sie zu beantworten. Diese Reaktion wird als Instinktive Verarbeitung bezeichnet und ist ein automatischer Reflex, der sich der Kontrolle des Gegenübers entzieht. In diesem Moment kann es *nur* an *Ihre Frage* denken. Selbst wenn es beschließt, sie nicht zu beantworten, muss es sie für sich selbst beantworten. Dies ist ein wichtiger Faktor für die Beeinflussung.

Verkäufer: Was halten Sie von diesem Oberteil?
Kundin: Oh, das ist sehr schön, jetzt wo Sie es erwähnen.
Verkäufer: Glauben Sie, dass es Ihnen gut stehen würde?
Kundin: *(Stellt sich vor, dass es ihr gut steht)* Ja, ich glaube schon, ich werde es anprobieren.

Eine Studie mit 40.000 Teilnehmern ergab, dass die bloße Frage, ob sie in den nächsten sechs Monaten ein Auto kaufen würden, die Kaufwahrscheinlichkeit um 35 Prozent erhöhte.[8] Eine andere Studie, in der die Teilnehmer zu ihrer Absicht befragt wurden, bei einer bevorstehenden Wahl ihre Stimme abzugeben, führte zu einem Anstieg der Wahlbeteiligung um 25 Prozent.[9]

Wenn man Fragen zu einem Verhalten stellt, werden die Neuronen auf dieses Verhalten vorbereitet, sodass es wahrscheinlicher wird, dass das Verhalten auch so erfolgt.

Verkäufer: Toll, Sie nehmen es also?
Kundin: *(Stellt sich immer noch vor, dass es ihr gut steht)* Ja, ich glaube, das werde ich tun!

Wenn man eine Person nach ihrer Meinung zu einer Sache fragt, werden bei ihr im Gehirn Serotonin und Dopamin freigesetzt – chemische Stoffe mit einer erfreulichen Wirkung. Kein Wunder, dass Karen Huang und Michael Yeomans aus Harvard herausgefunden haben, dass Menschen, die Fragen stellen, bei ihren Gesprächspartnern beliebter sind.[10]

Und wenn Ihr Befragungsprozess dazu führt, dass die andere Person selbst zu einer Schlussfolgerung kommt, wird sie diese

Entscheidung viel eher verteidigen, weil sie sie selbst getroffen hat. Man nennt das Selbstbestimmung.

Was ist eine gute Frage, die man stellen sollte?

Offene Fragen sind in der Regel natürlich fruchtbarer:

- „Was war Ihre Schlussfolgerung bei ...?"
- „Was denken Sie über ...?"
- „Können Sie mir mehr über ... erzählen?"

Dies sind alles sehr offene Fragen, die es der anderen Person ermöglichen, so zu antworten, wie sie es gern möchte.

Um Fehlinterpretationen zu vermeiden, sind Nachfragen unter Verwendung des Wortes „genau" nützlich:

- „Ein kleines Stück Land? Wie klein genau?"

Und bei geschlossenen Fragen gibt es keine Unklarheiten, die Antwort lautet Ja oder Nein, es gibt keinen Spielraum für Ausweichmanöver:

- „Nur um das klarzustellen: Haben Sie das wirklich schriftlich vorliegen?"

Zuweilen liest man, dass die Frage „Warum?" keine gute Frage ist, weil sie eine Abwehrreaktion auslöst. Das kann sie, muss sie aber nicht. Wie bei allem kommt es auch hier darauf an, wie man die Frage stellt. Wenn Sie in einem vorwurfsvollen Tonfall fragen, werden sich die Leute sicher verteidigen.

Aber wenn Sie in einem neugierigen Tonfall fragen und bereits eine positive, unterstützende Beziehung zum Gegenüber aufgebaut haben und klar ist, dass Sie die Sache aus einer kooperativen, problemlösenden Perspektive angehen, die seine Ziele im Blick hat, wird es positiv reagieren. Wie bei allen Dingen hängt so viel von der Absicht ab und von dem, was auf der nonverbalen Ebene ausgedrückt wird.

Welche Frage sollten wir also stellen? Nun, *das* ist an sich eine sehr offene Frage und als solche oft eine gute Frage, die man stellen kann. Wir können sie uns selbst stellen oder sie sogar an die andere Person richten.

Aus einem anderen Blickwinkel betrachtet, könnten wir uns fragen: „Worauf wollen wir ihre Gedanken lenken?", und uns dann überlegen, welche Frage sie dorthin führt.

Worauf wollen wir ihre Gedanken lenken? Sie stärker auf das Sparen ausrichten.
Frage: Was passiert, wenn Sie Ihren Überziehungsrahmen erreichen?
Worauf wollen wir ihre Gedanken lenken? Sie motivieren, ihre Hausaufgaben zu erledigen.
Frage: Was wirst du tun, wenn du deine Hausaufgaben erledigt hast?

Es ist nicht leicht, die richtige Frage zu finden, vor allem in heiklen Situationen. Wenn Sie die Frage langsam formulieren und nach jedem Wort eine Pause einlegen, kann Ihr Gehirn verschiedene Versionen und die wahrscheinlichen Antworten ausprobieren, sodass Sie die Frage schon beim Sprechen ausformulieren können.

Aber letztendlich lernen wir durchs Ausprobieren und dadurch, dass wir manchmal etwas falsch machen und unser Verhalten dann anpassen müssen.

Zurück zur Motivierenden Gesprächsführung

Die Motivierende Gesprächsführung haben wir bereits kennengelernt; sie ist eine Methode, die in herausfordernden Situationen wie Sucht und bei Wiederholungstätern intensiv genutzt wird. Es handelt sich um einen wachsenden Einsatzbereich, zumal die Methode selbst in solch schwierigen Situationen sehr gute Ergebnisse erzielt.

Und wie bei Geiselverhandlungen, die in ähnlich schwierigen Situationen durchgeführt werden, basiert der Ansatz auf bedingungsloser positiver Wertschätzung, Zuhören und dem Stellen von Fragen. Praktiker der Methode verbringen viel Zeit damit, die Diskrepanz zwischen dem Verhalten einer Person und ihren Gedanken über das Verhalten zu untersuchen. Die meisten Suchtkranken und Wiederholungstäter denken zumindest darüber nach, aufzuhören, aber wenn man ihnen vorschlägt, es sein zu lassen, werden sie wahrscheinlich mit „liebend gern, aber das wird nicht passieren" antworten.

Die Praktiker werden diese Reaktion erforschen und um die Motivation der Person zur Veränderung zu erhöhen, werden sie folgende Fragen stellen:

- **Fragen zu den Nachteilen des derzeitigen Verhaltens**
  „Wenn Sie sich nicht ändern, wie wird sich das auf Ihr Leben auswirken?"
  „Nun, ich werde den größten Teil meines Lebens im Gefängnis verbringen."
- **Fragen zu den Vorteilen einer Veränderung**
  „Aber wenn Sie sich ändern könnten, was würde Ihnen das bringen?
  „Ich könnte ein normales Leben führen, ich könnte meine Kinder sehen, ich könnte in meinem Heimatverein Fußball spielen, ich könnte in den Urlaub fahren, so wie alle anderen auch."
- **Fragen zu ihrer Motivation**
  „Was ist der Hauptgrund für Sie, sich zu ändern?"
  „Es sind meine Kinder. Ich habe sie kaum aufwachsen sehen. Ich habe sie im Stich gelassen. Ich finde das schlimm."

○ **Fragen dazu, wie sie die Veränderung vollziehen wird**

„Was könnten Sie Ihrer Meinung nach dieses Mal anders machen als früher?"

„Ich denke, ich könnte mich für das Förderprogramm anmelden. Ich habe mich in der Vergangenheit nie wirklich darum gekümmert, weil ich dachte, dass es nichts bringt. Aber ich schätze, es liegt an mir, dass es funktioniert."

○ **Fragen zu den nächsten Schritten**

„Das ist großartig. Was werden Sie also tun, um dies in die Tat umzusetzen?"

„Ich melde mich für das Programm an. Ich werde es heute Nachmittag angehen. Ich habe die Unterlagen schon, habe mich aber noch nicht damit befasst. Ich werde es heute Nachmittag angehen."

Die andere Person muss sich selbst für die Lösung entscheiden. Andernfalls wird ihr Sinneswandel nicht von Dauer sein – der Straftäter wird sich für das Programm anmelden, aber nicht daran teilnehmen; Ihr Nachbar wird diesmal die Musik leiser stellen, aber nächsten Freitag wird sie genauso laut sein; Ihr Kind wird heute seine Hausaufgaben machen, aber morgen wird es noch mehr Widerstand leisten.

Das macht die Aufgabe schwieriger. Wir müssen die Person nicht nur dazu bringen, ihre Meinung zu ändern, sondern auch dazu, es freiwillig zu tun – nur so wird das Ergebnis von Dauer sein.

3.9 Zuhören und die vulkanische Gedankenverschmelzung

Was passiert also im Gehirn, wenn Sie zuhören? Jede Menge! Wer hätte das gedacht?

Wir haben bereits gesehen, wie wichtig die Amygdala bei diesem Prozess ist. Ein weiterer Vorgang, der stattfindet, wenn jemand einem Sprecher zuhört, ist die Abstimmung der Gehirnwellen (*neural entrainment*), die manchmal auch als zwischenmenschliche Synchronität (*interpersonal synchrony*) bezeichnet wird. Es handelt sich dabei um den Prozess, durch den zwei Gehirne synchronisiert werden und auf die gleiche Weise feuern. Wenn zum Beispiel die Bewegungen zweier Menschen aufeinander abgestimmt sind, feuern ihre motorischen Neuronen in ähnlicher Weise – was in funktionellen Magnetresonanztomografie-Scans (fMRI) der Gehirne der beiden Personen zu sehen ist. Das Gleiche gilt für das Sitzen und Stehen in derselben Weise.

Es hat sich herausgestellt, dass diese Synchronität Vertrauen, Kooperation, Hilfsbereitschaft, Empathie und andere prosoziale Verhaltensweisen fördert, also die Art von Verhalten, die man sich wünscht, wenn man versucht, jemanden umzustimmen.[11]

Aber es sind nicht nur die motorischen Neuronen. Jede Bewegung ist wahrscheinlich auch mit anderen Hirnregionen verbunden – ein Gesichtsausdruck könnte eine emotionale Reaktion ausdrücken, die wiederum mit einer bestimmten Überzeugung verbunden sein könnte. Durch die Abstimmung der Gehirnwellen wird also wahrscheinlich auch die neuronale Gestalt der anderen Person synchronisiert, das heißt ihre Emotionen und ihr Glaube.

Es geht sogar noch weiter. Professor Uri Hasson von der Princeton University fand heraus, dass, wenn die Sprache von Menschen korreliert ist, es auch die Hirnregionen sind, die für die Sprache zuständig sind, ebenso wie viele der höheren Hirnregionen, die an dem, was gesagt wird, beteiligt sind.[12] Andere Studien haben gezeigt, dass Emotionen diesen Effekt verstärken.[13]

Hasson fand auch heraus, dass das Gespräch nach Einschätzung der Gesprächsteilnehmer umso erfolgreicher war, je mehr die Gehirne synchronisiert waren.

Sie sollten also wirklich Ihr Gehirn mit dem der anderen synchronisieren.

Miles Davis sagte: „Wenn Sie alles verstehen würden, was ich sage, wären Sie ich", und da ist etwas Wahres dran. Je mehr Ihr Gehirn auf die gleiche Weise konfiguriert ist wie das der anderen Person, desto mehr nähern Sie sich dieser Person an. Ist dies für die vulkanische Gedankenverschmelzung (siehe dazu auch S. 226, Anm. d. Übers.) die Grundlage? Wer weiß!

Und beim Überzeugen gilt: Je mehr Ihre Gehirne synchronisiert sind, desto besser können Sie Ihre Gesprächspartner in diesem Tanz der Synchronität dorthin führen, wo Sie sie haben wollen.

Zusammengefasst

Wir müssen mehr und besser zuhören. Richten Sie Ihre Aufmerksamkeit auf Ihr Gegenüber – sich selbst haben Sie bereits selbst überzeugt; nun müssen Sie sich auf die andere Person konzentrieren, wenn Sie wissen wollen, wie Sie sie überzeugen können.

○ **Welches Verhalten Sie sich auch immer von der Gegenseite wünschen, Sie müssen den Anfang machen**
Wenn Sie wollen, dass man Ihnen zuhört und sich auf Ihre Ideen einlässt, ist es sinnvoll, dass Sie ihr zuerst zuhören und sich mit ihren Ideen auseinandersetzen.

○ **Begegnen Sie Ihren Gesprächspartnern aus einer Position der Liebe –oder zumindest mit Respekt**
Deren Widerstand, sich auf Ihre Ideen einzulassen, resultiert größtenteils aus einem Mangel an seelischer Geborgenheit. Die anderen müssen sich bei Ihnen geborgen fühlen. Zollen Sie dem Gegenüber immer Respekt, egal mit wem Sie sprechen. Auch wenn Sie denken, dass es den nicht verdient. Liebe ist sogar noch besser.

○ **Hören Sie zu, um zu verstehen, nicht um zu widerlegen**
Hören Sie auf, auf die „Ja, aber –"-Gelegenheit zu warten – das funktioniert nicht; es kommt nur ein „Ja, aber ..." zurück. Hören Sie stattdessen zu, um die andere Seite wirklich zu verstehen.

○ **Richtig zuhören**
Achten Sie auf das, was Ihr Gegenüber antreibt: was es will, was es nicht will. Achten Sie auf andere Emotionen. Achten Sie auf seine Werte und seine Auswahlkriterien. All dies wird Ihnen helfen, Ihre Botschaft später erfolgreicher zu vermitteln.

○ **Achten Sie auf nonverbale Signale**
Ein Großteil der Kommunikation findet über nonverbale Kanäle statt, sodass Sie viel lernen können, wenn Sie sich darauf einstellen.

○ **Sprechen Sie alle Emotionen an**
Ihre Gesprächspartner werden Ihre großartigen Argumente nur hören, wenn Sie zuerst die Emotionen ansprechen.

○ **Stellen Sie weitere Fragen**
Fragen sind großartig – sie entlocken nützliche Informationen, binden die andere Person ein und helfen, sie zu beeinflussen. Darüber hinaus helfen sie uns beim Zuhören.

○ **Synchronisieren Sie Ihr Gehirn mit dem der anderen Person**
Je mehr Ihr Gehirn auf einer tiefen unterbewussten neuronalen Ebene mit dem der anderen Person über-

einstimmt, desto mehr wird sie denken, dass Sie „einer von ihnen" sind, desto sicherer wird sie sich in Ihrer Gegenwart fühlen, desto eher wird sie Ihnen zuhören und Ihnen zustimmen.

Gary Noesner, einer der Begründer des modernen Geiselverhandlungskonzepts, sagt, Zuhören sei das billigste Zugeständnis, das wir machen können.

Es hilft dabei, Ihrem Gegenüber ein Gefühl der seelischen Geborgenheit zu vermitteln, das für die Bereitschaft, seine Meinung zu ändern, entscheidend ist.

Aber um das gut umsetzen zu können, muss man sich selbst seelisch geborgen fühlen. Schauen wir uns das also an.

4

Seien Sie stark

4.1 Bauen Sie Ihre Kraft auf, damit Sie sie nicht einsetzen müssen

Um es klar zu sagen: In vielen Kontexten der Überzeugungsarbeit ist Stärke nicht nötig, und oft ist sie sogar kontraproduktiv.

Wenn Sie bis hierher gelesen haben, wissen Sie, dass die ganze Prämisse des Buches darin besteht, dass man eine Zurschaustellung von Stärke im Allgemeinen vermeiden sollte. Wenn Sie als Chefin verlangen, dass eines Ihrer Teammitglieder länger bleibt („Warum?", „Weil ich die Chefin bin und ich es sage"), funktioniert das vielleicht ein Mal, aber diese Beziehung wird schnell in die Brüche gehen. Sie haben gerade eine Menge Beziehungskapital verspielt.

Wir wollen auch klarstellen, dass hier nicht dafür plädiert wird, die eigene Kraft aufzubauen, um sie einzusetzen.

In der Welt der Verhandlungen gibt es den großen Mythos, dass es dabei nur um Macht geht. Aber wenn man versucht, etwas durchzusetzen, nur weil man es kann, wird die andere Seite vielleicht zustimmen, weil sie es muss. Sie wird schon einen Weg finden, die Dinge wieder ins Lot zu bringen. Man wird jüngere Mitarbeiter mit der Arbeit beauftragen, man wird billigere Materialien verwenden, man wird an der falschen Stelle sparen, man wird sich eher an die Buchstaben der Vereinbarung halten als an den Geist; man wird Pferdefleisch statt Rindfleisch in den Burger tun. Aus Gewinnen und Verlieren wird schnell Verlieren und Verlieren.

Es geht auch nicht darum, die anderen zu zwingen, die eigenen politischen Ansichten zu übernehmen, oder ihnen so lange zu drohen, bis sie ihre Meinung ändern: Das funktioniert einfach nicht.

Warum also stark sein?

Aber auch Stärke hat ihren Platz. Sie gibt Ihnen die seelische Geborgenheit, die Sie brauchen, um den im vorigen Kapitel beschriebenen Ansatz zu verfolgen. Das ist bei einer Meinungsverschiedenheit nicht immer einfach. Um Ihrem Gegenüber seelische Geborgenheit zu vermitteln, brauchen Sie diese selbst.

Die Operation Journeyman (siehe unten) ist ein hervorragendes Beispiel dafür. Dieser geheime Einsatz der Marine ermöglichte es den britischen Unterhändlern, sehr deutlich zu kommunizieren, dass die Regierung bereit war, die Interessen der Falklandinsulaner zu verteidigen, und sie konnten diese Position sehr selbstbewusst vertreten. Dadurch konnte eine militärische Konfrontation (zumindest im Jahr 1977) vermieden werden.

Stark sein hilft, einen Kampf zu vermeiden. Wie ich bereits in der Einleitung sagte, ist es erstaunlich, wie kooperativ andere Menschen sind, wenn man über eine größere Armee verfügt als sie. Wenn die anderen nun kooperativ sind, ermöglicht Ihnen das wiederum, weniger defensiv und großzügiger zu sein.

Das ist der springende Punkt: Wir sagen nicht, dass Sie Ihre Kraft einsetzen sollen. Sie sollen sie genau deshalb aufbauen, *damit Sie sie nicht einsetzen müssen.*

Der Falklandkrieg wird abgewendet

Lord David Owen war von 1977 bis 1979 britischer Außenminister und 26 Jahre lang Parlamentsabgeordneter für Plymouth. Er war auch Marine- und Gesundheitsminister und Mitbegründer der Sozialdemokratischen Partei, deren Vorsitz er von 1983 bis 1987 und von 1988 bis 1990 innehatte. Von 1992 bis 1995 war er EU-Friedensvermittler im ehemaligen Jugoslawien, er ist Mitverfasser des Vance-Owen-Friedensplans.

Im Folgenden beschreibt er die Operation Journeyman.

„Eine argentinische Invasion auf den Falklandinseln schien immer näher zu rücken und die Situation erreichte einen kritischen Punkt, den wir nicht länger ignorieren konnten. Wir haben in langen Sitzungen im Verteidigungs- und Überseeausschuss des Kabinetts unsere Optionen erörtert, und Ende November wurde ein geheimer Marineeinsatz in das Gebiet entsandt. Schon bald nach dessen Ankunft ließ die Spannung nach und zu Weihnachten waren die Soldaten wieder auf dem Heimweg. Mögliche Feindseligkeiten waren abgewendet worden.

Das war 1977. Auf Regierungsebene war man sich seit Langem darüber im Klaren, dass der Status der Inseln vielleicht geändert werden musste. Es war aber sehr schwierig, eine politisch tragfähige Lösung zu finden, und die Bewohner der Falklandinseln selbst und die britische Öffentlichkeit im Allgemeinen waren entschieden dagegen.

Die argentinische Junta, die ein Jahr zuvor durch einen Militärputsch die Macht an sich gerissen hatte und in dieser kurzen Zeit für Tausende von Toten und Verschwundenen verantwortlich war, untergrub mit ihrem Verhalten die eigenen Interessen. Die Inselbewohner hatten keine Lust, eine relativ stabile und friedliche Demokratie, wenn auch 13.000 Kilometer entfernt, gegen eine Diktatur einzutauschen, die ihre Opposition folterte und tötete.

Infolgedessen kamen die Gespräche zwischen den beiden Ländern über den Status der Inseln nur sehr langsam voran und die Argentinier schienen die Geduld zu verlieren. Die Ereignisse eskalierten: Die britische Botschaft in Buenos Aires war bombardiert worden, die argentinische Marine hatte ein unbewaffnetes britisches Forschungsschiff, die *RRS Shackleton*, beschossen und auf den umstrittenen britischen Südlichen Thule-Inseln einen ‚wissenschaftlichen' Posten eingerichtet, wobei die sogenannten Wissenschaftler alle Militäruniformen trugen.

Diese zunehmende Aggressivität wurde auch deutlich, als mehrere sowjetische und bulgarische Trawler in dem Gebiet festgehalten wurden und sich die argentinischen Beziehungen zu Chile verschlechterten. Damit bestand die Gefahr, dass die für Dezember in Buenos Aires anberaumten Gespräche im Streit scheiterten und die argentinische Marine in See stechen würde, um die Falklandinseln zu erobern. Während die Argentinier das Gebiet in wenigen Tagen erreichen konnten, würde die Royal Navy mindestens drei Wochen brauchen.

Nachdem ich darum gebeten hatte, ein Jäger-Killer-U-Boot der Royal Navy zu entsenden, das im Falle einer Invasion vor den Falklandinseln auf der Lauer liegen sollte, fand unter dem Vorsitz des Premierministers eine Kabinettssitzung statt. Das Verteidigungsministerium hielt es für unabdingbar, mit dem U-Boot kommunizieren zu können, und wollte zu diesem Zweck auch zwei Fregatten und zwei Hilfsschiffe entsenden. In der Diskussion wurde jedoch deutlich, dass diese sich nicht in der Nähe der Falklandinseln befinden mussten, sondern im mittleren Südatlantik außerhalb der Reichweite argentinischer Aufklärungsflugzeuge liegen konnten. Es wurden große Anstrengungen unternommen, um den Einsatz aller Schiffe geheim zu halten. Der Grund dafür war simpel: Wir konnten uns vorstellen, dass wir erneut so vorgehen mussten, wenn es in den Verhandlungen wieder zu Spannungen kam. Mit Unterstützung der Justizbeamten wurden klare Einsatzregeln aufgestellt. Wenn argentinische Schiffe wiederholte Warnungen ignorierten und sich den Inseln näherten, war der U-Boot-Kommandant befugt, als letztes Mittel einen Torpedo auf das entgegenkommende Schiff abzuschießen. Mit dieser Versicherungspolice konnten unsere Verhandlungsführer nun selbstbewusst eine unnachgiebigere Haltung am Verhandlungstisch einnehmen. Die nächste Gesprächsrunde verlief sogar recht gut und die Schiffe wurden zurückgezogen, ohne dass ihr Einsatz bekannt wurde. Ein Jahr später wurde eine Wiederholung erwogen, aber nicht für notwendig erachtet.

Hätte es das U-Boot und die Schiffe nicht gegeben, wäre es schwieriger gewesen, so überzeugend zu vermitteln, dass die Briten auch ohne Flugplatz bereit und in der Lage waren, die Falklandinseln zu verteidigen. Es war eine große Schande, dass Anfang 1982 die Wiederholung eines solchen Marineeinsatzes nicht einmal ernsthaft in Betracht gezogen wurde. Das Parlament erfuhr erst in der ersten Unterhausdebatte von dem Einsatz 1977, nachdem die Argentinier bereits auf den Inseln gelandet waren."

4.2 Stärke kann in vielen Dingen bestehen

Wenn wir von Stärke sprechen, meinen wir nicht Gewalt oder die Androhung von physischer Gewalt.

Professor Ivan Arreguín-Toft[1], Fellow in Harvard, ist Militärhistoriker. Er hat 200 Kriege untersucht, in denen die eine Armee mindestens zehnmal so stark war wie die andere. Wenig überraschend stellte er fest, dass in den meisten Fällen die stärkere Seite gewann.

Er ging jedoch noch weiter in die Tiefe. Er stellte fest, dass in vielen Beispielen die schwächere Partei das Ungleichgewicht erkannte und daraufhin eine unkonventionelle Strategie wählte. In diesen Fällen gewann die schwächere Partei in fast zwei Dritteln der Fälle, obwohl sie sich einer Übermacht gegenübersah. Wir lernen also daraus: Seien Sie in Bezug auf Ihre Kraftquelle kreativ.

9 mögliche Bedeutungen von Stärke

1. Sie recherchieren und kennen die Situation in- und auswendig.
2. Sie haben das Selbstvertrauen, Ihre Argumente in einer Situation, in der Sie sonst vielleicht nervös wären, klar und deutlich darzulegen.
3. Sie haben die Idee, die den Durchbruch bringt.
4. Sie bleiben unnachgiebig, wenn die andere Person sich vehement wehrt.
5. Sie bewahren Ruhe, wenn andere die Beherrschung verlieren.
6. Sie bleiben widerstandsfähig angesichts eines großen Rückschlags.
7. Sie hören zu, wenn Sie Ihr Gegenüber eigentlich lieber erwürgen würden.
8. Sie erkennen an, dass man sich manchmal irren kann.
9. Sie handeln moralisch und bleiben Ihren Prinzipien treu. Die Tugend selbst ist eine Stärke.

Der Begriff kann so vieles bedeuten. Ich habe mit einem Anwalt zusammengearbeitet, dessen Mandantin in einen Streit um ein Familientestament verwickelt war. Es gab sieben Kläger und seine Mandantin war bereit, vor Gericht zu gehen. Das wäre allerdings teuer gewesen und rechtlich gesehen war ihre Position eher schwach, sodass die Wahrscheinlichkeit gering war, dass sie gewinnen würde. Der Sachverhalt deutete jedoch darauf hin, dass sie moralisch im Recht war. Also griffen sie und ihr Anwalt stattdessen auf diese Kraftquelle zurück: Sie appellierte an das Wohlwollen der anderen Seite und schrieb einen sehr persönlichen Brief, der von Herzen kam und keinerlei juristische Fachbegriffe enthielt. Auf diese Weise konnte sie alle sechs anderen Kläger überzeugen, ihrer Forderung zuzustimmen.

Stärke ist eher ein schöpferischer Prozess als ein gewaltsamer.

Wie viel persönliche Stärke haben Sie?

Vieles davon ist persönlich. Als Coach in diesem Bereich verbringe ich viel Zeit damit, „netten" Menschen zu sagen, dass sie härter werden sollen (und übrigens genauso viel Zeit damit, anderen zu sagen, dass sie sanfter werden sollen).

Die Netten brauchen sich keine Sorgen zu machen, *zu* hart zu sein: Ihr eigenes Gewissen würde das niemals zulassen.

Viele Leute verlangen eine Gehaltserhöhung, aber wenn der Chef knurrt, ohne auch nur aufzublicken, ziehen sie sich schnell wieder in die Sicherheit des eigenen Schreibtisches zurück. Und das war's dann für ein weiteres Jahr.

Stehen Sie für sich selbst ein! Was ist das Schlimmste, das passieren kann?

- Vermitteln Sie Stärke. Keine Aggression, sondern eine ruhige Zuversicht, die vermittelt, dass man Ihnen nichts vormachen kann.
- Vermitteln Sie Glaubwürdigkeit, was auch immer Glaubwürdigkeit in Ihrer Welt bedeuten mag. Ich kannte eine Innenarchitektin, die häufig für Superreiche arbeitete. Sie lernte, einen Hubschrauber zu flie-

gen, weil es signalisierte, dass sie in dieser Welt zu Hause war. „Treffen wir uns auf Ihrer Jacht? Verfügt Ihre Jacht über einen Hubschrauberlandeplatz? Gut, dann sehen wir uns dort."

- Vermitteln Sie den richtigen Status. Sie sollten nicht übertreiben, aber dennoch offensiv genug sein. Der Mensch ist ein Rudeltier und Status ist wichtig. So wichtig, dass wir ihn in etwa 40 Millisekunden bewerten (etwa ein Zehntel der Zeit, die für die schnellste bewusste Entscheidung benötigt wird). Die Attribute des Status hängen von der jeweiligen Kultur ab (in einer Anwaltskanzlei stellt vielleicht etwas anderes einen hohen Status dar als in einer Fußballmannschaft), sodass Sie überlegen sollten, ob Sie etwas brauchen, um Ihren wahrgenommenen Status zu erhöhen, wie auch immer Sie das in Ihrem speziellen Kontext tun.

- Seien Sie inhaltlich sattelfest. Je besser Sie sich vorbereitet haben und je mehr Sie über die Situation wissen, desto unwahrscheinlicher ist es, dass man Ihnen etwas vormacht.

TOP-TIPP

Holen Sie Feedback ein. Durch Feedback können wir Dinge über uns selbst erfahren, die wir vorher nicht wussten. Und wenn Sie nicht so stark rüberkommen, wie Sie es könnten, wird das Feedback Sie darauf hinweisen und Sie werden erfahren, wie Sie sich verbessern können.

Holen Sie sich James Bond auf Ihre Seite

Chris Bryant, britischer Unterhaus-Abgeordneter für Rhondda (ehemaliges Bergbaurevier in Südwales, Anm. d. Übers.). Er war stellvertretender Vorsitzender und Oppositionsführer des Unterhauses, Unterstaatssekretär für Europa und Asien sowie Schattenminister für Kultur.

„Ich erinnere mich: Als Burberry beschloss, seine Fabrik in der Rhondda zu schließen, machte das Management viele Fehler. Zum Beispiel deutete man an, die Fabrik an Heiligabend schließen zu wollen, und wollte jedem Mitarbeiter 20 Pfund zu Weihnachten schenken, die nur in einem Burberry-Geschäft ausgegeben werden konnten (die dort gerade mal für ein Haargummi gereicht hätten).

Die Gewerkschaft GMB, Leighton Andrews (der Abgeordnete im Walisischen Parlament für Rhondda) und ich führten eine starke Kampagne, jede Woche gab es Berichte in nationalen Zeitungen. Irgendwann kündigte Judi Dench an, dass sie in diesem Jahr keinen BAFTA (British Academy Film Award) annehmen würde, wenn er von Burberry gesponsert würde. So mussten die BAFTAs sich einen neuen Sponsor suchen.

Natürlich wussten wir, dass wir die Schließung nicht abwenden konnten, wenn das Unternehmen dazu entschlossen war. Aber wir wollten eine viel bessere Abfindung für die Arbeitnehmer, einige zusätzliche Beschäftigungsmonate und eine große Spende für lokale Wohltätigkeitsorganisationen in der Rhondda erreichen.

Bei der ersten Begegnung zwischen dem Unternehmen und der Kampagne erwähnte ich, dass ich Daniel Craig kenne, den damaligen James-Bond-Darsteller. Als die GMB und ich zur abschließenden Sitzung erschienen, gab der Vorsitzende den ersten beiden unserer Forderungen recht schnell nach. Bei den Geldern für lokale Wohltätigkeitsorganisationen schien er allerdings eher zurückhaltend zu sein, bis ich Daniels Namen erneut fallen ließ.

Er befürchtete eindeutig, dass 007 sich gegen Burberry stellen würde, und stimmte der Zahlung von 1,5 Millionen Pfund und einer doppelten Abfindung zu, solange ich garantieren konnte, dass Daniel sich mit keinem Wort dazu äußern würde.

Da ich es Daniel gegenüber nicht einmal erwähnt hatte, konnte ich Burberry die gewünschte Garantie guten Gewissens geben."

4.3 Seien Sie stark beim Ergebnis, sanft in der Vorgehensweise

Geiselverhandler arbeiten unter extremen Bedingungen: Oft geht es um Leben und Tod, die Emotionen kochen hoch und die Forderungen stehen in krassem Gegensatz zueinander.

Und doch erzielen sie sehr gute Ergebnisse. Wie machen sie das?

Zunächst einmal ist festzustellen, dass sie nie wirklich verhandeln. Sie sagen nie: „Alle zehn Geiseln töten? Wir machen halbehalbe, du kannst fünf töten und den Rest freilassen."

Die zweite Überraschung ist die Sanftheit ihres Vorgehens. Die meisten Krisenverhandler verwenden ein Standardmodell namens Behavioural Change Stairway (Verhaltensänderungstreppe), ein einfaches fünfstufiges Modell, das in den 1990er-Jahren von Gary Noesner, dem späteren Leiter der FBI Crisis Negotiation Unit, entwickelt wurde.[2]

Es tut genau das, was sein Name verspricht: Es ist eine Treppe, ein schrittweiser Prozess, der zu einer Verhaltensänderung führt. Die fünf Schritte sind:

1. Zuhören
2. Einfühlungsvermögen zeigen
3. Ein vertrauensvolles Verhältnis aufbauen

4. Die andere Seite überzeugen
5. Verhaltensänderung

Das ist ziemlich sanft. Jedes Mal, wenn ich einen Workshop mit dem Titel „Geiselverhandlungen" anbiete, sind alle ganz begeistert: Toll, ich werde wie Denzel und Bruce sein, cool! Und dann spreche ich über Zuhören und Einfühlungsvermögen und sie sind überrascht. Geiselvermittler erzielen ihre großartigen Ergebnisse, indem sie sich sehr stark für das Ergebnis einsetzen, aber überraschend sanft in der Vorgehensweise sind.

Das Modell ist in der Tat fast identisch mit der Motivierenden Gesprächsführung, die wir aus der Beratung kennen. Beide Modelle beruhen im Wesentlichen auf intensivem Zuhören, bedingungsloser positiver Wertschätzung und dem Vermitteln von so viel seelischer Geborgenheit wie möglich, damit die andere Partei die Lösung selbst in die Hand nehmen kann. Und beide Modelle erzielen unter extremen Bedingungen hervorragende Ergebnisse.

Natürlich haben die Geiselverhandler ein Sondereinsatzteam vor Ort, und das hilft. Es ermöglicht dem Verhandlungsführer, mehr Verständnis zu zeigen. Ebenso ist es Ihre Stärke, die Sie in die Lage versetzt, den sanften Ansatz zu wählen, der am ehesten zu dem von Ihnen angestrebten tragfähigen Ergebnis führt. „Sprich sanft und trage einen großen Knüppel", sagte Theodore Roosevelt – es ist der große Knüppel, der es einem erlaubt, sanft zu sprechen.

Was ist, wenn ich kein Sondereinsatzteam habe?

Aber Sie werden sich vielleicht fragen: „Was ist, wenn ich kein Sondereinsatzteam habe?"

Wir haben im vorigen Abschnitt gesehen, dass Stärke und Macht kreative Prozesse sind. Vielleicht haben Sie also ein Sondereinsatzteam, aber Sie haben es noch nicht erkannt. Vielleicht können Sie von irgendwoher ein Sondereinsatzteam auftreiben.

Vielleicht ist es sogar Ihr Mangel an Macht, der Ihre Kraftquelle ist. Das war etwas, was Nelson Mandela zu seinem Vorteil nutzte. In den letzten Wochen seiner Haft wollte die südafrikanische Regierung ihn freilassen, aber er weigerte sich zu gehen, bevor nicht alle seine Forderungen erfüllt worden waren, weil er wusste, dass gerade seine Inhaftierung einen großen Teil seines Verhandlungsspielraums ausmachte.

Was aber, wenn Sie sich den Kopf zerbrochen haben und wirklich keine offensichtliche Macht haben? Das kann passieren.

Dann strengen Sie sich bei allem anderen doppelt so sehr an. Wir haben dem Sondereinsatzteam ein paar Absätze gewidmet, die restlichen 200 Seiten in diesem Buch beschäftigen sich mit anderen Themen. Wenn Sie genug Stärke haben, müssen Sie sie nicht einsetzen. Aber genauso gilt: Wenn Sie alle anderen in diesem Buch beschriebenen Techniken geschickt einsetzen, werden Sie die Stärke auch nicht brauchen.

Und vielleicht *sind* das Ihre Kraftquellen. Vielleicht ist es Ihre Fähigkeit, zuzuhören, Ihre Fähigkeit, Vertrauen aufzubauen, Ihre Fähigkeit, seelische Geborgenheit in einer Welt zu vermitteln, in der die andere Person sie selten gespürt hat – vielleicht ist das Ihre Stärke.

Im letzten Kapitel haben wir länger über Motivierende Gesprächsführung gesprochen, aber es war nie die Rede von Stärke oder Sondereinsatzteams.

Die letzte Kraftquelle

Aber vielleicht hat sogar der Motivierende Gesprächsführer ein Sondereinsatzteam. Vielleicht ist der Status quo Ihr Sondereinsatzteam – die Sucht, die Rückkehr ins Gefängnis, die Bedrohung durch ein vergeudetes Leben.

Solange Sie also bereit sind, die Verhandlung abzubrechen, haben auch Sie eine Kraftquelle. Wenn Sie dazu nicht bereit sind, aber die anderen schon, haben Sie keine Stärke und müssen alle Bedingungen akzeptieren, die die andere Seite verlangt.

TOP-TIPP

Seien Sie immer bereit, die Verhandlung abzubrechen, aber tun Sie es nicht leichtfertig. Konzentrieren Sie sich auf Ihr Fünfmal-Warum-Ergebnis und brechen Sie ab, wenn Sie es mit der Alternative besser erreichen können.

- Wenn Ihre Chefin kategorisch sagt, dass es in diesem Jahr keine Gehaltserhöhung geben wird, ist es vielleicht an der Zeit, sich anderswo nach besser bezahlten Stellen umzusehen.
- Wenn Ihr Streit mit Ihren Nachbarn sich einfach nicht lösen lässt, kann eine von Ihnen signalisierte Bereitschaft, einen Anwalt zu konsultieren, sie vielleicht zu einer einvernehmlichen Lösung bewegen.
- Wenn der Verkäufer Ihres Traumhauses einfach nicht von seiner Preisvorstellung abweicht und Sie sich diesen Betrag nicht leisten können, schauen Sie sich vielleicht noch mal auf dem Markt um und suchen Sie sich ein anderes Traumhaus.

Allein die Tatsache, dass Sie die Alternative in Betracht ziehen, könnte dazu führen, dass die andere Person Sie ernst nimmt und zu verhandeln beginnt. Und wenn nicht, gut, dann lassen Sie es bleiben – aber auch nur dann, wenn Sie damit Ihr Warum-Ergebnis besser erreichen können als mit dem, was derzeit auf dem Tisch liegt.

Und in einem politischen Gespräch? Seine Ziele entschlossen zu verfolgen bedeutet nicht, auf seiner Meinung zu beharren und verzweifelt darauf zu bestehen, dass die andere Seite ihre Meinung ändert, und erst dann aufzuhören, wenn sie zustimmt, dass Sie mit allem, was Sie sagen, recht haben. Sie können sich darauf einigen, nicht einer Meinung zu sein – das hält die Beziehung für weitere Diskussionen offen.

Und wenn man sein Ziel entschlossen verfolgt, heißt das nicht, dass man seine Meinung nicht auch ändern kann. In einem politischen Gespräch sollte Ihr Ergebnis die Wahrheit sein, nicht die Rechtfertigung Ihrer Meinung.

Klar Nein sagen können

Sein Ziel entschlossen zu verfolgen bedeutet, dass man in der Lage ist, Nein zu sagen.

Wenn Sie sich darüber im Klaren sind, was Sie wollen (siehe Kapitel 1), fällt es Ihnen leichter zu unterscheiden, wozu Sie Ja sagen können und wozu Sie Nein sagen müssen.

Aber man muss auch in der Lage sein, es tatsächlich zu äußern.

Ich habe mit einer Kundin gearbeitet, die mir sagte, dass sie „ihr Leben zurückbekommen" müsse. Als ich sie nach weiteren Einzelheiten fragte, sagte sie, sie sei in dieser Woche zweimal bis 3 Uhr morgens und in den anderen Nächten bis 22 Uhr im Büro geblieben: 3 Uhr morgens sei nicht normal, sagte sie, aber 22 Uhr schon.

Es stellte sich heraus, dass ihr Problem ihre Unfähigkeit war, Nein zu sagen. Sie war Unternehmensjuristin bei einer Investmentbank und war sehr gut in ihrem Job und sehr gewissenhaft. Die Leute baten sie, Aufgaben zu erledigen, die eigentlich nicht zu ihrem Aufgabenbereich gehörten, und weil sie nicht Nein sagen konnte, übernahm sie sie. Und weil sie so gewissenhaft war, blieb sie bis 3 Uhr morgens, um sie zu erledigen.

Sie musste lernen, Nein zu sagen. Ihre Hausaufgabe war es, vor dem Spiegel zu üben, mit dem Finger zu zeigen und streng zu sagen: „Nein, nein, nein!" Sie sagte Nein zu ihrer bisherigen Arbeitseinstellung, und ich freute mich, dass sie Fortschritte machte.

Vergleichen Sie nun dieses Beispiel mit dem eines ehemaligen Kollegen von mir, der den internen IT-Helpdesk eines großen Versicherungsunternehmens leitete. Das Telefon klingelte, er nahm den Hörer ab, knurrte ein wenig, sagte dann: „Nein", und legte den Hörer wieder auf. Ich fragte ihn, ob er nicht der Helpdesk sei, wie genau er den Menschen mit einem solchen Gespräch helfe, und er sagte, die Leute müssten lernen, ihre Arbeit selbst zu erledigen.

Als er in das Unternehmen gekommen sei, erzählte er mir, habe jeder wegen jeder Kleinigkeit beim Helpdesk angerufen und der vorherige Stelleninhaber habe offensichtlich zu allem Ja gesagt. „Flusen auf Ihrem Bildschirm? Oh, tut mir leid, ich komme vorbei und wische sie ab." Mein Kollege wusste, dass er die Leute dazu bringen musste, ihn nur dann anzurufen, wenn es sich wirklich um ein Problem handelte, um das er sich kümmern musste. Und fairerweise muss man sagen, dass alle wussten, dass er zwar bellte, aber nicht biss. Wenn etwas in seinen Zuständigkeitsbereich fiel, knurrte er ein bisschen und dann brachte er es in Ordnung.

Aber durch sein entschiedenes Nein war er einer der produktivsten Menschen, die ich je getroffen habe. Er kümmerte sich im Alleingang um den Support und die Entwicklung eines umfangreichen Computersystems, und als er ging, wurde er durch ein zwölfköpfiges Team ersetzt.

Sein Ziel entschlossen zu verfolgen, aber sanft in der Herangehensweise zu sein, erfordert die Fähigkeit, Nein zu sagen – wenn auch vielleicht auf eine diplomatischere Art als durch Knurren.

Immer freundlich bleiben

Koen Schoenmakers ist Mitbegründer und Vorsitzender der Positive Impact Society an der Erasmus-Universität.

„Es war zu Beginn der Pandemie, als niemand mehr aus dem Haus durfte und sich alle eingesperrt fühlten. Wir hatten einen kleinen Balkon, von dem aus wir auf ein sonnenbeschienenes Dach klettern konnten. Natürlich durften wir das offiziell nicht: Die Stadtverwaltung hatte beschlossen, dass es gegen die Vorschriften verstößt, und ein Verbot ausgesprochen. Aber für uns war es unter den gegebenen Umständen die Rettung.

Eines Tages chillte ich auf dem Dach und hustete ohne besonderen Grund. Mein Nachbar, der in seinem Garten war, hörte das und machte eine passiv-aggressive Bemerkung dahin gehend, dass man drinnen bleiben und keine Keime verbreiten solle.

Später am Abend saß meine Mitbewohnerin mit ihrem Freund auf dem Balkon und der Nachbar fing an, sie anzuschreien, sie solle alle unsere Sachen vom Dach holen. Es endete damit, dass alle sich nur noch anbrüllten. Mein anderer Mitbewohner war besonders wütend. Er ging sofort in den Kriegsmodus über und plante alle möglichen Dinge, wie zum Beispiel mitten in der Nacht laut Musik anzumachen, nur um den Nachbarn zu ärgern.

Ich machte mir allerdings Sorgen: Wenn unser Nachbar die Stadtverwaltung anrief, wäre das das Ende unserer Erholung auf dem Dach gewesen. Also versuchte ich etwas anderes.

Am nächsten Tag kaufte ich eine Pflanze und legte einen Zettel bei: ‚Hey, lass uns reden, hier ist meine Telefonnummer‘, so etwas in der Art. Ich klingelte an seiner Tür und rechnete damit, dass er Streit suchen würde. Aber ich hatte mir die Taktik zurechtgelegt, immer freundlich zu bleiben. Er öffnete die Tür, und als er die Pflanze sah, fing er fast an zu weinen! Er war von dem Geschenk völlig überrascht, denn auch er hatte mit Streit gerechnet.

Als ich das sah, wurde mir klar, dass er genau wie ich versuchte, das Beste aus der schwierigen Situation zu machen. Wir führten schließlich ein langes Gespräch und stellten fest, dass wir viel gemeinsam hatten: Wir machten beide Musik und hatten ähnliche Ansichten zu vielen Themen. Er war alleinerziehender Vater von drei Mädchen, eines von ihnen mit Downsyndrom. Durch den Lockdown hatte er große geschäftliche Einbußen hinnehmen müssen, daher war er sehr gestresst und machte sich Sorgen um seine Töchter.

Später schickte er mir eine lange SMS, die ich wie folgt zusammenfassen kann: ‚Es tut mir sehr leid, dass ich mich so verhalten habe, ich hatte unrecht und du hattest recht.'

Er wohnte seit 18 Monaten nebenan und wir hatten vorher noch nie wirklich miteinander gesprochen. Jetzt, dank der Pflanze, haben wir das getan und uns beide bemüht, gute Nachbarn zu sein."

4.4 Der Umgang mit schwierigen Menschen

Wenn Sie Ihre Ziele entschlossen verfolgen wollen, müssen Sie auch mit schwierigen Menschen umgehen können. Sonst brechen Sie beim kleinsten Zähnefletschen in Tränen aus und Ihr Ziel ist dahin.

Ich bin mir sicher, dass Sie keine schwierigen Menschen in Ihrem Umfeld haben, aber nur für den hypothetischen Fall, dass Sie welche hätten – was sollten Sie tun?

Es lohnt sich nachzuvollziehen, woher das schwierige Verhalten kommt. Oft wenden Menschen solche Verhaltensweisen taktisch an, weil sie in der Vergangenheit damit weitergekommen sind. Wenn Sie zeigen, dass so etwas bei Ihnen nicht funktioniert, bringt es den anderen nichts, damit weiterzumachen.

Ich hatte zum Beispiel einmal einen sehr großen, körperlich imposanten Delegierten in meinem Kurs. Auf die Frage, was er sich von dem Kurs erhoffe, antwortete er, dass er gern etwas über Verhandlungsführung lernen würde. Er sagte: „Ich glaube, ich bin schon ein recht guter Verhandler. Wenn mir Menschen widersprechen, beuge ich mich vor und dann stimmen sie mir zu!"

„Aber", so fuhr er fort, „das klappt nicht immer und dann weiß ich nicht, was ich tun soll."

Und hier ist die Lektion: Wenn Menschen unhöflich, aggressiv, manipulativ oder Ähnliches sind, liegt das meist daran, dass sie festgestellt haben, dass sie das weiterbringt. Wenn man es nicht auf sich wirken lässt, müssen sie anders vorgehen.

11 Möglichkeiten, mit schwierigem Verhalten umzugehen

Bismarck riet, sich im Umgang mit einem Ehrenmann wie anderthalb Ehrenmänner zu benehmen, im Umgang mit einem Piraten wie anderthalb Piraten. Und das ist unserem zweigleisigen Ansatz nicht unähnlich, bei dem ein Sondereinsatzteam mit einem sanft sprechenden Geiselverhandler kombiniert wird. Aber es muss nicht ganz so zweiteilig sein, wir können bei schwierigem Verhalten auch differenzierter vorgehen. Wir könnten

1. es ignorieren,
2. die andere Seite mit Freundlichkeit überhäufen,
3. sie offline darauf ansprechen,
4. sie öffentlich darauf ansprechen,
5. ablenken oder das Thema wechseln,

6. eine Auszeit nehmen,

7. an einen Partner übergeben,

8. die andere Seite warnen, dass wir von dem Geschäft zurücktreten werden,

9. dem Ganzen mit Humor begegnen,

10. selbst wütend werden,

11. zeigen, wie verärgert wir sind,

oder irgendetwas anderes tun, was uns sonst noch einfällt, um unser Ziel zu erreichen.

Wir behalten die Kontrolle über unser Verhalten und tun alles, was uns einfällt, um unser Ziel zu erreichen. Verhaltensflexibilität ist von entscheidender Bedeutung, denn man kann nie mit Sicherheit vorhersagen, welches Vorgehen am besten ist. Je mehr Verhaltensweisen einem jedoch zur Verfügung stehen, desto wahrscheinlicher ist es, dass man erfolgreich ist.

Die eigene Reaktion steuern

Natürlich ist das nicht immer einfach. Wenn die andere Seite etwas tut, was an unseren tiefsten Instinkten rührt, sind wir schnell beleidigt, empört, verärgert, verängstigt oder zeigen eine andere Art von tief verwurzelter emotionaler Reaktion. Man muss dafür sorgen, dass man einen solchen Weg nicht einschlägt, denn sonst hat man keine Kontrolle mehr über das eigene Verhalten.

Wir können Emotionen nutzen, müssen aber sicherstellen, dass wir sie unter Kontrolle haben. John Lydon von den Sex Pistols sagte „Wut ist eine Energie"; aber ebenso wahr ist der Ausspruch von Aristoteles: „Jeder kann wütend werden, das ist einfach. Aber wütend auf den Richtigen zu sein, im richtigen Maß, zur richtigen Zeit, zum richtigen Zweck und auf die richtige Art, das ist schwer."

Zwei große Philosophen, von denen wir eine Menge lernen können.

Wie können wir also die Kontrolle über unsere Reaktion behalten? Um es klar zu sagen:

Ja, es ist schwer, aber man kann es lernen. Manchmal erleben wir es sogar bewusst, alles läuft wie in Zeitlupe ab und ein Teil von uns sagt uns, dass wir nicht so reagieren sollen, wie wir es immer tun; aber ein anderer Teil macht weiter und reagiert trotzdem. Lassen Sie sich hier nicht frustrieren: So läuft der Lernprozess ab und Sie haben gerade einen Schritt gemacht auf dem Weg, ihn zu meistern.

Sensibilisierung ist der Schlüssel. Das Bewusstsein, dass der Lernprozess abläuft und, vor allem, *wie* er bei Ihnen abläuft. Wir alle haben unsere eigenen Auslöserimpulse und unsere eigenen, oft nicht gerade hilfreichen Reaktionen, und je besser wir diese verstehen, je besser wir den verzögerten Prozess von Sekundenbruchteil zu Sekundenbruchteil nachvollziehen, desto wirksamer können wir eingreifen, um ihn zu unterbrechen.

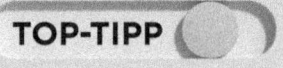

TOP-TIPP

Nehmen Sie einen Logenplatz ein. Was heißt das – einen Logenplatz einnehmen? Das bedeutet, sich vorzustellen, dass man in einem Kino sitzt, in der Loge Platz nimmt und die eigene Situation auf der Kinoleinwand beobachtet. Aus dieser objektiven Perspektive können Sie sich selbst beraten, wie Sie am besten vorgehen.

TOP-TIPP

Planen Sie eine Reaktion im Voraus. Wenn wir davon ausgehen, dass eine Situation in uns eine emotionale Reaktion auslöst, können wir Vorkehrungen treffen, um sie zu vermeiden oder anders zu reagieren, wenn die Situation eintritt.

Wir können unsere Reaktion benennen (unsere Ängste, unser Ego, unseren animalischen Instinkt, unser inneres Kind, unsere Abwehrhaltung), und dann wird sie lösbar und wir können sie sogar der anderen Person gegenüber zur Sprache bringen und so gemeinsam daran arbeiten.

Und immer, immer, immer müssen wir unser Hauptziel im Blick behalten und uns fragen, welches Verhalten am ehesten dazu beiträgt, dieses Ziel zu erreichen.

Es hilft, wenn Sie sich daran erinnern, dass das Verhalten der anderen nicht gegen Sie persönlich gerichtet ist. Es mag *den Anschein erwecken*, als wäre es persönlich, aber in Wirklichkeit geht es um die Situation und den Wunsch, das gewünschte Ergebnis zu erzielen. Sie sind einfach die Person, die die andere Seite daran hindert, dieses Ergebnis zu erreichen (so sieht es von der anderen Seite aus), und deshalb scheint man sich gegen Sie zu richten. Es ist nur eine Taktik, die als erfolgreich empfunden wird.

Die Zeit, der große Heiler

Auch die Zeit spielt eine Rolle. Deshalb ist es einfacher, die eigene Reaktion zu steuern, wenn man per E-Mail kommuniziert. Reagieren Sie nicht sofort: Lassen Sie Ihre Stimmung abkühlen, bevor Sie auf „Senden" drücken.

Ich persönlich habe festgestellt, dass ich mehrere Phasen der Deeskalation meiner Stimmung durchlaufe. Am Anfang bin ich vielleicht wütend und der erste Entwurf meiner Antwort wird wahrscheinlich Schimpfwörter enthalten. Im zweiten Entwurf werden die Schimpfwörter durch Sarkasmus ersetzt. Der dritte Entwurf ist dann vielleicht eiskalt, aber in den letzten kommt wieder ein wenig Wärme hinein. Und nur diese letzte Version hat eine Chance, die andere Seite zu überzeugen.

3 Wege zur Bewältigung Ihrer Reaktion

Wenn wir Zeit für eine Reaktion haben, stehen uns verschiedene Strategien zur Verfügung, um die eigene Stimmung zu verändern.

1. Stellen Sie sich vor, was Sie einem Freund raten würden, der in Ihrer Situation ist.
2. Schreiben Sie eine Liste, welche Vor- und Nachteile es hätte, Ihre wütende Stimmung aufrechtzuerhalten, und eine ähnliche Liste für das Erreichen Ihres Fünfmal-Warum-Zieles.
3. Rufen Sie einen Freund an und besprechen Sie die Situation mit ihm.

Das hilft eher, ein Ziel zu erreichen, als dazusitzen und innerlich zu kochen oder in der Empörung zu schwelgen.

Von Hummern lernen

Am besten ist es jedoch, einem bestimmten Verhalten zuvorzukommen, denn so können Sie problematischen Menschen aus dem Weg gehen. Und wenn wir all das tun, was wir bisher besprochen haben – wir setzen uns für beide Parteien hohe Ziele auf der Warum-Ebene, wir wissen Bescheid bis ins kleinste Detail, wir zeigen bedingungslose positive Wertschätzung, wir hören uns die Argumente der Gegenseite genau an und gleichzeitig verfügen wir über unsere eigene persönliche Stärke und Robustheit –, dann ist es sehr unwahrscheinlich, dass sich jemand schlecht benimmt.

In dieser Hinsicht können wir tatsächlich eine Menge von Hummern lernen, und zwar von ihrem Sexualleben. Wie Sie wissen, haben Hummer eine sehr harte und knubbelige Schale, um sich zu schützen, und das ist in einer bestimmten Hinsicht problematisch: Die Schale hindert die Hummer daran, Sex zu haben. Das ist so ähnlich, als würden Menschen versuchen, Sex zu haben, während sie einen Tiefseetauchanzug tragen. Das ist nicht einfach. Offensichtlich.

Um dies zu umgehen, wirft das Weibchen seinen Panzer ab, wenn es zur Fortpflanzung bereit ist. Das bringt jedoch seine eigenen Komplikationen mit sich – jetzt ist das Tier nicht mehr geschützt und wir alle wissen, dass ungeschützter Sex gefährlich ist. Für weibliche Hummer kann ungeschützter Sex bedeuten, dass sie von ihrem Liebhaber gefressen werden. Bei Menschen kommt das normalerweise nicht vor, bei Hummern schon.

Wie kann ein auf sicheren Sex bedachtes Hummerweibchen dies also umgehen? Nun, es setzt chemische Waffen ein: Es sprüht ein Pheromon in die Höhle des männlichen Hummers, das ihn weniger aggressiv macht.

Jetzt kann das Weibchen aus seinem Panzer herauskommen und die Arbeit erledigen, in der Gewissheit, dass das Männchen es nicht angreifen wird, bevor ihm ein neuer Panzer wächst.

Diese Chemikalie ist die Hummerversion von Oxytocin.

Professor Paul Zak[3] ist einer der Begründer der Neuroökonomie und einer der Ersten, der die Bedeutung von Oxytocin für den Vertrauensprozess erkannt hat. Manchmal auch als „Bindungshormon" bezeichnet, ist es vielleicht am besten als der Faktor bekannt, der die Bindung zwischen einer Mutter und ihrem Neugeborenen herstellt. Es ist auch das Hormon, dessen Ausschüttung durch die Decke geht, wenn sich zwei Menschen treffen und sich verlieben, und das dann über einen Zeitraum von fünf bis sieben Jahren abnimmt. Das erklärt eine Menge in meinem Leben.

Oxytocin, so stellt sich heraus, ist das biologische Substrat für Vertrauen.

Zaks Experimente zeigen eine direkte Korrelation zwischen dem Oxytocinspiegel und dem Grad des Vertrauens und der Großzügigkeit. Der Zusammenhang ist natürlich kontextabhängig und nuanciert – Neurochemikalien sind sehr kompliziert. Bei Vertrauens-Gruppenspielen im Rahmen seiner ökonomischen Forschung zeigte Zak jedoch, dass die Großzügigkeit unter dem Einfluss von Oxytocin um 80 Prozent zunahm.

Wodurch steigt oder sinkt dieser Wert und gibt es etwas, was wir tun können, um ihn in der anderen Person zu erhöhen, damit wir ihr mehr vertrauen können?

Erstens haben manche Dinge negative Auswirkungen. Zak führte auf einer Hochzeit ein Experiment durch, bei dem er die Oxytocinwerte aller Gäste vor und am Tag der Hochzeit ermittelte und feststellte, dass der Oxytocinwert in direktem Verhältnis zum Verwandtschaftsverhältnis zur Braut anstieg. Das heißt, der Wert der Braut stieg am meisten an, der der Mutter der Braut am zweitmeisten und so weiter. Mit einer Ausnahme.

Der Bräutigam!

Fairerweise muss man sagen, dass der Oxytocinspiegel des Bräutigams zwar anstieg, aber nicht so stark, wie man es nach dem Modell erwarten würde. Und der Grund dafür war, dass sein Testosteronlevel ebenfalls anstieg – schließlich war er an diesem Tag der Mann –, und Testosteron ist ein Oxytocinhemmer. Alles, was das Testosteron steigert, beeinträchtigt also das Vertrauen – Konkurrenzverhalten, Machogehabe, zu viele Männer um sich herum!

Wenn man jedoch den Oxytocinspiegel bei einer anderen Person erhöhen will, ist eine der einfachsten Methoden, sich ihr gegenüber vertrauensvoll zu verhalten.

Ein Wirtschaftsgruppenspiel, das Zak untersuchte, war das Vertrauensspiel. In diesem Fall erhält Person A zehn Euro und bekommt gesagt, dass sie einen Teil davon an Person B weitergeben kann. Der Wert der gespendeten Summe wird verdreifacht und Person B kann dann entscheiden, ob sie alles behalten oder etwas an Person A zurückgeben möchte. Person A muss auf die Großzügigkeit von Person B vertrauen. Wenn Person B Vertrauen entgegengebracht wurde, gab sie 50 Prozent mehr zurück, als wenn ein Computer nach dem Zufallsprinzip Geld verteilte. Es lag sogar eine lineare Korrelation vor: Je mehr Geld sie erhielten (das heißt, je mehr man ihnen vertraute), desto höher war der Oxytocinschub bei den Empfängern.

13 Faktoren, die den Oxytocinspiegel erhöhen können

Steigern Sie den Oxytocinspiegel und die Vertrauenswürdigkeit Ihres Gegenübers durch:

1. das Zeigen von Vertrauen
2. eine angemessene Berührung
   (zum Beispiel eine leichte Berührung am Ellbogen)
3. vertrauensvolle Gespräche
4. eine bewegende Geschichte
5. das Veranstalten von Freundschaftsspielen
6. gemeinsamen Klatsch und Tratsch
7. den Besuch einer Tanzveranstaltung
8. die Gesellschaft von freundlichen Menschen
9. die Anwesenheit von Haustieren
10. das Finden von Gemeinsamkeiten
11. das Schenken von Schokolade, Rotwein, kalorienhaltigen Lebensmitteln oder anderen Genussmitteln

12. das Betonen der Zusammenarbeit und der gemeinsamen Ziele

13. das Verwenden der „Wir"- und „Uns"-Sprache

Dies alles – das haben verschiedene Studien gezeigt – erhöht den Oxytocinspiegel. Vielleicht ist nicht alles davon im Rahmen Ihrer Angelegenheit möglich, aber je mehr Sie unterbringen, desto besser.

Leslie John, Professorin an der Harvard Business School, hat in ihrer Forschung dazu, wie man Lügen erkennt, ebenfalls herausgefunden, dass eigenes prosoziales Verhalten zu besserem Verhalten bei anderen führt.[4] Sie fand zum Beispiel heraus, dass Menschen weniger geneigt sind, diejenigen anzulügen, die sie mögen und denen sie vertrauen. Und wenn jemand sensible Informationen weitergibt (das heißt Vertrauen zeigt), ist auch hier die Wahrscheinlichkeit geringer, dass die andere Person lügt.

Oxytocin erhöhen, Vertrauen stärken, schwieriges Verhalten verringern.

4.5 Arzt, heile dich selbst

Aber bevor wir anfangen, alle anderen als problematisch abzustempeln: Vielleicht liegt das Problem auch bei uns selbst. Ich habe eine Freundin, die sehr empfindlich ist, wenn Menschen laut essen. Überall, wo sie hingeht, trifft sie auf solche Leute, und obwohl ich am selben Ort bin, habe ich dieses Problem nicht.

Wenn Sie besonders empfindlich auf schwierige Menschen reagieren, werden diese Menschen Ihnen auch besonders auffallen.

Wir gehen oft mit der Erwartung in ein Gespräch, dass es zu einem Streit kommt, und dann – Überraschung, Überraschung –, kommt es auch dazu. Wenn wir ein gutes Gespräch erwarten würden, *bekämen* wir stattdessen vielleicht *genau das.* In meinen frühen Zwanzigern hatte ich eine Beziehung, die ziemlich heftig war. Wir verbrachten die meisten Abende damit, uns zu streiten: Ich sagte etwas, sie erwiderte etwas Gemeines, ich sagte etwas ebenso Gemeines und so weiter. Sie wissen sicher, wie das läuft. Eines Freitags ging ich dann zu ihrer Wohnung und machte mich auf eine weitere explosive Nacht gefasst. In Gedanken ging ich alle Dinge durch, über die wir uns streiten würden – ich war schon wütend, bevor ich ankam.

Aber als ich mir meiner eigenen Stimmung bewusst wurde, beschloss ich, mich dieses Mal anders zu verhalten. Ich beschloss, dass sie mir nichts anhaben konnte, dass ich die ganze Zeit gute Laune haben würde, egal was sie sagte. Ich würde jede bissige Bemerkung ignorieren, und wenn es mir zu viel würde, würde ich einfach gehen, und das war's dann. Ich würde nicht einmal etwas sagen, wenn ich ging, ich würde einfach lächeln und meinen Mantel nehmen. Ende.

Ich klopfte an die Tür. Sie antwortete mit einem breiten Lächeln und freute sich, mich zu sehen. Wir machten einander Komplimente über unser Aussehen, lachten beide viel über die unterschiedlichsten Gesprächsthemen und hatten einen schönen Abend. Kein Streit. Ich lernte dadurch eine wichtige Lektion.

Das Verhalten der anderen wird zum Teil dadurch bestimmt, wie man selbst an die Beziehung herangeht – wenn Sie selbst schwieriges Verhalten einbringen (so unwahrscheinlich das auch ist), werden Sie mehr davon zurückbekommen. Aber wenn man eine positive Einstellung hat, dann bekommt man sie auch zurück.

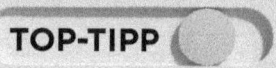

TOP-TIPP

Wenn Sie vor einem Treffen schon wütend sind, sind die Gründe dafür wahrscheinlich nur imaginär und nicht real. Stellen Sie sich stattdessen vor, dass die Besprechung richtig gut verläuft, die Teilnehmer positiv reagieren und alle mit dem Ergebnis zufrieden sind. Wenn Sie dies tun, ist die Wahrscheinlichkeit, dass es gut läuft, sehr viel größer.

Wenn also unsere Chefin uns hasst und uns mehr Arbeit aufbürdet, als die Gesetze der Physik zulassen, wenn unser Kollege alles blockiert, was wir tun oder auch nur in Betracht ziehen zu tun, wenn die Finanzchefin unser Budget aus Bosheit kürzt, während sie gleichzeitig lächelt und das Budget aller anderen erhöht, dann ist es vielleicht klug, eine andere Strategie in Betracht zu ziehen und selbst eine positivere Energie einzubringen, anstatt sich mit allen Mitteln zu wehren oder sich im Klo einzuschließen.

Steven Spielberg hat einmal erzählt, wie er als 13-Jähriger in der Schule von einem älteren Jungen gemobbt wurde. Seine Reaktion war nicht, wegzulaufen oder sich zu wehren. Stattdessen lud er den Mobber ein, in einem Film, den Spielberg gerade drehte, eine Rolle als Kriegsheld zu spielen. Sie wurden Freunde.

Wir müssen uns auch seelisch geborgen fühlen

Das ist nicht einfach, und wie wir gesehen haben, wird unser Gehirn von nicht hilfreichen Emotionen beherrscht und wir greifen auf die Strategie „Kampf oder Flucht" zurück – eine Strategie, die sich vor mehreren Hundert Millionen Jahren entwickelt hat und, um ehrlich zu sein, ein Update gebrauchen könnte.

Wenn Ihr Verhalten jedoch auf Kampf oder Flucht beruht, ist es unwahrscheinlich, dass die andere Seite sich seelisch geborgen fühlt und daher bereit ist, ihre Meinung zu ändern. Und worum geht es Ihnen? Darum, den anderen zu zeigen, wie wütend Sie sind? Geht es um Rache? Natürlich nicht, es geht darum, ein Ergebnis zu erzielen, und zu viele Emotionen werden dies mit Sicherheit sabotieren.

Sie müssen also dafür sorgen, dass Sie sich auch seelisch geborgen fühlen, damit Sie diese positive Energie einbringen können. Achten Sie auf Ihr eigenes Wohlbefinden und Ihr Selbstwertgefühl.

Auch hier ist Stärke wichtig – nicht um sie gegen die anderen einzusetzen, sondern um sie *für* sie (und damit auch für uns) zu nutzen. Unsere Stärke gibt uns ein Gefühl der Sicherheit, aus dem eher Großzügigkeit als angstbedingte Aggression resultiert.

Und wenn wir von der Angst zur Großzügigkeit übergehen, von der Schuldzuweisung zur Unterstützung, dann gehen wir auch von der Wirkung zur Ursache über. Schuldzuweisungen fühlen sich zwar oft sehr angenehm an, aber sie schmälern unsere Stärke.

Bei Schuldzuweisungen befinden wir uns auf der Wirkungsseite der Gleichung: Wir haben immer noch ein Problem und es hängt von der begrenzten Fähigkeit der anderen Person ab (aus der Perspektive unserer Schuldzuweisung), es zu lösen. Wenn wir die Schuldzuweisungen fallen lassen, können wir uns der Ursache zuwenden: Wir können nun die Verantwortung dafür übernehmen, das gewünschte Ergebnis zu erreichen.

Indem wir auf Schuldzuweisungen verzichten, erhöhen wir unsere eigene Stärke in dieser Welt.

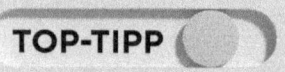

TOP-TIPP

Versorgen Sie sich selbst mit dem, was Sie brauchen, um sich sicher und stark zu fühlen. Dann können Sie im Gegenzug den anderen Kraft geben, damit sie sich sicher fühlen.

Soll ich mich entschuldigen?

Großzügigkeit ist keine Schwäche, sondern eine Stärke. Auch das Entschuldigen kann als Schwäche erscheinen, ist aber in Wirklichkeit ein Zeichen der Stärke.

In der Geschäftswelt wird das Entschuldigen oft als gefährlich angesehen, da es auf ein Eingeständnis der Verantwortung hindeutet und daher wahrscheinlich zu einem Rechtsanspruch gegen Sie führen wird. Aber es ist noch viel komplizierter. Eine Studie[5] von Fiona Lee und Kollegen von der University of Michigan aus dem Jahr 2004 hat ergeben, dass Unternehmen, die sich nach einem Fehler entschuldigten, an der Börse besser abschnitten als solche, die dies nicht taten. Eine andere Studie von Ben Ho und Elaine Liu ergab, dass Ärzte seltener verklagt wurden, wenn sie sich für einen Fehler entschuldigten.[6]

Die Entschuldigung muss jedoch umfassend sein. In einem Experiment wurden identische Szenarien untersucht für einen Gerichtsvergleich, der entweder keine Entschuldigung, eine Teilentschuldigung (die Mitgefühl ausdrückt, aber keine Verantwortung eingesteht) oder eine umfassende Entschuldigung, in der die volle Verantwortung übernommen wird, enthielt.

Wenn keine Entschuldigung ausgesprochen wurde, nahmen 52 Prozent das Vergleichsangebot an, aber wenn eine Teilentschuldigung vorlag, sank die Zahl derer, die das Angebot annahmen, auf 35 Prozent. Allerdings akzeptierten 73 Prozent der Befragten das Vergleichsangebot mit einer umfassenden Entschuldigung. Bei Uber erzielte man ähnliche Ergebnisse mit einem Big-Data-Experiment zu Entschuldigungen.[7] Unter der Leitung des damaligen Uber-Chefökonomen Professor John List verschickte man verschiedene Arten von Entschuldigungs-E-Mails an einen Datensatz von 1,6 Millionen Fahrgästen, deren Uber-Fahrt verspätet gewesen war. Die partielle Entschuldigung, bei der keine Verantwortung übernommen wurde, machte keinen Unterschied im Vergleich zur Kontrollgruppe. Eine umfassende Entschuldigung mit einem 5-Dollar-Gutschein zur Wiedergutmachung führte jedoch dazu, dass Uber mehr genutzt wurde als vor dem Fehler.

Ich habe einmal mit ein paar Anwälten zusammengearbeitet, die sehr vermögende Mandanten vertraten. Sie waren in einen Scheidungsfall verwickelt, bei dem die eine Seite 100 Millionen US-Dollar forderte, wobei die andere Seite nichts bot. Ich schätze, dass eine Entschuldigung sofort 50 Millionen US-Dollar wert gewesen wäre.

Wenn Sie mit einer Entschuldigung das gewünschte Ergebnis erzielen, warum nicht? Manchmal muss man sich erst selbst überwinden, bevor man die andere Seite für sich gewinnen kann.

Die Kraft der Demut

Eines scheint also wichtig zu sein: Demut, intellektuelle Demut. Wir könnten uns ja auch irren. Ich habe früher an den Weihnachtsmann geglaubt, Sie haben das wahrscheinlich auch getan; ich vermute, Sie tun es nicht mehr. Selbst als Erwachsener habe ich meine Ansichten über viele Dinge geändert. Möglicherweise muss ich meine Meinung über ein bestimmtes Thema ändern, von der ich gerade alle überzeugen will und wegen der ich auf den Tisch haue.

Wie der Oscar-prämierte Drehbuchautor William Goldman über Hollywood sagte: „Niemand weiß irgendwas."

Jetzt denken Sie vielleicht, dass Sie sich mit Ihren drei Doktortiteln nicht um Bescheidenheit zu scheren brauchen. Aber interessanterweise ist das Vorurteil „Ich habe keine Vorurteile" bei intelligenten Menschen häufiger anzutreffen als bei anderen. Außerdem gibt es immer noch Dunning-Kruger.

Der Dunning-Kruger-Effekt ist ein Schatz unter den kognitiven Verzerrungen und besagt, dass Menschen mit geringen Fähigkeiten dazu neigen, ihre Kompetenz bei einer Aufgabe zu überschätzen. Im Klartext: Dumme Menschen sind zu dumm, um zu wissen, dass sie dumm sind.

Aber bevor wir anfangen zu lachen und mit dem Finger auf andere zu zeigen: Die erste Regel des Dunning-Kruger-Klubs ist, dass niemand weiß, dass er im Dunning-Kruger-Klub ist. Die zweite Regel ist, dass alle mitmachen.

Ray Dalio, der Gründer des weltgrößten Hedgefonds Bridgewater Associates, hat zwei Haupthindernisse dafür ausgemacht, dass wir bessere Ergebnisse erzielen. Diese beschreibt er in seinem ausgezeichneten Buch *Principles: Life and Work*[8].

Das erste ist der blinde Fleck, den wir alle haben, weil wir uns nie so intensiv mit einem Thema beschäftigen können, dass wir wirklich alles darüber wissen. Trotz all unserer Erfahrung und Gewissheit kann niemand von uns so viel wissen. Das zweite Hindernis ist unser aller Ego, das von sehr tief in unserem Gehirn verankerten Prozessen gesteuert wird, die uns ein Gefühl der Sicherheit vermitteln wollen.

Dalios Lösung für beide Probleme ist dieselbe: radikale Aufgeschlossenheit. Seien Sie sich immer bewusst, dass Sie sich irren könnten, dass trotz all der Zertifikate und Diplome, die Ihnen schon aus den Ohren kommen, andere Menschen unabhängig von ihrer Gehaltsstufe Ihnen etwas zeigen können, das Sie nicht kannten. Ersetzen Sie Ihr Bedürfnis, recht zu haben, durch die Freude darüber, zu erfahren, was tatsächlich wahr ist. Erkennen Sie, dass dieser Lernprozess nie endet.

TOP-TIPP

Lassen Sie sich auf die Möglichkeit ein, dass Sie falschliegen könnten. Fragen Sie, wodurch sich diese Annahme belegen ließe, und suchen Sie nach diesen Beweisen. Mit diesem Ansatz werden Sie mehr Erfolg haben als mit der Annahme, dass Sie recht haben.

„Bescheidenheit" bedeutet nicht „sanft", „wenig ehrgeizig" oder „schüchtern". Es bedeutet einfach, sich bewusst zu machen, dass das, was wir für wahr halten, vielleicht doch nicht wahr ist. Das ist ermutigend, denn es ermöglicht Ihnen, echte Lösungen zu finden, nach denen Sie sonst nicht suchen würden.

Philip Tetlock fand in seiner Untersuchung über Superforecaster[9] heraus, dass der Erfolg bei der Vorhersage zukünftiger Ergebnisse weniger von der Intelligenz oder dem Fachwissen abhängt als vielmehr von der Bereitschaft, einen Irrtum zu akzeptieren und die eigenen Überzeugungen zu revidieren.

Die Größten und Klügsten von uns ...

... sind gar nicht so groß oder klug.

Eine typische Person, die in einen Konflikt verwickelt ist, ist weniger als zwei Meter groß und lebt auf einem Planeten, der einen Umfang von 40.000 Kilometern hat und seine gesamte Energie von der 150 Millionen Kilometer entfernten Sonne erhält. Diese Strecke ließe sich mit einer ganzen Menge Streithähne pflastern.

Und es gibt 200 Milliarden ähnliche Sterne in unserer Galaxie und 125 Milliarden Galaxien im bekannten Universum. Wie Powell und Pressburger es ausdrückten: „Das ist das Universum. Groß, nicht wahr?"

Einige Physiker vermuten, dass es eine unendliche Anzahl von Universen gibt – ein wirklich gigantisches Ausmaß. Seien Sie also bescheiden. Die Welt ist größer als Sie. Ein überempfindliches Ego entsteht aus Schwäche; es ist die Stärke, die Demut ermöglicht, und Demut wiederum ist eine Stärke.

Beendigung eines Bürgerkriegs

Juan Fernando Cristo, kolumbianischer Rechtsanwalt und Politiker sowie ehemaliger Präsident des kolumbianischen Senats. Er war von 2014 bis 2016 kolumbianischer Innenminister während der Friedensverhandlungen mit der FARC und spielte eine wichtige Rolle bei diesen Verhandlungen.

Ich interviewte Señor Cristo, der mir erzählte, dass er sich als kolumbianischer Botschafter in Griechenland in Athen befand, als er die schreckliche Nachricht erhielt, dass sein Vater von kolumbianischen Rebellen ermordet worden war. Natürlich war es unglaublich schmerzhaft für ihn, man hatte gerade erst den dritten Geburtstag von Cristos Tochter im Kreise der Familie gefeiert und nun wusste er, dass er seinen Vater nie wieder sehen würde. Er flog von Athen nach Frankfurt und von Frankfurt nach Bogota zurück. Im Flugzeug hatte er viel Zeit, um darüber nachzudenken, was geschehen war. Sein Kopf war voll mit allen möglichen Gedanken und er musste entscheiden, wie er reagieren sollte. Er sagte mir, er habe hassen wollen, sei sich aber nicht sicher gewesen, ob das der beste Weg sei.

17 Jahre später verhandelte er als kolumbianischer Innenminister mit der FARC-Guerilla, und natürlich musste er sich dem Ganzen erneut stellen. Verhandlungen in einem Bürgerkrieg sind überaus schwierig, entsprechend langsam gingen die Gespräche voran, aber Präsident Santos erhöhte den Druck, indem er eine Frist setzte.

Sie arbeiteten rund um die Uhr, um eine Einigung zu erzielen, wobei verschiedene Personen an verschiedenen Tischen saßen und verschiedene Abschnitte der Verhandlungen diskutierten. Es gab formelle Gespräche, Gespräche beim Abendessen und Gespräche auf dem Korridor. Und Cristo begann, die andere Seite ein wenig besser kennenzulernen. Man sprach über die Politik der FARC, über ihre Familien, über ihre Lebensgeschichten. Er sagte, es habe ihm die Augen geöffnet, diese Menschen, die er in den Medien nur als Kriminelle und Verantwortliche für Schreckenstaten gesehen habe, in ihrer Menschlichkeit zu sehen.

Es wurde deutlich, dass sie sich wünschten, dass das Abkommen ihnen ein gewisses Maß an Würde ließ, dass sie in den letzten Jahren ihres Lebens in Frieden leben und diese Jahre mit ihren Familien, ihren Frauen und Kindern verbringen wollten. Aber sie hatten große Angst, denn sie dachten, mit der Unterzeichnung des Abkommens würden sie ihr Todesurteil unterschreiben: „Wir werden unterschreiben, aber wir sind sicher, dass sie uns töten werden."

Deshalb wurde ein ganz expliziter Abschnitt in das Abkommen aufgenommen, um genau dies zu regeln. Man richtete ein „Sicherheits- und Schutzkorps" ein, das der Nationalen Schutzeinheit unterstellt war und die Aufgabe hatte, die ehemaligen FARC-Kämpfer zu bewachen und für ihre Sicherheit zu sorgen. Und das war es letztlich, was den Frieden ermöglichte.

Im Jahr 2017 hat sich die FARC nach 55 Jahren Krieg selbst entwaffnet und alle Waffen an die UNO übergeben – ein historischer Moment, wie es nur wenige gibt.

Señor Cristo erzählte mir, dass er auf dem Rückflug von Athen beschlossen hatte, nicht auf Rache zu sinnen, nicht mit einem Herzen voller Hass zu leben und stattdessen auf Versöhnung und Frieden im Land hinzuarbeiten. Und seine

Familie – seine Mutter, seine Brüder – beschlossen ebenfalls, den Rest ihres Lebens nicht in Hass zu leben, sondern, im Gegenteil, die Erfahrung als Antrieb für die Arbeit für den Frieden zu nutzen.

„Das Wohlergehen meines Landes", sagte er mir, „der Frieden in meinem Land, die Zukunft meines Landes waren wichtiger als unser Bedürfnis nach Rache."

Besonders interessant war seine Bemerkung, dass es ihm nicht leichtgefallen sei, dass er aber wusste, dass es die richtige Entscheidung war, nicht nur für sein Land, sondern auch für seine Familie und für sich selbst. Seine Tochter war drei Jahre alt, kurz nach dem Tod seines Vaters kam sein Sohn auf die Welt. Er wollte nicht, dass seine Kinder in demselben Land lebten, in dem er lebte. Sie sollten in einem anderen Land aufwachsen, einem anderen Kolumbien, einem Land, das Frieden kennt. Die Suche nach Rache würde weder seinen Kindern noch ihm selbst helfen. Es war eine sehr pragmatische Entscheidung.

„Das war vor 24 Jahren. Seitdem schreibe ich jedes Jahr einen Brief an meinen Vater und veröffentliche ihn in der Zeitung. Und jedes Jahr sage ich mir, dass es die richtige Entscheidung war."

Zusammengefasst

Stärke kann hilfreich sein, wenn es darum geht, die Meinung von anderen zu ändern, weil sie Ihnen die seelische Geborgenheit gibt, die Sie brauchen, um anderen gegenüber großzügig zu sein.

○ **Bauen Sie Ihre Stärke auf**
Nicht um sie zu benutzen, sondern um sie nicht benutzen zu müssen. Je stärker Sie sind, desto kooperativer wird die andere Seite wahrscheinlich sein.

○ **Stärke kann in vielem bestehen**
Seien Sie kreativ im Umgang mit Ihren Kraftquellen und denken Sie daran, dass es vor allem um persönliche Stärke geht.

○ **Seien Sie stark in Bezug auf das Ergebnis, sanft in Bezug auf die Herangehensweise**
Konzentrieren Sie sich immer auf Ihr Ziel und seien Sie flexibel, um es zu erreichen. Das kann bedeuten, dass Sie selbstbewusst Nein sagen müssen, und es kann bedeuten, dass Sie bereit sein müssen, auf den Geschäftsabschluss zu verzichten. Wenn Letzteres der Fall ist, sollten Sie nicht zu schnell aufgeben, sondern abwägen, ob die Alternative im Hinblick auf den Anlass besser ist als der aktuelle Geschäftsabschluss.

○ **Umgang mit schwierigen Menschen**
Nehmen Sie das Verhalten Ihres Gegenübers nicht persönlich. Schwieriges Verhalten ist nur eine wahrgenommene Information. Überdenken Sie Ihr Ziel, überlegen Sie, wie Sie es angesichts des schwierigen Verhaltens Ihres Gegenübers am besten erreichen können, und

stellen Sie sicher, dass Sie über eine Auswahl verschiedener Handlungsoptionen verfügen. Es ist besser, schwierigem Verhalten vorzubeugen, als damit umgehen zu müssen. Bauen Sie also eine Beziehung und Vertrauen auf, dann wird das Problem nicht auftreten.

○ **Das Verhalten der anderen wird oft durch unser Verhalten bestimmt**
Überlegen Sie, inwieweit Sie selbst zum konträren Verhalten der anderen beitragen, und versuchen Sie, einen positiveren Beitrag zu leisten. Das wird wahrscheinlich auch auf der anderen Seite eine positive Veränderung bewirken.

○ **Umgang mit Emotionalität**
Unser Gehirn lässt sich leicht von Emotionen leiten, und auch wenn es manchmal Spaß macht, sich richtig aufzuregen, führt es uns nicht zum Ziel. Stattdessen sollte man sich immer auf das konzentrieren, was man erreichen will. Das hilft dabei, die eigene Reaktion am effektivsten zu steuern.

○ **In der Demut liegt die Kraft**
Wir wissen nicht alles; Demut ist der beste Weg, um eine Welt zu verstehen, die viel größer ist als wir. Das kann bedeuten, dass man großzügig ist; es kann auch bedeuten, dass man sich entschuldigt. Beides kommt aus der Kraft und beides ist eine Stärke für sich.

Und aus dieser Position der Stärke heraus können Sie nun zuversichtlich mit der anderen Person zusammenarbeiten, um eine Lösung zu finden, die allen gerecht wird.

5

Kapitel

Gestalten Sie
die Lösung mit

5.1 Die Lösung liegt nicht bei einer einzigen Person

Wenn Sie wollen, dass die andere Person sich die Lösung zu eigen macht, muss sie einen Anteil daran haben.

Wenn Sie ihr sagen, dass sie jetzt den Rasen mähen soll, weigert sie sich vielleicht schlicht und einfach. Aber wenn Sie sie in die Suche nach einer Lösung einbeziehen, wird sie Ihnen vielleicht sagen, dass sie im Moment andere Verpflichtungen hat, es aber später erledigen kann. Gut, dann haben Sie Ihr Ergebnis.

Das funktioniert zu Hause und auch im Geschäftsleben. In den letzten Jahren hat sich das Marketing beispielsweise in Richtung Mitgestaltung entwickelt, weil die stärkere Einbeziehung der Verbraucher in die Entwicklung der Marke eine viel stärkere Markentreue schafft und einen besseren Einblick ins Leben der Kunden ermöglicht.

Parallel dazu ermutigt der NHS (National Health Service, der britische Nationale Gesundheitsdienst) die Patienten ausdrücklich, sich an Entscheidungen über ihre Gesundheit und Pflege zu beteiligen, denn es ist erwiesen, dass sie dann

- zufriedener sind mit den Dienstleistungen, die sie erhalten,
- seltener die Entscheidungen bereuen, die sie so getroffen haben, und eher der Meinung sind, dass die getroffenen Entscheidungen für sie am besten geeignet waren,
- weniger Beschwerden einreichen als diejenigen, die nicht an den Entscheidungen beteiligt waren.[1]

Beziehen Sie also die andere Person in die Lösungsfindung mit ein.

Betrachten Sie es als einen gemeinschaftlichen Problemlösungsprozess

Um bei Verhandlungen ein nachhaltiges Ergebnis zu erzielen, müssen wir unseren traditionellen Ansatz vom Armdrücken, bei dem der Stärkere gewinnt, auf einen kooperativen Problemlösungsprozess umstellen, bei dem das Problem im Vordergrund steht:

- Sie haben ein Ergebnis vor Augen; die andere Seite hat ein Ergebnis vor Augen.
- Für Sie gibt es echte Sachzwänge; für die andere Seite gibt es echte Sachzwänge.
- Sie haben Ressourcen, die Sie einbringen können; die andere Seite hat Ressourcen, die sie einbringen kann.

Legen Sie all diese Punkte offen und arbeiten Sie dann gemeinsam daran, die Gleichung so zu lösen, dass alle Parteien unter Berücksichtigung der Sachzwänge, aber auch der Ressourcen, zu ihrem Recht kommen. Mit anderen Worten: Arbeiten Sie gemeinsam an einer Lösung, die den Bedürfnissen aller Beteiligten gerecht wird – dann können Sie darauf vertrauen, dass die Lösung auch umgesetzt wird.

TOP-TIPP

Lassen Sie es für die andere Seite so klingen, als wäre die Lösung deren eigene Idee, dann wird sie dafür kämpfen.

Bei einer politischen Diskussion ist es genau dasselbe: Es geht ebenfalls darum, das eigentliche Problem zu ermitteln, das gelöst werden soll, dann die gewünschten Ergebnisse, die Sachzwänge und die Ressourcen zu identifizieren und schließlich über die beste Lösung zu entscheiden.

Auch hier gilt, dass Sie die beste Lösung erst dann erreichen, wenn diese Teile der Gleichung genau bestimmt sind. Die meisten derartigen Gespräche kommen kaum voran, weil alle aneinander vorbeireden. Es ist viel besser, etwas zu finden, auf das Sie sich einigen können, und von dort aus weiterzuarbeiten.

Politischer Gegner Freund 1: Zumindest können wir uns darauf einigen, dass wir beide die Welt zu einem besseren Ort machen wollen.

Politischer Gegner Freund 2: Ja. Und das geht am besten, indem man die Wirtschaft ankurbelt.

Politischer Gegner Freund 1: Sicher, solange wir dies auf faire und nachhaltige Weise tun.

Politischer Gegner Freund 2: Das stimmt. Das bedeutet ...

Natürlich könnte sich dadurch *Ihr* Standpunkt ändern – aber wäre das nicht großartig? Es bedeutet, dass Sie gerade etwas Neues gelernt haben.

Wieder den Anfang machen

Wie wir bereits gesehen haben, hängt dies davon ab, dass Sie zuerst all die Verhaltensweisen zeigen, die Sie sich selbst wünschen, wie etwa richtiges Zuhören, und dass Sie bereit sind, die Meinung Ihres Gegenübers zu ändern.

Das Gleiche gilt für den Austausch von Informationen. Zumindest in Bezug auf Verhandlungen herrscht der Mythos vor, dass man keine Informationen weitergeben sollte, weil sie gegen einen verwendet werden könnten. Je mehr Informationen jedoch ausgetauscht werden, desto besser ist die Lösung.

Natürlich wissen Sie als hochintelligenter und sachkundiger Leser um den Wert des Teilens, aber Ihr Gegenüber hängt vielleicht eher dem gerade erwähnten Mythos nach. Auch hier müssen Sie also den Anfang machen. Sie können anderen nicht vorwerfen, dass sie Sie hintergehen oder Informationen zurückhalten, wenn Sie dasselbe tun.

Zusammenarbeit ist eine Investition

Und wenn wir auf diese Weise zusammen an der Lösung des Problems arbeiten, lösen wir nicht nur die aktuelle Situation, sondern bauen auch eine bessere Arbeitsbeziehung für die Zukunft auf.

1978 unterzeichneten der ägyptische Präsident Sadat und der israelische Premierminister Begin das historische Abkommen von Camp David und fanden damit einen Weg zur Zusammenarbeit. Ein Jahr später unterzeichneten sie einen Friedensvertrag, der einen 31-jährigen Krieg beendete. Der Sinai wurde entmilitarisiert, diplomatische Beziehungen begründet, Boykotte aufgehoben und der Handel wieder aufgenommen. Zwei Todfeinde wurden zu Verbündeten: ein Bündnis, das bis zum heutigen Tag Bestand hat.

Vielleicht kann Ihr Todfeind Ihr Verbündeter werden?

Lassen Sie den anderen ihre Identität!

Nichts wird die Zusammenarbeit schneller beenden, als wenn sich Ihr Gegenüber in seiner Identität bedroht fühlt. Der Versuch, jemanden umzustimmen, kann jedoch genau das bewirken.

William Zartman, der große Verhandlungswissenschaftler, emeritierter Professor an der Johns Hopkins University und Vorsitzender des International Peace and Security Institute, ist der Überzeugung, dass wir niemals versuchen sollten, über ein Glaubenssystem zu verhandeln: Wir sollten *innerhalb des* Glaubenssystems verhandeln.[2]

Der Versuch, das Glaubenssystem, die Weltanschauung, die Identität oder den Stil von anderen zu ändern, wird ewig dauern, wenn nicht sogar noch länger; sparen Sie Ihre Energie und arbeiten Sie mit dem, was Sie von Ihrem Gegenüber empfangen.

Wenn Sie als Demokrat mit einem Republikaner sprechen oder umgekehrt oder wenn Sie als Impfgegner mit einem Impfbefürworter sprechen, dann geht es nicht nur um die Meinung der anderen; deren Meinung basiert auf ihrer Lebenssituation, ihren Freunden und ihrer Familie, ihrer Lebensgeschichte, ihrem Selbstverständnis. Viel Glück dabei, wenn Sie das ändern wollen!

Und wenn sich die andere Seite in ihrem Selbstwertgefühl bedroht fühlt, geht sie in den Stammesmodus über, in den Modus „wir gegen sie". Es wird dann persönlich und es kommt sehr schlecht an, wenn man in einer solchen Situation versucht, jemanden umzustimmen.

Das Selbstverständnis des Gegenübers sollte also nicht angegriffen werden.

3 Wege, das Selbstverständnis der anderen zu schützen

1. Bringen Sie die neue Überzeugung mit der Identität Ihres Gegenübers in Verbindung.

2. Bringen Sie die neue Überzeugung mit einem anderen Teil der Identität Ihres Gegenübers in Verbindung (zum Beispiel Fußballfan und nicht Manchester-United-Fan).

3. Konzentrieren Sie sich auf die Gemeinsamkeiten zwischen Ihnen.

Meine Schwester erzählte mir eine Geschichte, wie sie ihre Arbeitskollegen dazu gebracht hatte, ein langes Montagmorgen-Gejammer zu beenden, indem sie sich ihnen anschloss und dann sagte: „Wow, wir sind hier echt negativ, oder? Lasst uns etwas positiver sein."

Hätte sie ihnen gesagt, sie sollten aufhören, sich negativ zu äußern – wozu sie sicher neigte –, hätte sie eine Barriere zwischen sich selbst und den anderen errichtet, die zu nichts geführt hätte.

Während der historischen Osloer Friedensverhandlungen konnten die israelischen und palästinensischen Unterhändler eine Verbindung aufbauen, indem sie gemeinsam Witze über ihre norwegischen Gastgeber machten. Natürlich muss man mit so etwas vorsichtig sein und es ist wichtig, darauf hinzuweisen, dass die Norweger selbst das Ganze unterstützten; aber es ermöglichte den Verhandlungsparteien, ihre Identitätsunterschiede zu verringern und die Gemeinsamkeiten zu vergrößern.

„Ich mag diesen Mann nicht.
Ich muss ihn besser kennenlernen."

Wie dieses Zitat von Abraham Lincoln zum Ausdruck bringt, rührt unser Widerstand gegen eine Zusammenarbeit oder einfach unsere Abneigung oft daher, dass wir die andere Person nicht kennen. Lernt man sie kennen, ist sie „eigentlich doch ganz in Ordnung".

Das ist nirgends so offensichtlich wie in Organisationen, die von Silodenken geprägt sind. Jeder Kommentar der Art „Oh, das Team x ist nutzlos" (wobei x für IT, Vertrieb, Finanzen, Recht, Support, HR, Compliance, Backoffice, Frontoffice, Head Office, Pariser Büro oder jedes andere Team stehen kann, das nicht das Team der Person ist, die den Kommentar abgibt) ist symptomatisch für eine solche Organisation.

Fast immer verschwinden diese Probleme sofort, wenn die Teams sich tatsächlich treffen und miteinander sprechen können.

Ob es sich dabei um ein geselliges Zusammensein handelt, ob das indische Team zu einem Treffen mit der Zentrale einfliegt oder ob einfach Fotos und Lebensläufe ins Intranet gestellt werden – all das wird dazu beitragen, die Barrieren zu überwinden und die Zusammenarbeit zu verbessern.

Bauen Sie eine Allianz vor Ort auf

Wenn Sie andere überzeugen wollen, gibt es nichts Besseres, als wenn Sie und Ihr Gegenüber die Situation, die Sie verändern wollen, gemeinsam erleben. Auf diese Weise bildet sich angesichts realer Herausforderungen eine Allianz.

In dem Buch *Influencer: The New Science of Leading Change*[3] beschreiben die Autoren, wie Mike Wildfong, ein Manager in einem Ingenieurbüro, sein Team dazu bringen wollte, die Arbeitssicherheitsmaßnahmen strenger umzusetzen.

Also nahm er sie mit zu einem Freiwilligentag, um einem ehemaligen Kollegen zu helfen, der sich bei der Arbeit verletzt hatte und nun von Invalidenrente lebte.

Sie verbrachten den Tag damit, für ihn Reparaturen im Haus zu erledigen, und es war eine rundum gelungene Aktion: hilfreich für den ehemaligen Kollegen, ein Tag, der das Team zusammenschweißte, und vor allem änderte sich von da an die Einstellung zur Sicherheit am Arbeitsplatz.

5.2 Planung des Prozesses

Es gibt keinen Zauberspruch, mit dem man jemanden umstimmen kann. Aber wenn Sie Ihre Erfolgsaussichten maximieren wollen, tun Sie gut daran, den Prozess zu planen, und zwar am besten gemeinsam.

Bei komplexen Friedensverhandlungen ist dies unerlässlich. Bevor die Gespräche beginnen, wird über die Gespräche gesprochen, und in besonders heiklen Situationen gibt es sogar geheime Gespräche über die Gespräche über die Gespräche. Dadurch wird so wenig wie möglich dem Zufall überlassen. Ein Kommentator der kolumbianischen Friedensverhandlungen sagte: „Wir können das Licht am Ende des Tunnels sehen. Das Problem ist, dass wir keinen Tunnel haben." Es sind die Gespräche über die Gespräche über die Gespräche, die diesen Tunnel bauen können.

Vielleicht brauchen Sie ein Vorgespräch mit der Person, deren Meinung Sie ändern wollen, um zu besprechen, wie etwas weitergehen könnte. Alternativ können Sie dies auch nur mit Ihrem eigenen Team tun, um sicherzustellen, dass alle an Bord sind. Ein Freund von mir, der für ein großes Ingenieurbüro arbeitete, erzählte mir von einem Treffen mit einem potenziellen Geschäftspartner, bei dem ein sehr junges Teammitglied sagte: „Wir sind so froh, dass Sie mit uns sprechen – niemand sonst ist interessiert und wir sind ziemlich verzweifelt." Das ist vielleicht bewundernswert ehrlich, aber wahrscheinlich nicht hilfreich für das Geschäft. Solche Probleme können durch ein Treffen vor der Sitzung vermieden werden.

Vielleicht möchten Sie auch schon ein paar Ideen ins Spiel bringen, damit diese später nicht zu überraschend kommen. Menschen ändern selten ihre Meinung, wenn sie zum ersten Mal mit einer Idee konfrontiert werden. Wenn man ihnen die Möglichkeit gibt, vorher darüber nachzudenken, ist die Wahrscheinlichkeit größer, dass sie ihr zustimmen, und vielleicht sogar behaupten, dass es ihre eigene Idee war – ein Ergebnis, das Sie begrüßen sollten.

Ich habe einmal zwei Personen gecoacht, die sich gemeinsam als Geschäftsführer einer bekannten öffentlichen Einrichtung beworben hatten. Sie hatten tolle Ideen, wie diese altehrwürdige Organisation ins 21. Jahrhundert zu bringen wäre, aber als ich fragte, wie der Vorsitzende, der wichtigste Entscheidungsträger, diese Ideen sehe, runzelten sie die Stirn. Offenbar hatte er diesbezüglich eine äußerst konservative Einstellung. Der größte Teil des Coachings bestand also darin, herauszufinden, wie sie dafür sorgen konnten, dass er von diesen Ideen schon vor einem möglichen Vorstellungsgespräch hörte, sodass er schon im Vorhinein von diesen Ideen überzeugt wäre. Die beiden stellten fest, dass sie mehrere Personen kannten, die in Kürze mit dem Vorsitzenden zusammentreffen würden und bereit waren, sich für ihre Ideen einzusetzen. Das Überbringen der Ideen durch diese Personen war schließlich die Grundlage ihrer Strategie.

Führen Sie ein Metagespräch

Wie bei der Lösung gilt auch für den Prozess: Sie werden bessere Ergebnisse erzielen, wenn Sie die andere Person in die Festlegung des Prozesses einbeziehen. Das ist ein sogenanntes Metagespräch, bei dem es um das Gespräch selbst geht – wie es abläuft, worüber gesprochen wird, was Sie tun werden, wenn es zu Meinungsverschiedenheiten kommt oder wenn es hitzig wird und so weiter.

Wenn Sie sich im Vorfeld mit Ihrem Gesprächspartner auf diesen gemeinsamen Prozess einigen, ist es viel wahrscheinlicher, dass sich alle Beteiligten daran halten, und Sie können sich im

Verlauf des Prozesses darauf beziehen, um sicherzustellen, dass alle auf dem richtigen Weg bleiben.

Gary Noesner hat erzählt, er vereinbare mit einem Geiselnehmer immer so detailliert wie möglich, wie alles ablaufen wird. „Die Autos werden hier geparkt. Ich gebe Ihnen das Signal, dann lassen Sie die ersten beiden Geiseln frei …", wobei er immer wieder nachfragt: „Ist das okay für Sie? Gibt es etwas, was Sie ändern möchten?"

Wenn er so vorging und vorher mit der Gegenseite über den Prozess sprach, so stellte er fest, gab es eigentlich kaum etwas, was geändert werden musste. Und wenn es darauf ankam, befolgten alle den Prozess wie vereinbart und es lief reibungslos.

Ein Metakommentar, der die vierte Wand des Gesprächs durchbricht, ist auch *während des* Prozesses ein nützliches Mittel, wenn die Dinge einmal aus dem Ruder laufen.

Andere durch den Prozess leiten

Es hat etwas Hypnotisches für Menschen, durch einen Prozess geführt zu werden. Piloten von Fluggesellschaften nutzen diesen Effekt: „Wir werden in einer Höhe von 10.000 Metern fliegen, in 3 Stunden, kurz nach 17 Uhr, in Miami ankommen und eine sehr angenehme Temperatur von 26 Grad Celsius vorfinden."

Warum tun sie das? Erwarten sie, dass jemand sagt: „Ich fliege lieber auf 9.000 Metern Höhe"? Die Fluggäste müssen das alles nicht wissen, viele haben aber das Bedürfnis, sich in sicheren Händen zu fühlen. Ein ruhiger Pilot mit einer Stimme wie ein Late-Night-Radiomoderator, der ihnen in aller Ruhe erklärt, was als Nächstes passieren wird, und ihnen sogar die Zukunft voraussagt, beruhigt die Nerven.

Auch Verkäufer nutzen dies zu ihrem Vorteil, bevor sie ein Geschäft abschließen. „Die nächsten Schritte wären also, dass wir vorbeikommen und alles abmessen; dann können wir Ihnen ein genaueres Angebot machen. Sie treffen Ihre endgültige Entscheidung über das Farbschema und wir bestellen die Ware. Es wird etwa zwei Wochen dauern, bis sie ankommt. Unsere Auftragnehmer werden etwa eine Woche brauchen, um alles einzubauen. Ich würde vorschlagen, das Ganze ein paar Tage trocknen und sich setzen zu lassen, danach können Sie damit machen, was Sie wollen. Sind Sie damit einverstanden?

Ich persönlich habe keine Ahnung, was dieser Verkäufer verkaufen will, aber ich kann seine Frage beantworten: „Ja, das hört sich gut an!" Sein Vertrauen in die Zukunft strahlt Autorität und Erfahrung aus, und ich fühle mich wohl dabei und würde ihm gleich drei Exemplare abkaufen.

Wie man jemanden überredet, von einem sehr hohen Kran zu springen

Vor vielen Jahren war dieser Prozess so überzeugend, dass ich meinen allerersten Bungee-Sprung absolvierte. Ich schäme mich nicht zuzugeben, dass ich wie gelähmt war. Ich befand mich in einem Käfig, der an einem Kran befestigt war, und während sich der Käfig hob, erklärte mir der Sprungmeister, was passieren würde: „Okay, wenn wir oben ankommen, öffne ich dieses Tor, du legst deine rechte Hand hierhin, du legst deine linke Hand hierhin, dann rufst du ‚1–2–3 Bungee!' und du springst."

Ich dachte nur: „Oh nein, das werde ich nicht tun, ich werde dich bitten, mich gleich wieder runterzufahren." Aber es geschah etwas Seltsames.

Er hatte seine Rede perfekt getimt, sodass sie genau dann endete, als wir oben ankamen, und er fuhr ohne Pause mit seinen Anweisungen fort: „Okay, ich habe das Tor geöffnet, jetzt legst du deine rechte Hand hierhin", was ich tat, „und legst deine linke Hand hierhin", was ich tat, „jetzt rufst du ‚1–2–3 Bungee!' und springst" – was ich tat! Unmittelbar danach rief ich auch andere Dinge, die ich hier nicht wiederholen werde, aber ich war völlig überrascht, dass ich seinem Vorschlag folgte.

Es war ohnehin der schnellste Weg nach unten.

Führen Sie die anderen durch den Prozess

Wie beim Sprungmeister hört das Bewusstsein für den Prozess und dessen Kontrolle also nicht mit der Planung auf. Sie ist während des gesamten Prozesses wichtig.

Beginnen Sie damit, den Zweck des Treffens zu formulieren („Wir sind hier, um uns zu einigen / über etwas zu sprechen / eine Lösung zu finden für ..."). Wenn das klar und deutlich formuliert ist und immer dann wiederholt wird, wenn das Gespräch heikel wird, stehen die Chancen gut, dass Sie Ihr Ziel erreichen.

Führen Sie dann das Gespräch in jeder Phase: „Okay, ich glaube, wir sind uns über X einig, sollen wir zu Y übergehen?", wobei immer geprüft wird, ob die andere Partei einverstanden ist. Auf diese Weise bleiben alle in der Stimmung zur Zusammenarbeit und es ist weniger wahrscheinlich, dass die Lösung später angefochten wird. Schließlich sind alle gleichermaßen an der Lösung beteiligt.

In der Regel ist die Person, die den Prozess auf diese Weise informell leitet, die einflussreichste Person in der Sitzung und wird ihr Ziel wahrscheinlich eher erreichen.

TOP-TIPP

Schlagen Sie zu Beginn des Treffens eine Tagesordnung vor und fragen Sie, ob die Teilnehmer damit einverstanden sind.

Füllen Sie Ihr Einfluss-Bankkonto

Und all dies führt zu Guthaben auf Ihrem Bankkonto für psychologischen Einfluss. Nach diesem Modell erhalten Sie jedes Mal eine Gutschrift, wenn Sie

- etwas Sinnvolles sagen,
- für das Anliegen der anderen Person Verständnis zeigen,
- der Gegenseite helfen, ihre Ziele zu erreichen,
- etwas vorschlagen, was zu einem erfolgreichen Ergebnis führt.

Auf der anderen Seite wird Ihnen jedes Mal Guthaben abgezogen, wenn Sie

- etwas vorschlagen, was keinen Sinn ergibt,
- sich nur auf Ihre eigenen Anliegen konzentrieren,
- die andere Person abblocken oder behindern,
- etwas vorschlagen, was nicht gelingt.

Wie bei jedem Konto wollen Sie so viel Guthaben wie möglich erzielen, also sorgen Sie einfach dafür, dass Sie vieles von der ersten Liste tun und nichts von der zweiten Liste.

Die Menschen in die Details einbeziehen

Gary Noesner, FBI-Geiselverhandler. Er war 23 Jahre lang als Geiselverhandler für das FBI tätig und leitete dessen Krisenverhandlungseinheit. Noesner war technischer Berater bei der Netflixserie „Waco" und eine der Hauptfiguren der Serie. Er entwickelte den zentralen Rahmen für Geiselverhandlungen, The Behavioural Change Stairway (Die Verhaltensänderungstreppe), und schrieb den Bestseller „Stalling for Time: My Life as an FBI Hostage Negotiator".

„Meiner Ansicht nach basiert alles auf der zwischenmenschlichen Beziehung. Bevor wir ein Problem lösen oder unsere Botschaft verbreiten können, müssen wir zunächst eine Vertrauensbeziehung aufbauen und unsere Ernsthaftigkeit, Aufrichtigkeit und Vertrauenswürdigkeit zeigen.

Aber es ist auch eine Frage des Prozesses, und wenn Sie den Prozess steuern können, können Sie das zu Ihrem Vorteil nutzen.

1993 flog ich nach Lucasville, Ohio, um bei der Schlichtung einer großen Gefängnisrevolte zu helfen, die seit mehreren Tagen andauerte. An dem Aufstand waren drei verschiedene Gruppen beteiligt – eine schwarze kriminelle Bande, eine weiße rassistische kriminelle Bande sowie eine schwarze muslimische Bande – und die drei Banden kamen nicht miteinander aus.

Jede Gruppe hatte verschiedene Geiseln genommen, die getrennt gehalten wurden. Die Mitglieder jeder Gruppe wollten etwas anderes: Manche wollten mit ihrer Freundin sprechen, andere wollten einfach nur über die Haftbedingungen schimpfen, es war alles dabei. Und je mehr Leute sich an den Gesprächen beteiligten, desto chaotischer wurde es.

Deshalb sagte ich den Gefängnisbehörden, dass wir ihnen helfen müssten, sich zu organisieren, anstatt nur zu sagen: ‚Ihr solltet euch besser ergeben.‘

Und genau das taten wir. Wir teilten jeder Gruppe mit, dass wir mit ihnen ins Gespräch kommen wollten, dies aber erst möglich sei, wenn sie eine Liste von Dingen erstellten, die für ihre Gruppe wichtig seien. Sie sollten einen Sprecher benennen, dann könnten wir ein Treffen arrangieren, um ihnen richtig zuzuhören und ihre Probleme nachzuvollziehen.

Und so vereinbarten wir ein Treffen. Ich sagte den Behörden: ‚Ihre Aufgabe bei diesem Treffen ist es nicht, den Insassen zu sagen, was sie tun sollen. Sie sollen zuhören, was sie zu sagen haben. Erkennen Sie ihre Sichtweise an. Man muss nicht zustimmen, aber man muss es anerkennen.‘ Und das taten sie.

Nach dem Treffen gab es eine Liste von etwa 20 Punkten und die Behörden sagten, sie könnten keinem davon zustimmen, weil dies einen Präzedenzfall schaffen würde: ‚Niemand sagt uns, was wir tun sollen.'

Aber als wir die einzelnen Punkte durchgingen, war es erstaunlich, wie leicht sie sich in der Praxis umsetzen ließen. Die Randalierer waren eindeutig unserer Anweisung gefolgt und hatten ihre Forderungen sehr höflich formuliert, etwa so: ‚Wir möchten, dass Sie sich um besseres Essen für die Gefängniskantine kümmern', ‚Bitte prüfen Sie eine Verlängerung der Zeit zur freien Verfügung' und so weiter.

In diesem Gefängnis waren in der Vergangenheit ungewöhnlich harte Methoden angewandt worden – das war der Hintergrund für die Unruhen. Meiner Meinung nach waren diese Anträge, so wie sie gestellt wurden, eine einmalige Gelegenheit. Ich sagte den Behörden: ‚Das können Sie alles machen. Sie müssen die Ergebnisse nicht umsetzen, aber es ist einfach, sie zu überprüfen. Und wenn Sie sie nicht umsetzen können, geben Sie einen Grund an, warum das nicht geht.'

Die Gefangenen erklärten sich bereit, die Geiseln freizulassen und sich zu ergeben. Also gingen wir zur nächsten Phase über und führten lange Gespräche über die genauen Einzelheiten der Übergabe: ‚Ihr stellt euch hier auf, wir nehmen jeweils zehn Leute auf einmal ...' und so weiter.

Wenn Sie die Menschen in die Details des Prozesses einbeziehen, sollten Sie sich immer wieder erkundigen: ‚Ist das für Sie in Ordnung? Gibt es etwas, was Sie ändern möchten?' Dann stellt man fest, dass es in der Regel nichts Wesentliches gibt, was sie ändern wollen. Und jetzt, wo sie zugestimmt haben, werden sie zu Partnern bei der Umsetzung und dem Erfolg des Projekts.

Und genau das passierte. Die Geiseln wurden freigelassen und die Häftlinge ergaben sich.

Es gelang uns, eine solch brisante Situation nicht durch das Aufzwingen von Autorität zu lösen, sondern durch die

Bereitschaft, offen zu sein und zuzuhören, sowie durch ein effektives Prozessmanagement. Es ging darum, Respekt zu zeigen und den anderen Parteien ein gewisses Maß an Rechtfertigung und Erfolg in der Angelegenheit zu ermöglichen."

5.3 Seien Sie kreativ

Es handelt sich also um einen Problemlösungsprozess. Aber manchmal ist es gar nicht so einfach, das Problem zu lösen.

Das bedeutet, dass Sie kreativ sein und sich so viele Ideen wie möglich einfallen lassen müssen, denn wer weiß schon, welche die richtige sein wird.

Kreativität wurde 1942 von Alex Osborn, dem Werbeguru, erfunden. Nun, wenn schon nicht Kreativität, so hat er doch das Wort „Brainstorming" erfunden, das er zuerst in seinem Buch *How To Think Up*[4] verwendete und dessen Grundsätze er in dem bekannteren Werk *Applied Imagination: Principles and Procedures of Creative Problem Solving*[5] weiterentwickelte.

4 Grundsätze des Brainstormings

1. Entscheiden Sie sich für Quantität: Es ist einfacher, sich zu beschränken, als sich etwas auszudenken.

2. Halten Sie sich mit Kritik zurück: Die Aussetzung des Urteils für eine spätere Kritisierphase ermöglicht es den Menschen, ihren Gedanken freien Lauf zu lassen.

3. Ausgefallene Ideen sind willkommen: Sie könnten zu einer weiteren Idee führen, die sonst nicht entstanden wäre.

4. Kombinieren und verbessern Sie Ideen: Es ist der generative Charakter des Prozesses, der die optimale Lösung entstehen lässt.

In einer solchen Situation ist ein Metagespräch über diese Grundsätze besonders wichtig: „Wir sollten alle Mitarbeiter entlassen" ist in einem Brainstorming in Ordnung, kann aber eine andere Reaktion hervorrufen, wenn die Stimmung gerade nicht danach ist.

Identifizieren Sie so viele Variablen wie möglich

Eine Sache, die die Kreativität sehr unterstützen wird, ist die Identifizierung so vieler Variablen wie möglich. Schauen wir uns an, was genau damit gemeint ist.

Sie bitten um eine Beförderung und die Antwort Ihres Chefs ist ein entschiedenes Nein, weil Sie es ihm nicht leicht gemacht haben, Ja zu sagen. Aber die Situation besteht nicht nur aus zwei Alternativen – Beförderung oder keine Beförderung. Seien Sie kreativ und identifizieren Sie mehr Variablen, nicht nur die Berufsbezeichnung:

- Sie könnten das Gehalt, den Bonus oder andere Teile Ihres Anstellungsvertrags ins Gespräch bringen.
- Sie könnten an den Sitzungen des Verwaltungsrats teilnehmen.
- Sie könnten an besseren Projekten arbeiten.
- Sie könnten über andere Wege für die zusätzliche Arbeit, die Sie geleistet haben, belohnt werden.
- Sie könnten vier Tage in der Woche arbeiten.
- Sie könnten sechs Tage in der Woche arbeiten.

Eine Million Möglichkeiten, begrenzt nur durch Ihre Vorstellungskraft. Und ganz im Sinne der Kapitelüberschrift gilt: Die Vorstellungskraft von zwei Menschen zusammen ist besser als die von einem.

Ihre Kundin sagt, dass sie sich Ihren Kostenvoranschlag nicht leisten kann, also arbeiten Sie entweder zu einem unrentablen

Tarif oder Sie bekommen den Auftrag überhaupt nicht. Aber wie gesagt, die Situation besteht nicht nur aus zwei Teilen.

○ Sie könnten den Umfang reduzieren, um ihn dem Budget anzupassen.

○ Sie könnten einen Teil der Arbeit an Ihre Kundin weitergeben, einen Unterauftrag vergeben oder die Arbeit an einen jüngeren Mitarbeiter weitergeben.

○ Sie könnten die Dacia-Version des Dienstes anbieten statt der Rolls-Royce-Version.

○ Sie könnten billigeres Material verwenden.

○ Die Kundin könnte im Voraus zahlen, um alle Liquiditätsfragen aus dem Weg zu räumen.

○ Die Kundin könnte warten, bis es bei Ihnen ruhiger ist.

○ Die Kundin könnte das Auftragsvolumen erhöhen.

○ Die Kundin könnte Empfehlungsschreiben vorlegen.

○ Sie könnten den Preis vom Ergebnis abhängig machen.

Eine Million Möglichkeiten, die nur durch Ihre Fantasie(n) begrenzt werden.

Sie versuchen abzunehmen, und Ihr Partner schlägt Ihnen vor, gemeinsam essen zu gehen. Das wollen Sie natürlich nicht – Sie denken an die vielen Kalorien, die Sie zu sich nehmen werden. Solange es sich um eine binäre Wahl zwischen „ins Restaurant gehen" und „nicht ins Restaurant gehen" handelt, wird einer von Ihnen enttäuscht sein. Aber es gibt noch andere Variablen, die helfen könnten:

○ Sie könnten ein Restaurant wählen, das gesunde Gerichte auf der Speisekarte hat.

○ Sie könnten heute Abend ins Restaurant gehen und morgen kocht Ihr Partner im Gegenzug ein kalorienarmes Essen.

- Oder es macht Ihnen nichts, wenn Ihr Partner stattdessen mit einem Freund essen geht.
- Oder Sie gehen gemeinsam joggen, um vorher ein paar Kalorien zu verbrennen.
- Oder Ihr Partner erklärt sich im Gegenzug bereit, eine Zeit lang mit Ihnen eine Diät mit Portionskontrollen zu machen, weil er weiß, dass Sie dann leichter dranbleiben.
- Oder Ihr Partner erklärt sich bereit, Ihnen mitzuteilen, wann er für den Rest der Woche zum Essen da ist – sodass Sie Ihre Mahlzeiten viel besser planen können.

Eine Million Möglichkeiten, die nur durch Ihre Fantasie(n) begrenzt werden.

In den letzten Tagen der Sowjetunion, als Glasnost und Perestroika eine Öffnung der zusammenbrechenden Wirtschaft für viele westliche Unternehmen ermöglichten, die dort Handel treiben wollten, war Kreativität oft das A und O. Pepsi wollte auf diesem Markt vertreten sein und erklärte sich bereit, Erfrischungsgetränke im Wert von drei Milliarden US-Dollar zu verkaufen, doch es fehlte an Devisen, um diese zu bezahlen.

Da es jedoch nicht an veraltetem Militärgerät mangelte, akzeptierte Pepsi stattdessen 17 sowjetische U-Boote, einen Kreuzer, eine Fregatte und einen Zerstörer als Teilzahlung.[6]

Vielleicht kann Ihnen Ihr Kunde ein U-Boot als Teilzahlung anbieten? Ich sage ja nur: vielleicht.

Visualisieren Sie

Es ist generell gut für den Prozess, Gedanken schriftlich zu fixieren.

Die Probleme, die wir zu lösen haben, sind oft recht komplex und bestehen aus vielen Komponenten, mit allen möglichen Querverbindungen und Abhängigkeiten. Das kann so viel sein, dass man es in der für die Lösung erforderlichen Zeit im Gehirn nicht abspeichern kann. Wenn Sie also das Problem auf Papier bringen, wird diese Aufgabe viel einfacher. Das gilt umso mehr, wenn sich das Problem auf zwei oder mehr Gehirne verteilt. Wenn Sie Ihrem Gesprächspartner eine komplexe Idee vermitteln müssen, ist eine visuelle Darstellung sehr hilfreich.

Man muss kein Picasso sein: Einfache Formen und Linien und Strichmännchen genügen (das erinnert mich allerdings an Picasso). Sie können Ideen, Menschen, Beziehungen, Entitäten darstellen. Damit können Sie etwas erklären, genauer untersuchen, die Situation strukturieren und neue Ideen entwickeln. Man kann auf die Dinge zeigen, man kann sie miteinander verbinden, man kann sie verschieben.

„Un bon croquis vaut mieux qu'un long discours", sagte Napoleon – eine gute Skizze ist besser als eine lange Rede. Und wenn es darum geht, die Meinung von jemandem zu ändern, dann stimmt das wahrscheinlich auch.

Nutzen Sie die Unterschiede

In der Regel werden wir diese Variablen unterschiedlich bewerten, und hier liegt oft die Lösung.

Wenn man kollaborativ vorgeht, können laut den Harvard-Professoren David Lax und James Sebenius die Unterschiede, die sonst zu Konflikten führen könnten, auch genau das sein, was sich als wertvoll herausstellt. In ihrem Buch *The Manager as Negotiator*[7] raten sie, diese Unterschiede auszunutzen. Und wie man dies tut, ist wiederum nur durch die Vorstellungskraft begrenzt.

5 Möglichkeiten, die Unterschiede zu nutzen

1. Unterschiedliche Interessen: Vielleicht ist eine Seite auf ein politisches Ergebnis aus und kümmert sich nicht um den Haushalt; eine andere Seite kümmert sich nicht um die Politik, sondern ist nur auf das Geld fixiert. Sie können leicht eine Lösung finden, die allen gerecht wird.

2. Unterschiedliche Prognosen für die Zukunft: Ich besitze eine Aktie und denke, dass ihr Kurs fallen wird; Sie denken, dass sie um 10 bis 15 Prozent steigen wird. Wir werden uns einig, dass Sie die Aktie jetzt für 5 Prozent über dem aktuellen Kurs kaufen, und wir sind beide mit dem Geschäft zufrieden.

3. Unterschiedliche Risikobetrachtungen: Ich bin risikoscheu, also nehme ich ein garantiertes Ergebnis; Sie gehen auch gern mal ein Wagnis ein, also nehmen Sie ein leistungsabhängiges Angebot mit einem höheren potenziellen Gewinn.

4. Unterschiedliche Zeitpräferenzen: Sie können das Produkt jetzt haben, wenn Sie den vollen Preis zahlen, müssen aber weniger zahlen, wenn Sie bis zur Nebensaison warten können.

5. Unterschiedliche Ressourcen: Sie haben eine Kuh, ich habe einen Stier, zusammen haben wir ein Unternehmen.

Durch diese unterschiedlichen Priorisierungen oder Bewertungen der Variablen können wir die Lösung 1 + 1 = 3 finden, auf der fast aller Fortschritt beruht.

Wie spricht man „Nene" aus?

Paul Chard ist Vorsitzender des Northampton Croquet Club und fand einen kreativen Weg zur Beilegung eines kommunalen Streitfalls.

„Wie spricht man den Namen des Flusses Nene aus? Zufälligerweise gibt es eine Meinungsverschiedenheit darüber, und wir haben einen ‚kreativen' Weg gefunden, um die Meinungsverschiedenheit zu lösen.

Der Fluss entspringt in Northamptonshire, fließt durch Peterborough und mündet dann bei Cambridgeshire ins Meer. In Northampton wird der Name so ausgesprochen, dass er sich auf das englische ‚ten' reimt, bei Peterborough dagegen reimt er sich auf das englische ‚keen'. In Thrapston, einer Stadt zwischen Northampton und Peterborough, wird der Name am einen Ende der Stadt so, am anderen Ende anders ausgesprochen. Es gibt tatsächlich Leute, die in der Mitte von Thrapston leben und deren Familien deswegen Streit haben.

Beide Seiten können Karten, geschichtliche Dokumente und wissenschaftliche Erkenntnisse vorlegen, die ihre Ansicht untermauern. Wie also löst man das Problem?

Natürlich mit Krocket.

Wissen Sie, ich bin Paul und Vorsitzender des Northampton Croquet Club und ich habe einen Freund, einen anderen Paul, der Sekretär des Peterborough Croquet Club ist. Zwei Vereine an beiden Enden des Flusses – wir machen immer Witze über seinen Namen.

Also beschlossen wir, einen Wettkampf zwischen uns auszutragen, bei dem die unterlegene Mannschaft für die nächsten zwölf Monate die Aussprache der siegreichen Mannschaft übernehmen müsste.

Wir machten das Ganze zu einer Frage des Stolzes, jede Mannschaft wurde zur Repräsentantin ihrer Stadt und des Flusses. Gott und Ihre Majestät sind auf unserer Seite, für

England und den heiligen Georg und so weiter! Jede Menge Geplänkel, das den Einsatz erhöht.

Und es erregte viel Aufmerksamkeit. Wir verschickten eine Pressemitteilung an die lokalen Medien und sie griffen sie sofort auf. Die Zeitung von Northampton nannte mich den guten Paul und meinen Freund den bösen Paul, während *Radio Cambridge* es natürlich entgegengesetzt sah.

Aber wir nahmen das Spiel ernst. Alles war streng formell, wir hatten ein Handicap-System, wir trugen unsere offizielle Krocket-Kleidung: Es war lustig, aber ernst. Das Spiel war sogar richtig spannend, es waren alles ausgeglichene Spiele. Das Besondere an Krocket ist, dass es nicht unentschieden ausgehen kann, also war es bis zum Schluss eng.

Und wir gewannen! Peterborough wird den Namen nun für die nächsten zwölf Monate bis zum Rückspiel ‚Nen' aussprechen, was sich auf ‚ten' reimt. *Radio Northampton* war sehr daran interessiert, dass Paul ‚Nen' live auf Sendung sagt, aber *Radio Cambridge* fragte nicht danach, also sprach ich es selbst an: ‚Tut mir leid, Paul, das habe ich nicht richtig verstanden, kannst du es noch einmal sagen?!'

Das Ganze machte Spaß und war eine unbeschwerte Art, ein Problem in Zeiten gegensätzlicher Ansichten zu so vielen Themen zu lösen. Und es war eine gute Werbung für den Sport und für unsere Vereine.

Der nächste Schritt? Sind es Scones oder Scones?!"

5.4 Fünfmal auf das Warum fokussieren

Wir haben in Kapitel 4 gesehen, dass Sie beim Ergebnis stark und bei der Herangehensweise sanft sein müssen. Das heißt aber nicht, dass Sie keinen Zentimeter von Ihrer Position abweichen sollten. Das ist vielleicht der am weitesten verbreitete Mythos bei Verhandlungen, aber ein Problem kriegt man dann, wenn beide Seiten „gute" (das heißt: harte) Verhandlungspartner sind, sich niemand bewegt und somit auch kein Geschäft zustande kommt. Ein Geschäft, von dem beide Parteien profitieren könnten, scheitert, weil keine Seite bereit ist, sich zu bewegen.

Selbst wenn sich beide Seiten widerwillig auf einen Mittelweg einigen, kann es passieren, dass am Ende keine der beiden Seiten zufrieden ist: Die eine Seite ist der Meinung, dass sie das Produkt zu billig verkauft hat, und die andere Seite glaubt, dass sie zu viel bezahlt hat. Viele Leute denken, sich in der Mitte zu treffen wäre eine Win-win-Situation, aber wir sehen hier, dass es in Wirklichkeit eine Lose-lose-Situation ist.

Abgesehen davon: Wenn Sie ein harter Verhandlungspartner sind, kann Ihnen Ihr Ruf vorauseilen und die Leute werden entweder nicht mit Ihnen zusammenarbeiten wollen oder – wenn sie es trotzdem müssen – dies entsprechend berücksichtigen. Die 20 Prozent Rabatt, die Sie bekommen haben? Vielleicht hatte die Gegenseite, ohne dass Sie es wussten, den Preis vorher um 30 Prozent erhöht.

Daher empfehlen wir (in Anlehnung an das königliche „wir") diesen Ansatz nicht.

Gleichzeitig raten wir aber auch nicht dazu, allen Forderungen der anderen Seite zuzustimmen. Seien Sie stattdessen entschlossen, aber flexibel.

Stehen Sie entschlossen – und das ist der entscheidende Punkt – zu Ihren Fünfmal-Warum-Zielen, aber seien Sie flexibel in der Art und Weise, wie Sie sie erreichen.

Geben Sie der anderen Seite also nicht den Rabatt, nur weil sie hartnäckiger ist als Sie, und geben Sie ihn ihr nicht, weil sie auf den Tisch haut und Sie sie nicht verärgern wollen. Kunden sind sehr klug, und selbst wenn das Produkt kostenlos wäre, würden sie noch fragen: „Könnt ihr das nicht besser?" Es ist die Aufgabe der anderen Seite, es zu versuchen, es gehört einfach zu ihrem Drehbuch. Genauso gehört es zu Ihrem Drehbuch, Nein zu sagen.

Konzentrieren Sie sich auf Ihr Fünfmal-Warum-Ziel

Andererseits sollten Sie Ihrem Gegenüber den Preisnachlass gewähren, wenn Sie im Gegenzug etwas von gleichem oder höherem Wert erhalten und dadurch Ihr Fünfmal-Warum-Ziel erreichen können.

Google, Facebook und andere Technologieunternehmen verschenken viele ihrer Produkte kostenlos; das ist ein *großer* Rabatt. Aber jetzt gehören ihnen Ihre Daten und damit Ihre Zukunft und sie sind auf dem besten Weg, ihr Fünfmal-Warum-Ziel der globalen Vorherrschaft zu erreichen. Das war eine Meisterleistung, wenn auch etwas böse. (Wir empfehlen Meisterleistungen, aber keine bösen, nicht einmal nur ein bisschen böse.)

Im Jahr 2020 bestieg in der ukrainischen Stadt Lutsk ein mit Granaten bewaffneter Mann einen Bus und nahm die 13 Fahrgäste als Geiseln. Die Polizei sperrte das Gebiet ab und es kam zu einer Belagerung, bei der Schüsse fielen und der Geiselnehmer, der offensichtlich psychisch labile 44-jährige Maksym Krywosch, Sprengstoff aus dem Fenster warf.

Wie wurde die Pattsituation aufgelöst? Krywosch versprach, die Geiseln freizulassen und sich selbst zu stellen, wenn der ukrainische Präsident Wolodymyr Selenskyj ein Video auf Facebook posten würde, in dem er den Film *Earthlings* mit Joaquin Phoenix als Sprecher aus dem Jahr 2005 empfiehlt, einen Film über die Grausamkeit des Menschen gegenüber Tieren.

Der Präsident tat dies bereitwillig, und Krywosch hielt sein Wort. Innerhalb einer Stunde war die Krise vorbei, und der Facebook-Post wurde entfernt und durch eine Nachricht ersetzt, in der der Polizei und allen anderen, die an der Beendigung der Krise beteiligt gewesen waren, gedankt wurde.

Selenskyj gab den Forderungen nach und wurde dafür von einigen in seinem Land kritisiert; ein konservativerer Präsident hätte dies vielleicht als unpassend empfunden, aber für Selenskyj war es ganz einfach ein pragmatischer Weg, um sein Ziel zu erreichen – die Krise wurde gelöst und Menschenleben wurden gerettet.

(Zum Zeitpunkt der Abfassung dieses Buches ist die russische Armee gerade in der Ukraine einmarschiert und Präsident Selenskyj leistet auf bemerkenswerte Weise Widerstand gegen die Invasion. Hoffen wir, dass der Pragmatismus und die Kreativität, die er in Lutsk gezeigt hat, zusammen mit den Bemühungen anderer Parteien dazu beitragen werden, so schnell wie möglich eine friedliche Lösung herbeizuführen. Leider sieht es im Moment sehr düster aus.)

Wie wir in Kapitel 1 gesehen haben, geht es beim Fünfmal-Warum-Ziel vielleicht gar nicht darum, die Meinung der anderen Seite zu ändern. Ist es wirklich so wichtig, die Eltern umzustimmen, damit sie eine andere Partei wählen? Vielleicht ist es wichtiger, ihnen zu zeigen, dass man sie liebt. Müssen Sie wirklich die Ansichten Ihrer Freundin über die Occupy-Bewegung ändern? Vielleicht ist es besser, sie als Freundin zu behalten.

Konzentrieren Sie sich auf das Fünfmal-Warum-Ziel, auf das, was wirklich wichtig ist.

5.5 Konflikte lösen

Was ist, wenn eine Sache brenzlig geworden ist und es zu einem Streit oder gar einer Schlägerei gekommen ist?

Nun, Sie können versuchen, den Kampf zu gewinnen, aber das ist nicht das Thema dieses Buches. Wir sind hier, damit Sie Ihr Fünfmal-Warum-Ziel erreichen, und den Kampf zu gewinnen lenkt davon nur ab. In diesem Buch empfehlen wir Ihnen, sich auf Ihr Fünfmal-Warum-Ziel zu konzentrieren und alles zu tun, was Sie tun müssen, um es zu erreichen.

Das bedeutet wahrscheinlich, dass Sie Ihre Reaktion auf eine gewisse Art und Weise steuern müssen – vielleicht müssen Sie Ihre Empörung und den Wunsch, das Maschinengewehr zu holen, zurückstellen –, was nicht immer einfach ist.

Und es heißt auch, dass alle Schuldzuweisungen fallen gelassen werden. Es hat keinen Sinn zu versuchen, die Vergangenheit zu ändern; es ist nur sinnvoll, das aktuelle Problem zu lösen, damit Sie Ihr Ziel erreichen können. Und das geht nur, wenn man von dem Grundsatz „Ich habe recht und du hast unrecht" wegkommt.

6 Wege zur Konfliktbewältigung

1. Achten Sie darauf, ob sich im Gespräch eine Möglichkeit zur Deeskalation ergibt.

2. Metakommentar: „Wir können uns weiter streiten, aber das wird wahrscheinlich niemandem helfen; alternativ können wir uns beruhigen und nach einer Lösung suchen."

3. Lenken Sie den Fokus wieder auf die jeweiligen Interessen: „Das hier ist für keinen von uns hilfreich ..."

4. Gezielter Selbstvorwurf: „Du bist wütend auf mich, weil ..."

5. Nehmen Sie eine Auszeit.

6. Machen Sie einen Witz.

Vergeben?

In manchen Situationen müssen wir vielleicht auch vergeben. Vielleicht ist ein reales Ereignis eingetreten, das nicht ungeschehen gemacht werden kann und das wir hinter uns lassen müssen, wenn wir vorankommen wollen.

Der Wunsch nach Rache ist tief in uns verankert, aber das führt nur zu einem endlosen destruktiven Kreislauf von gegenseitigen Schuldzuweisungen, und schließlich stehen alle schlechter da als vorher. Um dem ein Ende zu setzen, müssen wir verzeihen, aber das ist nicht einfach.

In seinem Buch *Negotiating the Nonnegotiable*[8] hat Daniel Shapiro genau diese Situationen untersucht und mehrere Empfehlungen ausgesprochen.

4 Wege zum Verzeihen

1. Bei einer Analyse der Vor- und Nachteile des Vergebens wird fast immer Vergebung empfohlen.
2. Bauen Sie persönliche Kontakte auf, indem Sie mehr über das Leben, die Geschichte, die Familie und die Interessen Ihres Gegenübers herausfinden.
3. Erzählen Sie Ihre Geschichte und zeigen Sie aufrichtiges Interesse an der Geschichte der anderen.
4. Arbeiten Sie zusammen, um Fortschritte zu erzielen.

Shapiro sagt auch, dass man, wenn es einfacher ist, vielleicht nicht vergeben muss, sondern einfach beschließt, sich nicht zu rächen. Das könnte zu Fortschritten führen und dazu, dass Sie zu einem späteren Zeitpunkt eher bereit sind, loszulassen.

Aber wenn Sie wollen, dass die Situation deeskaliert, dann müssen Sie den Anfang machen. Wenn Sie das Buch bis hierher gelesen haben, wussten Sie, dass dieser Satz kommen würde.

Respektieren Sie, was den anderen heilig ist

In Shapiros Arbeit werden auch Situationen untersucht, in denen der Streit dadurch entstanden ist, dass die eine Seite etwas nicht respektiert hat, was der anderen heilig ist – vielleicht wurde gelacht, als die anderen auf die Bibel Bezug genommen haben, oder gesagt, dass sie sich zu viele Sorgen um die Gesundheit ihres Kindes machen.

Um diese Situationen zu meistern, empfiehlt Shapiro, sich die Zeit zu nehmen, zu verstehen, welche Themen der anderen Seite heilig sind: Fragen dazu zu stellen, diese Dinge proaktiv und nachweislich zu respektieren und *innerhalb* dieses Glaubenssystems zu sprechen. Und selbst wenn Sie nicht mit diesen Ansichten übereinstimmen, sollten Sie immer die Ehrfurcht anerkennen, die Ihr Gegenüber diesen Dingen entgegenbringt. Wenn das offen anerkannt und respektiert wird, besteht oft ein gewisser Handlungsspielraum. So könnte die eine Seite beispielsweise ursprünglich darauf bestehen, dass die andere Partei überhaupt keinen Zugang zu den Kindern erhält, aber nach einem Gespräch und der Anerkennung der zugrunde liegenden Ängste könnte sie nun den Zugang gestatten, wenn diese Ängste ausgeräumt werden.

Man kann auch Überschneidungen in dem finden, was für die Parteien heilig ist (zum Beispiel: unsere beiden Religionen haben denselben Gott; wir halten beide die Ehrung der Traditionen unserer Vorfahren für wichtig; wir wollen beide das absolut Beste für unsere Kinder), oder ein gemeinsames Heiliges schaffen, das beide Parteien ehren können: Sofort geht es um „uns" statt um „ich gegen dich" und man kommt besser voran.

Zulassen, dass der andere sein Gesicht wahrt

Da das Ego so wichtig ist, kann es sehr wichtig sein, das Gesicht zu wahren, also geben Sie der Gegenseite einen Ausweg, mit dem sie ihren Status erhalten kann. Helfen Sie den anderen, eine gesichtswahrende Rechtfertigung für ihren Sinneswandel zu finden, sodass sie sich immer noch gut fühlen und sich vor jedermann rechtfertigen können, wenn sie müssen.

Bei Dingen, die Ihnen nicht so wichtig sind, können Sie der Gegenseite sogar einen Sieg gönnen, oder Sie lassen sie scheinbar gewinnen.

Sir Christopher Wren baute die berühmte Guildhall in Windsor (in der einige Jahrhunderte später die Hochzeit von Prinz Charles und Camilla Parker Bowles stattfand), deren großer Sitzungssaal sich über einem im Freien stattfindenden Getreidemarkt befindet. Es wird erzählt, dass der Stadtrat, der das Gebäude in Auftrag gegeben hatte, befürchtete, dass der Saal einstürzen und den darunterliegenden Markt unter sich begraben werde. Deshalb bat man Wren, weitere Säulen als Stützen einzubauen.

Wren lehnte ab, da er von seiner Fähigkeit überzeugt war, ein Gebäude zu errichten, das Jahrhunderte überdauern würde. Der Stadtrat bestand jedoch darauf, und da dieser die Kosten trug, gab Wren widerwillig nach und ließ vier zusätzliche Säulen anbringen.

Weiter heißt es, dass erst viele Jahre später Arbeiter, die ein Gerüst aufstellten, um die Decke zu dekorieren, feststellten, dass keiner der vier Pfeiler die Decke berührte! Wren hatte seine Förderer in dem Glauben gelassen, dass sie ihren Willen durchsetzen konnten, aber in Wirklichkeit hatte er sich an seine ursprüngliche Planung gehalten, weil er wusste, dass die Geschichte ihm recht geben würde.

Diese Geschichte mag wahr sein oder auch nicht, aber die Lektion ist klar: Manchmal lohnt es sich, der anderen Partei ihren Willen zu lassen, auch wenn es nur Show ist. Man sollte seinem Gegenüber manchmal helfen, vor seinen eigenen Leuten gut dazustehen, wenn man dadurch am Ende sein Ziel erreicht.

Und „und"

In einem Konflikt gibt es mit ziemlicher Sicherheit auf beiden Seiten eine Wahrheit. Sie haben beide zu dem Streit beigetragen, Ihre Ideen sind beide wertvoll, Sie haben beide eine berechtigte

Sicht auf die Dinge und Sie sind beide durch die andere Seite verärgert worden.

Der Weg zur Lösung besteht darin, die Wahrheiten auf beiden Seiten zu finden, und das tun Sie, indem Sie den Sachverhalt untersuchen, indem Sie Fragen stellen, um ihn zu verstehen, und den Antworten aufmerksam zuhören – wie in Kapitel 3 ausführlich besprochen.

Dann muss jede Lösung beide Wahrheiten beinhalten, und zwar nachweislich. Eine gute Möglichkeit, dies zu erreichen, ist die Verwendung des Wortes „und". „Und" ermöglicht es, zwei verschiedene, vielleicht scheinbar widersprüchliche Ideen gleichzeitig zu vertreten, ohne dass eine von ihnen die andere schwächt.

In der Improvisation dürfen die Schauspieler das Wort „Nein" nicht benutzen, weil es zu destruktiv ist, stattdessen sagen sie „Ja, und ...". Angenommen, Sie wollen eine Szene mit einem Hund drehen und der andere Schauspieler sagt: „Oh, sieh mal, da ist eine Katze", dann können Sie nicht sagen: „Nein, es ist ein Hund", denn dann würde die Szene in einen Streit ausarten. Sagen Sie stattdessen: „Oh ja, und sieh mal, da ist auch ein Hund." Jetzt hat sich eine interessante Szene entwickelt.

Ein „Nein" bedeutet einen Konflikt; ein „Ja, und ..." schafft Lösungen.

In ihrem Buch *Difficult Conversations: How to Discuss What Matters Most*[9] sprechen die Autoren Douglas Stone, Bruce Patton und Sheila Heen von der Harvard Law School über „Die dritte Geschichte" – die Geschichte, die nicht die eigene ist, nicht die der anderen, sondern die, die ein neutraler Mediator erzählen kann, nachdem er beide Seiten angehört hat. Das Erzählen dieser dritten Geschichte kann es Ihnen beiden ermöglichen, den Konflikt hinter sich zu lassen und eine Einigung zu erzielen.

Das Wort „und" wird in dieser Geschichte eine zentrale Rolle spielen.

Um ein großartiges Beispiel aus dem Buch aufzugreifen: Nehmen wir an, Sie überbringen die Nachricht, dass Sie sich von Ihrem Partner trennen: „Ich mache mit dir Schluss, weil es das Richtige für mich ist *[hier Gründe nennen]*, *und* ich verstehe, wie verletzt du bist und dass du denkst, wir sollten es noch einmal versuchen, *und* ich ändere meine Meinung nicht, *und* ich verstehe, dass du denkst, ich hätte meine Verwirrung früher klarer ausdrücken sollen, *und* ich denke nicht, dass mich das zu einem schlechten Menschen macht, *und* ich weiß, dass ich Dinge getan habe, die dich verletzt haben, *und* ich weiß, dass du Dinge getan hast, die mich verletzt haben, *und ich* weiß, dass ich diese Entscheidung bereuen könnte, *und* ich treffe sie trotzdem , *und ... und ... und ...*".

Natürlich würde man eine solche Nachricht nicht auf diese Art und Weise überbringen. Aber das Beispiel veranschaulicht sehr schön, wie komplex Situationen sein können, mit vielen Perspektiven, von denen jede legitim ist, die sich vielleicht gegenseitig widersprechen. Das Wort „und" gibt jeder ihre Gültigkeit.

Wir sind fähig, in komplexen, widersprüchlichen Räumen zu agieren, was es uns ermöglicht, Konflikte zu lösen oder, besser noch, zu vermeiden.

Trennen Sie sich nicht von uns!

Jo Hemmings, Verhaltenspsychologin und Expertin für Beziehungscoaching. Sie wurde mehrfach zum „Dating Coach of the Year" (Dating-Coach des Jahres) in Großbritannien gewählt und saß auch schon in der Jury der UK Dating Awards. Hemmings ist beratende Psychologin bei einer Reihe von Fernsehsendungen und Psychologin für die Beurteilung und Fürsorgepflicht bei mehreren Reality-TV-Serien. Sie ist Autorin mehrerer Bücher über Psychologie und Beziehungen.

„Während der Pandemie habe ich viele Paare gecoacht, bei denen es nicht gut lief: Paare, die eine total gute Beziehung gehabt hatten, als sie sich nur kurz vor und nach der Arbeit sahen, die aber mit dem Lockdown in einer völlig

neuen Situation waren, in der sie ihrem Partner nicht mehr entkommen konnten. Dann mussten vielleicht auch noch Kinder beim Homeschooling unterstützt werden – kein Wunder, dass sie das alles schwierig fanden.

Ich sprach mit einem Paar, das sich schnell in die falsche Richtung bewegte. Die Kommunikation zwischen den beiden hatte viel von ihrer Lebendigkeit eingebüßt; es handelte sich lediglich um Informationsmaterial. ‚Morgen ist Mülltag.‘ ‚Ich koche heute Abend Nudeln.‘ Oft kritisch: ‚Du hast den Abwasch noch nicht gemacht.‘ ‚Warum telefonierst du eigentlich die ganze Zeit?‘ in negativem Tonfall, vielleicht auch nur mit einem ‚Blick‘ – und schon gab es Streit.

Die Frau war nicht berufstätig und hatte sich gefreut, dass ihr Mann jetzt von zu Hause aus arbeitete, weil sie hoffte, ihn dann öfter zu sehen. In der Praxis war er jedoch so überlastet – er musste das Unternehmen in den Remote-Betrieb umstellen und trotz des wirtschaftlichen Abschwungs am Laufen halten –, dass sie ihn noch seltener sah als vorher. Nach ihrem Eindruck war er ständig am Telefon oder schrieb E-Mails, und selbst wenn sie ins Bett gingen, scrollte er noch durch sein Handy. Wenn sie ausmachten, sich Zeit für ein nettes Abendessen zu nehmen, trug er das in seinen Terminkalender ein und sie hatte das Gefühl, dass es sich um einen Geschäftstermin handelte. Sie fühlte sich vernachlässigt, was immer mehr zu Unmut und Streit führte.

Er seinerseits konnte die Aufregung nicht verstehen: ‚Worüber regst du dich auf? Ich bin derjenige, der 15 Stunden am Tag arbeitet, damit wir uns dieses schöne Haus noch leisten können.‘ Jedes Mal, wenn er aufblickte, sah er nur eine wütende Frau, die an ihm herumnörgelte, was dazu führte, dass er sich noch mehr in seine Arbeit zurückzog. Es wurde ein Teufelskreis.

Und so kamen sie zu mir.

Meine Aufgabe besteht nicht darin, die Menschen zu belehren, sondern sie zu leiten. Angenommen, ein Paar hat die Verbindung zueinander verloren, dann bringe ich sie zurück zu den Anfängen und frage: ‚Warum haben Sie sich überhaupt verliebt?' Dann kommen sie auf eigene Ideen: Sie schlagen zum Beispiel vor, sich alte Urlaubsfotos anzuschauen oder Ähnliches. Es handelt sich um Mitgestaltung, aber da die beiden zusammen Ideen entwickeln, sind diese viel wirkungsvoller.

In dieser besonderen Situation mussten der Mann und die Frau den anderen besser verstehen lernen und begreifen, warum die andere Seite sich so verhielt, wie sie es tat. Sie waren jedoch emotional zu weit voneinander entfernt, als dass sie noch in der Lage gewesen wären, diese Art von Kommunikation selbst zu führen. Aber wir schafften es.

Sie hatte das Gefühl, von ihrem Mann vernachlässigt zu werden, aber sie wurde auch von den Umständen vernachlässigt. Er hingegen war so sehr mit den unmittelbaren Anforderungen seiner Arbeit beschäftigt, dass er nicht merkte, dass er ihre emotionalen Bedürfnisse vernachlässigte.

Sie musste verstehen, warum er sie zu meiden schien, und er musste verstehen, warum sie so bedürftig zu sein schien. Das haben wir also erforscht.

Sie einigten sich auf Grenzen, mit denen beide zufrieden waren. Zum Beispiel auf ein Smartphone-Verbot beim Abendessen und darauf, dass die Zeit vor dem Einschlafen nur ihnen beiden gehörte. Sie fanden Wege, wie er mehr Zeit mit ihr verbringen konnte, ohne sein Unternehmen zu vernachlässigen.

Sie ihrerseits erkannte, dass Ihr ständiges Fragen, wann er fertig wird, ob er eine Tasse Tee möchte und so weiter, seinen Tag eher verlängert, als ihm hilft. Er hat jetzt weniger Ablenkung, was bedeutet, dass er früher fertig werden kann und sie wiederum mehr von ihm hat.

Sie überlegte auch, was sie tun könnte, um die Pandemie-Langeweile zu vertreiben. Sie konnte nicht mehr mit ihren Freunden zum Mittagessen gehen, also musste sie sich etwas anderes suchen. Sie fand ein neues Hobby, etwas Kreatives (ich werde aus Gründen der Vertraulichkeit nicht sagen, was es ist), was ihr Spaß macht und sie beschäftigt. So konnten die beiden ihr Gleichgewicht finden und ihre Beziehung funktioniert jetzt viel besser. Als ich ihnen sagte, dass sie mich ja nun nicht mehr bräuchten, regten sie sich furchtbar auf; sie dachten, ich würde ihnen die Freundschaft aufkündigen!"

Zusammengefasst

Die beste Lösung wird immer gemeinsam erarbeitet, da dann beide Parteien die volle Verantwortung für die Lösung tragen und beide daran arbeiten werden, sie zum Erfolg zu führen.

○ **Behandeln Sie das Ganze als einen gemeinschaftlichen Problemlösungsprozess**
Das wird zu den besten Ergebnissen führen, denn die Lösung liegt nicht bei einem von Ihnen: Gemeinsam werden Sie das optimale Ergebnis finden. Außerdem führen Sie damit eine kooperative Arbeitsweise ein, die sich in Zukunft vielfach auszahlen wird.

○ **Planen Sie auch den Prozess gemeinschaftlich**
Wenn Sie sich im Vorfeld auf den Ablauf einigen, klappt alles viel reibungsloser. Führen Sie die anderen dann durch diesen Prozess und vergewissern Sie sich in jeder Phase, ob sie noch einverstanden sind.

○ **Das Lösen von Problemen ist eine höchst kreative Tätigkeit**
Oft ist es schwierig, die Lösung zu finden. In diesen Fällen muss man kreativ sein. Ermitteln Sie so viele Variablen wie möglich, die in die Verhandlung eingebracht werden können, und seien Sie erfinderisch, wenn es darum geht, mögliche Antworten zu finden.

○ **Konzentrieren Sie sich auf Ihre Vision**
Unstimmigkeiten entstehen meist, weil man zu sehr auf Details fixiert ist. Einzelne Details sind zwar wichtig, aber immer zweitrangig gegenüber dem Fünfmal-Warum-Ziel. Wenn Sie sich also darauf konzentrieren (für beide Seiten), werden Sie eine Antwort finden, die allen gerecht wird.

○ **Heizen Sie den Kampf nicht an**
Die anderen werden ihre Meinung niemals ändern, wenn es zu einem Streit kommt. Sie müssen deeskalieren, und das bedeutet in der Regel, dass Sie in dieser Hinsicht die Führung übernehmen. Tun Sie also, was Sie tun müssen, um zu deeskalieren – erst dann können Sie ein vernünftiges Gespräch führen.

Auf diese Weise findet man eine Lösung, bei der klar ist, dass sie von allen unterstützt wird. Aber die Lösung an sich ist eine Sache – die Art und Weise, wie man sie präsentiert, eine ganz andere. Und damit werden wir uns in Kapitel 6 befassen.

6

Sagen Sie es auf die richtige Weise

6.1 Richtige Zeit, richtiger Ort, richtiger Kanal

Acht Milliarden Menschen, alle unterschiedlich. Woher wissen wir also, wie wir die Person, die gerade vor uns sitzt, überzeugen können? Nun, die Arbeit, die wir in den Kapiteln 1 bis 5 geleistet haben, wird uns zeigen, wie.

Unsere Überzeugungsbemühungen scheitern in der Regel daran, dass wir normalerweise sofort mit unseren Ratschlägen und Vorschlägen beginnen und argumentieren, warum die andere Seite falschliegt – aber das funktioniert einfach nicht. Gewiss hat man sich selbst davon überzeugt, aber das bedeutet nicht, dass es auch die anderen überzeugen wird.

Sie werden die anderen nur dann umstimmen können, wenn diese von vornherein bereit sind, Ihnen zuzuhören. Außerdem müssen Sie eine Lösung präsentieren, die für sie akzeptabel ist.

All das ist das Ergebnis der Arbeit, die in den vorherigen Kapiteln geleistet wurde.

Sie müssen aber auch wissen, wie Sie diese Lösung der jeweiligen Person vermitteln können: Was bei der einen Person funktioniert, funktioniert bei einer anderen nicht – und auch hier stammt vieles von dem, was wir dafür brauchen, aus den früheren Kapiteln.

In diesem Kapitel werden wir uns nun ansehen, was wir sonst noch tun können, um unsere Kommunikation so überzeugend wie möglich zu gestalten.

Zunächst einmal gilt es, den richtigen Zeitpunkt, den richtigen Ort und den richtigen Kommunikationskanal zu wählen.

Finden Sie den richtigen Zeitpunkt

Niki Lauda, der dreimalige Formel-1-Weltmeister, fuhr 1978 für das Brabham-Team, das Bernie Ecclestone gehörte. Lauda erhielt 500.000 Pfund pro Jahr und wollte eine Gehaltserhöhung, doch Ecclestone weigerte sich und rief alle anderen Teams an, um sie davon zu überzeugen, ihm kein besseres Angebot zu machen. Lauda blieb nichts anderes übrig, als sein derzeitiges Gehalt zu akzeptieren.

Zumindest vorläufig.

Kurze Zeit später trafen er und Ecclestone mit dem Lebensmittel-Riesen Parmalat zusammen, um über ein Sponsoring zu sprechen. Parmalat fragte, wer am Steuer des Rennwagens sitzen werde. Ecclestone sagte, das sei Lauda, und da witterte Lauda seine Chance. Er sagte ganz ruhig, dass er das nicht sein werde, weil er nicht genug Geld bekomme. Da war Ecclestone gezwungen, Laudas Gehalt auf einen Schlag auf zwei Millionen Pfund zu erhöhen, weil er die Sponsorengelder sichern musste.[1], [2]

Lauda wartete auf den strategischen Schlüsselmoment, als er sich sicher war, dass seine Forderung die größte Wirkung haben würde. Manchmal geht es aber auch einfach darum, die andere

Seite in eine gute oder schlechte Stimmung zu versetzen. Professor Shai Danziger von der Ben-Gurion-Universität führte eine Studie über 1.100 Bewährungsanhörungen in Israel durch und stellte eine hohe Korrelation zwischen der getroffenen Entscheidung und dem Blutzuckerspiegel fest: Die Entscheidung über den Bewährungsantrag fiel eher positiv aus, wenn sie kurz nach dem Essen getroffen wurde.[3]

Die Entscheidung über eine Bewährung ist eine wichtige und schwierige und in der Regel wird ein solcher Antrag abgelehnt. Jede gegenteilige Entscheidung erfordert viel Nachdenken, und das ist nur möglich, wenn das Gehirn genügend Treibstoff dafür hat.

TOP-TIPP

Wenn Sie möchten, dass Ihr Gegenüber eine Standardentscheidung trifft, fragen Sie die Person, wenn sie müde und hungrig ist. Aber wenn sie mehr darüber nachdenken soll, dann fragen Sie sie beim oder gleich nach dem Essen.

Finden Sie den richtigen Ort

Auch der Ort kann einen Unterschied machen, er kann zur richtigen Atmosphäre beitragen. Soll es formell oder informell sein? Soll es bei den anderen oder bei Ihnen stattfinden?

Im Jahr 2012, als zwei der größten Rohstoffunternehmen der Welt, Glencore und Xstrata, fusionierten, ergab sich für das Geschäft ein erhebliches Hindernis. Der Hauptaktionär von Xstrata, die königliche Familie von Katar, war mit den Bedingungen des Geschäfts nicht einverstanden und verhinderte dessen Durchführung.

Wie wurde die Situation also gelöst?

Nun, es stellte sich heraus, dass die königliche Familie von Katar sehr gut mit Tony Blair befreundet war, der wiederum gut mit dem Chef von Glencore, Ivan Glasenberg, befreundet war. Also trafen sie sich alle zum Abendessen im Claridge's, einem der besten Restaurants in London, und tauschten sich aus. Ein milliardenschweres Problem wurde durch gutes Essen und edlen Wein in einem schicken Restaurant gelöst.

Finden Sie den richtigen Kommunikationskanal

In den letzten Jahren hat sich die Welt mehr und mehr ins Internet verlagert. Das war auch schon vor Corona so, aber die Pandemie hat dies massiv beschleunigt. Deshalb müssen wir uns jetzt auch Gedanken über den besten Kommunikationskanal machen.

Natürlich bringt das Internet Vorteile – wir können von jedem Ort der Welt aus verhandeln. Sie können am Strand sitzen und eine E-Mail schreiben, Sie können alle Beteiligten einbeziehen und müssen nicht organisieren, dass alle zur gleichen Zeit am gleichen Ort sind.

Es ist ungeheuer bequem. Aber genau diese Bequemlichkeit kann auch ein Problem sein, denn E-Mail-Verhandlungen haben ihre Nachteile.

Zunächst einmal ist es viel schwieriger, Themen gemeinsam zu erkunden und mehrere Fragen auf eine offene, kreative Art zu stellen. Die erzielte Lösung ist also wahrscheinlich nicht optimal.

Außerdem ist der Informationsgehalt dieses Kanals sehr gering, denn ein Großteil unserer Kommunikation besteht aus Nonverbalem: dem Gesichtsausdruck, dem Tonfall und so weiter. Nichts davon ist in der E-Mail enthalten, was bedeutet, dass Nuancen, Ironie, Sarkasmus, Humor und Emotionen nicht übermittelt werden. Somit besteht die Wahrscheinlichkeit, dass wir etwas anderes kommuniziert haben als beabsichtigt.

E-Mails können bekanntlich leicht missinterpretiert werden und sind oft weniger diplomatisch. Wir sehen das auch in anderen Online-Kontexten, wie etwa beim Posten von provokanten Nachrichten, wo wir uns hinter einem Bildschirm verstecken und Dinge schreiben können, die wir normalerweise nicht sagen würden, wenn wir dem anderen von Angesicht zu Angesicht gegenübersäßen. Das kann dann außer Kontrolle geraten. Eine Person schreibt etwas, was sie meint, sagen zu müssen, die andere Person versteht es falsch und antwortet entsprechend. Dann liest die erste Person es und wird wütend, und langsam (oft schnell) eskaliert es. Das haben wir alle schon erlebt.

Und schließlich wird durch E-Mails weniger Vertrauen aufgebaut, was für das Gespräch fatal sein kann. Der Mensch ist ein soziales Wesen, und wir bauen Vertrauen durch Nähe auf. Untersuchungen über Verhandlungen zeigen, dass Fernverhandlungen häufiger scheitern als persönliche Verhandlungen, und selbst wenn sie zu einem Ergebnis führen, ist es wahrscheinlich ein suboptimales Ergebnis. Das ist etwas, mit dem wir uns ernsthaft befassen müssen, wenn wir gute Ergebnisse bei unseren Interaktionen erzielen wollen.[4, 5]

TOP-TIPP

Wenn Sie feststellen, dass es mit Ihrer E-Mail-Konversation bergab geht, ist die Antwort in der Regel sehr einfach: Greifen Sie zum Telefon.

Die richtige Mischung finden

Das soll nicht heißen, dass E-Mails schlecht sind. Wir müssen uns nur bewusst sein, dass wir uns in der Regel zu sehr auf diesen Kanal verlassen, weil er am bequemsten ist. Der beste Ansatz ist vielmehr ein gemischter Ansatz.

Wenn es irgend möglich ist, ist es besser, sich persönlich zu treffen. Der Mensch ist ein Rudeltier und es hat etwas sehr Ursprüngliches, jemanden zu treffen, um Vertrauen aufzubauen. Wenn wir jemanden einmal getroffen haben, vertrauen wir ihm wahrscheinlich mehr; wenn wir ihn zweimal getroffen haben, vertrauen wir ihm wahrscheinlich noch mehr. Also nutzen Sie das.

Ein persönliches Gespräch ist jedoch in der Regel weniger bequem, sodass Videokonferenzen die nächstbeste Alternative sind. Sie können die anderen sehen und hören, also ist dies immer noch ein wirkungsvoller Kommunikationskanal. Aber Sie können auch aus der Ferne arbeiten, sodass Sie Ihre New Yorker und Ihre indischen Kollegen zur gleichen Zeit treffen können. Ist eine Videokonferenz nicht möglich, sollten Sie das Telefon benutzen und E-Mails nur für kurze, sachliche Mitteilungen verwenden beziehungsweise wenn Sie einen schriftlichen Nachweis benötigen oder die Logistik zu schwierig ist, um eine Lösung zu finden.

Schicken Sie keine E-Mails, nur weil Sie immer E-Mails schreiben. Jeder Kanal hat seine eigenen Vor- und Nachteile. Sie sollten sich darüber im Klaren sein und sich dann bewusst dafür entscheiden, die jeweiligen Eigenschaften bestmöglich zu nutzen.

Und wenn es in einem bestimmten Kanal nicht gut läuft, wechseln Sie den Kanal. Wenn Ihre E-Mails ins Leere laufen, greifen Sie zum Telefon. Wenn das immer noch nicht klappt, treffen Sie sich persönlich. Versuchen Sie es vielleicht im Café oder im Restaurant. Vielleicht sogar bei Claridge's.

6.2 Sagen Sie es so, wie Ihr Gegenüber es sagen würde

Wie wir in Kapitel 5 gesehen haben, ist es essenziell, die Gegenseite dazu zu bringen, die Lösung selbst zu entwickeln. Wenn

Ihre Fahrkarte speziell für den Zug galt, der gerade abgefahren ist, kann es sein, dass Sie auf die Bitte, Sie in den nächsten Zug zu lassen, eine schroffe Absage erhalten. Wenn Sie einer Bahnmitarbeiterin aber stattdessen das Problem schildern und sie selbst die Lösung finden lassen, bekommen Sie vielleicht zu hören: „Oh, machen Sie sich darüber keine Sorgen, geben Sie mir Ihr Ticket, ich bin sicher, wir können es ändern."

Wir haben der Gegenseite jetzt die Möglichkeit gegeben, sich selbst gut zu fühlen, weil es a) ihre Lösung war und sie b) eine gute Tat vollbracht hat. Man kann nie wissen – kognitive Dissonanz könnte sogar dazu führen, dass Sie ein Upgrade für die Erste Klasse erhalten!

Wenn Ihr Gegenüber die Idee entwickelt hat, sind Sie auf der sicheren Seite. Das „Not invented here"-Syndrom bedeutet, dass die anderen, wenn es nicht ihre Idee war, wahrscheinlich dagegen ankämpfen werden; wenn sie aber glauben, dass es ihre eigene ist, werden sie *dafür* kämpfen.

Und warum sollte man ihnen nicht Anerkennung zollen, auch wenn es *nicht* ihre Idee war. Mit Sätzen wie den folgenden kommen Sie also sehr weit:

- „Wie Sie schon sagten ..."
- „Ich liebe Ihre Idee, dass ..."
- „Anknüpfend an Ihre frühere Bemerkung ..."
- „Sie haben mich auf eine Idee gebracht ..."

Lassen Sie niemals zu, dass Ihr Ego Ihrem Ergebnis im Weg steht.

Überzeugen Sie die anderen mit deren eigenen Worten

Es wäre ideal, wenn Ihr Gegenüber die Antwort, die Sie selbst geben möchten, selbst formulierte, aber das ist nicht immer möglich. Wenn Sie jedoch einen Vorschlag machen wollen, sollten

Sie sich so nah wie möglich an die Gedanken Ihres Gegenübers halten, und das geht am einfachsten, indem Sie dessen Worte verwenden.

Wenn die anderen ein bestimmtes Wort in einem bestimmten Zusammenhang verwendet haben, haben sie sich bewusst oder unbewusst für dieses Wort entschieden; wenn wir ein anderes Wort verwenden (ein Wort, von dem wir glauben, dass es dasselbe bedeutet), riskieren wir, ihre Worte falsch zu interpretieren.

Ihr Gegenüber: Was ich im Moment brauche, ist Urlaub.
Sie: Ja, dem Alltag entfliehen.
Ihr Gegenüber: Nein, ich fahre nirgendwo hin, ich bleibe einfach zu Hause und entspanne mich.

Hätten Sie sich auf „Urlaub" beschränkt, wären sich alle einig gewesen.

Anders verhält es sich, wenn wir überprüfen müssen, ob wir etwas verstanden haben. In diesem Fall würden wir unsere eigenen Worte verwenden: Wenn unser Chef sagt, dass er den Bericht schnell braucht, ist für uns vielleicht „Ende der Woche" schon ziemlich schnell, während es für ihn vielleicht „heute Abend" heißt. Aber wenn man eine Person zu etwas überreden möchte, erhöht sich die Wahrscheinlichkeit, dass sie einem nicht zustimmt, wenn man andere Worte benutzt als sie. Wir können sicher sein, dass sie ihren eigenen Worten nicht widersprechen wird; alles andere lässt Zweifel aufkommen.

Die anderen sagen Ihnen, wie Sie sie überzeugen können

Wenn wir schon nicht die genauen Worte der Gegenseite verwenden, dann doch wenigstens ihren Wortstil. Ihre tadellose Logik ist zwar perfekt, um sich selbst zu überzeugen, aber sie wird nicht unbedingt die Meinung anderer ändern.

Manche Menschen sind zum Beispiel risikoscheu, andere wiederum sind eher Draufgänger. Um Erstere zu motivieren, sprechen Sie über die Probleme, die entstehen, wenn sie sich nicht für diese Vorgehensweise entscheiden. Um Letztere zu motivieren, sprechen Sie über die Vorteile, die sich aus der Vorgehensweise ergeben werden. Diese kleine Änderung der Betonung wird Ihre Chancen auf Zustimmung erhöhen.

Wir haben in diesem Buch bereits gesehen, dass die Menschen einem ständig erzählen, wie sie ihre Entscheidungen treffen. Wenn Sie also in Kapitel 2 recherchiert und in Kapitel 3 genau zugehört haben, werden Sie genau wissen, wie Sie sie überzeugen können. Das ist der Punkt, an dem sich all die bisherige Arbeit auszahlt.

Wenn Sie mit diesen Informationen arbeiten und Ihre Botschaft auf sie abstimmen, wird sie mit größerer Wahrscheinlichkeit auch ankommen.

So fanden Forscher der University of California, Berkeley zum Beispiel heraus, dass die meisten Argumente für Umweltschutz in den Medien in dem Sinne formuliert wurden, dass man sich um die natürliche Umwelt kümmern und sie schützen müsse. Das sind Werte, die bei Linken viel mehr Anklang finden als bei Konservativen. Die Konservativen hingegen ließen sich eher von Artikeln ansprechen, die den Schutz der Reinheit der Umwelt betonten und Bilder von verschmutztem Trinkwasser und Umweltverschmutzung zeigten.[6]

Professor Christopher Wolsko von der Oregon State University führte ein ähnliches Experiment durch, bei dem Menschen mit zwei verschiedenen Botschaften dazu aufgefordert wurden, umweltfreundlicher zu handeln: Die erste appellierte an die Sorge um und das Mitgefühl für die Natur, die zweite an die Reinheit der Umwelt und an den Patriotismus. Die Liberalen sprachen viel eher auf die erste Formulierung an und die Konservativen auf die zweite.[7]

5 Faktoren, die Sie bei der Formulierung Ihrer Botschaft beachten sollten

1. Die Triebkräfte der anderen, was sie wollen und nicht wollen, ihre Hoffnungen und Ängste

2. Die Gefühle der anderen

3. Die Werte der anderen

4. Die Kriterien der anderen, die spezifischen Dinge, die für sie bei Entscheidungen wichtig sind

5. Den Persönlichkeitstyp der anderen

Die anderen sagen Ihnen, wie Sie ihnen etwas verkaufen können

Wir können sehen, wie das im Verkauf funktioniert. Vielleicht haben Sie ein großartiges Produkt mit vielen tollen Funktionen, die es bei der Konkurrenz nicht gibt. Wenn Sie Glück haben, sprechen Sie mit einer Person, die technisch interessiert ist und sofort versteht, wie sie diese Funktionen nutzen kann.

Die meisten Kunden kaufen jedoch nicht aufgrund von Merkmalen. Das tolle Gerät, das Sie verkaufen, mit dem unglaublich spannenden Werkzeug zum Entfernen von Steinen aus Pferdehufen? Der Kundin ist das egal.

Wenn Sie aber den Wert betonen, für diese spezielle Kundin in ihrer spezifischen Situation, dann werden Sie etwas verkaufen.

○ Wenn die Kundin Ihnen mitteilt, dass sie die Produktionszeit verkürzen will, sagen Sie ihr, wie und um wie viel die Produktionszeit durch Ihr Produkt verkürzt wird, (auf der Grundlage der Zahlen, die sie Ihnen genannt hat) und zeigen Sie dann, wie viel Geld sie dadurch pro Quartal einsparen kann.

- Wenn die Kundin Ihnen sagt, dass sie versucht, einen neuen Markt zu erschließen, sagen Sie ihr, wie die Funktionen Ihres Produkts dazu beitragen werden, diesen Markt zu erschließen, und erinnern Sie sie daran, wie viel dieser Markt in den nächsten fünf Jahren wert sein wird (wiederum auf der Grundlage der Zahlen, die sie Ihnen genannt hat).

- Wenn sie sich Sorgen um den Ruf der Organisation macht, zeigen Sie auf, wie bestimmte Merkmale Ihres Produkts deren Ruf stärken werden.

- Wenn sie einmal Interesse an einem Leben nach dem Tod geäußert hat, dann – gehen Sie nicht ganz so weit. Alle Behauptungen müssen ethisch vertretbar sein und auf Fakten beruhen. Aber Sie verstehen schon, was ich meine.

Übrigens ist es Ihre berufliche Pflicht, das alles zu tun. Sie arbeiten mit den Produkten, von denen die Gegenseite Ihnen gesagt hat, dass sie für sie wichtig sind. Überraschenderweise vergessen die anderen das manchmal. Sie werden versuchen, die Kosten zu drücken; sie werden behaupten, Sie seien teurer als Ihre Konkurrenten. Aber all das lenkt von dem ab, was ihnen wirklich wichtig ist.

Schließlich übersteigen die Einsparungen durch die Verkürzung der Produktionszeit die Kosten bei Weitem. Der Wert des neuen Marktes, den Sie erschließen helfen, wird die Kosten für Ihre Arbeit bei Weitem übersteigen. Der gute Ruf der Kundenfirma ist viel mehr wert als das, was Sie kosten.

Halten Sie die anderen bei der Stange und sie werden bei Ihnen kaufen.

TOP-TIPP

Verknüpfen Sie das Ergebnis auch mit den persönlichen Zielen der anderen Seite, dem Bonus oder der Beförderung oder einfach damit, wie gut sie vor ihrem Chef dastehen wird.

Überreden Sie andere mit überzeugenden Worten

Wenn wir unsere eigenen Worte verwenden, sollten es die besten sein. Oft gibt es eine Wortwahl, die zum Kontext passt, und eine ist überzeugender als die andere. Wählen Sie diese aus.

Die Worte, die wir wählen, schaffen eine Realität, und wir wollen ja eine möglichst überzeugende Realität schaffen. Professor Elizabeth Loftus und John C. Palmer, beide von der Washington University, zeigten ihren Kursteilnehmern das Video eines Verkehrsunfalls. Den einen Teil der Gruppe fragten sie: „Wie schnell waren die Autos unterwegs, als das eine das andere Auto berührte?", den anderen Teil dagegen: „..., als das eine mit dem anderen Auto zusammenstieß?" Die Schätzung der zweiten Gruppe lag um fast 30 Prozent höher als die der ersten Gruppe.[8]

Versicherungsgesellschaften haben festgestellt, dass die Menschen doppelt so viel für eine Krankenversicherung zahlen, die den Tod „durch eine beliebige Krankheit" abdeckt, als für eine Versicherung, die den Tod „aus beliebigem Grund" abdeckt, obwohl Letzteres Ersteres ja einschließt. Aber die Formulierung ist weniger spezifisch und daher weniger anschaulich. Deshalb hat sie eine geringere emotionale Wirkung.

6.3 Sagen Sie die Worte, die die anderen hören wollen

Vielleicht sind die besten Worte auch die, die die Gegenseite hören will, die, die sie gut aussehen lassen.

Es ist seit Langem bekannt, dass Schmeicheleien einen großen Einfluss haben. Jeder denkt gern, er sei rational und treffe seine Entscheidungen auf der Grundlage von Fakten und Logik; aber ein paar Komplimente, und schon ist das Urteilsvermögen über den Haufen geworfen. Wir können gar nicht anders, als fasziniert zu sein.

Wie Lady Randolph Churchill sagte: „Als ich den Speisesaal verließ, nachdem ich neben Gladstone gesessen hatte, hielt ich ihn für den klügsten Mann Englands. Aber als ich neben Disraeli saß, hatte ich das Gefühl, ich wäre die klügste Frau."

Niemand ist dagegen gefeit. In einem Artikel mit dem Titel „The slime effect",[9] der im *Journal of Personality and Social Psychology* veröffentlicht wurde, zeigt Roos Vonk, dass wir, wenn wir schmeichelhafte Beschreibungen anderer Menschen lesen, oft glauben, der Schmeichler sei ein Schleimer. Werden die gleichen Schmeicheleien jedoch über uns selbst geschrieben, werden sie als ehrlich und aufschlussreich empfunden!

Jemanden um Rat zu fragen ist eine indirekte Form der Schmeichelei, und auch das wird die anderen auf Ihre Seite ziehen. Wenn Sie die Chefin Ihres Chefs, Ihren potenziellen Kunden, Ihre Verhandlungspartnerin oder die Person mit der entgegengesetzten politischen Überzeugung um Rat fragen, kann dies ein sehr effektiver Weg sein, sie auf Ihre Seite zu ziehen.

Schmeicheleien haben allerdings einen schlechten Ruf, sodass ein anspruchsvoller Leser wie Sie (haben Sie gemerkt, was ich da gerade gemacht habe?) sich damit vielleicht nicht wohlfühlt. Lassen Sie mich ein anderes Wort vorschlagen: Komplimente machen. Es ist im Grunde dasselbe und viel gesellschaftsfähiger. Komplimente sind ein Schlüsselelement von Charme und Charisma. Und solange Sie mit Ihrem Lob authentisch und ehrlich sind, kann es nur eine gute Sache sein, wenn Sie der anderen Person helfen, sich selbst gut zu fühlen.

Machen Sie Komplimente für Verhalten, um es zu verstärken

Haben Sie schon einmal von dem Hund Pudsey gehört? Wenn nicht, dann schauen Sie doch mal nach. Pudsey war ein bemerkenswerter Hund, der auf der Bühne auftrat, in mehreren Fernsehsendungen als Gastjuror fungierte und sogar in einem Film mitspielte. Seine Karriere begann, als er 2012 die britische Fernsehshow *Britain's Got Talent* gewann. Ich hielt es ja immer für ein Armutszeugnis für Großbritannien, dass unser größtes Talent ein Hund war. Aber Pudsey war kein gewöhnlicher Hund: Pudsey tanzte, sang und rezitierte die Werke von Shakespeare.

Und Pudsey wurde mit Klickertraining trainiert, einer Form der positiven Verstärkung, die sich aus der Arbeit von B. F. Skinner und Karen Pryor entwickelt hat. Die Grundlage dafür ist, dass die Belohnung eines bestimmten Verhaltens zu mehr solchem Verhalten führt. Bei Hunden besteht die Belohnung zunächst aus einem Schokodrops und später aus einem Klick. Hunde, die nicht besonders intelligent sind, scheinen Klicks genauso zu mögen wie Schokodrops.

Diese Methode funktioniert bei Hunden und auch bei anderen Lebewesen wie Partnern, Partnerinnen, Ehemännern, Ehefrauen, Chefs, Chefinnen und so weiter. Für jene ist jedoch ein einfaches Kompliment eher angeraten als ein Schnalzen oder ein Bonbon.

Lassen Sie mich ein Beispiel aus meinem eigenen Leben erzählen. Als ich acht Jahre alt war, spielte ich zum ersten Mal in einer organisierten Fußballmannschaft. In diesem Alter gibt es keine festen Positionen für die Spieler, sondern nur ein Gedränge von Kindern, die dem Ball auf dem Spielfeld nachlaufen. Ich fand mich mit dem Ball am Rande des Gedränges wieder, drehte mich um, hatte Platz und lief, soweit ich mich erinnere, über den ganzen Platz und schoss ein tolles Tor. Ehrlich gesagt weiß ich es nicht mehr so genau, der letzte Teil stimmt vielleicht nicht ganz. Woran ich mich aber ganz sicher erinnere, ist, dass mein Trainer von der Seitenlinie aus rief: „Gute Drehung, Simon!" Das hörte ich und das blieb hängen. „Ich bin also ein guter Dreher", dachte ich stolz, und von da an vollzog ich jedes Mal eine Drehung, wenn ich den Ball bekam. Die Drehung im Fußball ist im Allgemeinen eine gute Sache – man findet Raum, man ändert die Richtung, es gibt ein Überraschungsmoment. Da mein Trainer dieses Verhalten mit einem Kompliment bestärkte, wandte ich es noch häufiger an.

Sie können die Technik sogar bei einem Verhalten anwenden, das die andere Person nicht sehr oft an den Tag legt. Ich möchte Ihnen ein weiteres Beispiel nennen: Ich habe einmal jemanden beim Sprechen in der Öffentlichkeit gecoacht, und als derjenige einen bevorstehenden Vortrag übte, ging er ständig von einer Seite der Bühne zur anderen. Das kann schnell ablenkend wirken und ich dachte, ich spreche diesen Punkt mal an.

Ich hätte ihm sagen können, dass er damit aufhören soll, aber viele Menschen sind bei Präsentationen nervös und das Letzte, was sie brauchen, ist Grund zur Sorge oder Selbstkritik. Also sagte ich stattdessen: „Es gab eine Situation in der Mitte Ihres Vortrags, bei der Sie ganz still standen und mir, dem Publikum, in die Augen sahen. Das war wirklich stark. Mehr davon!" Und er setzte das genau so um.

Wenn Ihr Nachbar also nachts immer Dudelsack spielt, machen Sie ihm ein Kompliment für den Moment, in dem er still war.

Sagen Sie Nein, indem Sie Ja sagen

Normalerweise hören die Menschen das Wort „Nein" nicht gern: „Ja" ist viel befriedigender zu hören.

Unsere Erfahrung mit einem Nein ist selten angenehm. Es ist tatsächlich wie ein körperlicher Schlag – es ist eine schmerzhafte Erfahrung, die die Amygdala triggert und eine Menge Stress auslösende Hormone und Neurotransmitter freisetzt.

Es ist also kein Wort, das man leichtfertig benutzen sollte, aber gleichzeitig haben wir in Kapitel 4 gesehen, wie wichtig es ist, klar Nein zu sagen.

Daher ist es oft ratsam, alternative Wege zu finden, um das Gleiche zu sagen. Einem Chef gegenüber Nein zu sagen, kann zum Beispiel sehr karrierehemmend sein, und doch muss man es manchmal tun. Es ist also nützlich, wenn man es sagen kann, ohne Anstoß zu erregen – auch wenn das nicht immer einfach ist.

Eine großartige Möglichkeit, Nein zu sagen, ist die Verwendung des Wortes Ja (mit einem wichtigen Vorbehalt auf dem Weg dorthin) – wir haben bereits in Kapitel 5 die generative Kraft des Satzes „Ja, und ..." gesehen.

Aus einer Perspektive lautet die Antwort nämlich immer „Ja, wenn ...". Mit anderen Worten: Ihr Ja ist an die Bedingung geknüpft, dass Ihnen im Gegenzug ein Wunsch erfüllt wird. Auf diese Weise kann jeder etwas bekommen, was er will: „Ja, ich bleibe heute Abend gern länger, wenn ich am Freitag früher gehen kann, denn ich fahre übers Wochenende weg."

Um ehrlich zu sein, haben wir nicht wirklich Nein gesagt, aber wir haben dafür gesorgt, dass wir etwas bekommen, was wir sonst nicht bekämen. Die meisten Dinge sind zu einem bestimmten Preis zu haben, auch wenn er exorbitant hoch ist. Verwenden Sie diese Methode, um genau so einen Preis zu erzielen.

Manchmal muss man allerdings wirklich ablehnen, will aber die andere Seite nicht beleidigen. Und wieder ist es am besten, mit Ja zu beginnen.

Dann lassen Sie etwas folgen, dem Sie zustimmen oder das Sie anerkennen können.

○ „Ja, dieser Bericht muss noch heute Abend fertigge-
stellt werden."

○ „Ja, ich verstehe, warum Sie das sagen, und ich würde
an Ihrer Stelle genauso denken."

Beachten Sie, dass Sie zwar das Wort „Ja" gesagt haben, aber nicht
wirklich auf die Bitte eingegangen sind.
Der nächste Schritt besteht darin, dass Sie Ihre Gründe für die
Ablehnung nennen und dann Nein sagen. Es ist wichtig, in dieser Reihenfolge vorzugehen. Wenn Sie zuerst Nein sagen, hören
die anderen nur das Nein und nicht die Gründe. Nennen Sie jedoch zuerst die Gründe, dann werden sie sie hören und auf die
darauffolgende Ablehnung vorbereitet sein.
Zum Schluss noch ein Bonbon („... ich hoffe, Sie kriegen das
hin" oder „... legen Sie es auf meinen Schreibtisch und ich küm-
mere mich gleich morgen früh darum"), und schon haben Sie
Ihre Ablehnung übermittelt, ohne dass das Geschäft oder die Beziehung darunter leidet.
Zur Veranschaulichung wird das Ganze in einem Beispiel zu-
sammengefasst: Angenommen, Sie verkaufen Ihr schönes Auto
an einen Freund, und der macht emotionalen Druck und bittet
Sie um einen Preisnachlass von fünf Prozent, weil er ein guter
Freund ist. Sagen Sie nicht Nein, sondern sagen Sie: „Ja, das
stimmt, wir kennen uns schon lange. Deshalb mache ich dir auch
das beste Angebot, das ich machen kann. Ich habe schon mehr
abgezogen, als ich eigentlich sollte, deshalb kann ich jetzt nicht
noch weiter runtergehen. Aber du kriegt da ein fabelhaftes Auto
zu einem tollen Preis. Du wirst jeden Moment, den du damit
fährst, genießen."
Sie können Ihre Freunde, Ihren Job und Ihr Geschäft behalten,
wenn Sie wissen, wie Sie problemlos Nein sagen können.
Ich habe gesagt, dass es einen wichtigen Vorbehalt auf diesem
Weg gibt. In bestimmten Situationen muss Ihr Nein unmissver-
ständlich sein, und ein Nein mit dem Wort „Ja" kann als zweideu-

tig angesehen werden. Manche Menschen, die auf Zustimmung eingestellt sind, werden das Ja aufgreifen und annehmen, dass Sie zugestimmt haben.

Daran hat mich eine Freundin erinnert, die zwei Töchter im Teenageralter hat, und sie hat natürlich völlig recht. Sorgen Sie also dafür, dass Sie bei Bedarf ein unmissverständliches, kategorisches Nein parat haben; in diplomatisch heikleren Zeiten könnten jedoch andere Formulierungen angemessener sein.

Verwenden Sie die Sprache Ihrer Kunden

Danny Russell, Brand Insights Consultant. Er hat über 28 Jahre seine Expertise in strategischem Markenverständnis bei großen globalen Marken wie 21st Century Fox, Eir, The Economist und Sky aufgebaut.

„Damals war *Sky* so etwas wie eine Maschine mit ihrem eigenen Mechanismus, aber die Welt hatte sich verändert, und diese Mechanismen passten nicht mehr. Unsere Akquisitionsraten sanken, unsere Umsatzkosten stiegen. Wir sagten die gleichen Dinge wie vorher, aber die Leute reagierten nicht.

Wir mussten uns also verändern.

Daher habe ich das Kundennähe-Programm entwickelt. So konnten unsere Führungskräfte die Kundenreise selbst durchlaufen und verstehen, wie es wirklich ist, ein Kunde auf dieser Reise zu sein.

Wie viele andere Unternehmen hatten auch wir einige hoch bezahlte Führungskräfte, die in Firmenwagen mit Chauffeur herumkutschiert wurden, sehr intelligent und auf der Höhe der Zeit waren, aber meilenweit von ihren Kunden entfernt. Sie hatten das Gefühl dafür verloren, wie es ist, wenn man von einem Durchschnittslohn mehr als 50 Pfund pro Monat für ein Abo zahlt.

Also ließen wir James Murdoch selbst und sein Team bei den Leuten an die Tür klopfen und mit den Kunden sprechen, um herauszufinden, was sie von uns erwarteten. Sie fanden einige interessante Dinge heraus.

Innerhalb der Organisation war *Sky Sports* politisch sehr mächtig, sodass sich ein Großteil unserer Werbung um Fußball drehte. Aber bei Veranstaltungen im Rahmen des Kundennähe-Programms, stellten wir fest, dass ein Mann, wenn er allein war, oft angab, er würde auf jeden Fall einen Vertrag abschließen, aber wenn die ganze Familie zusammen war, die Frau sagte, dass sie kein Abo wollten. Ein Mann flehte uns sogar an, in der Werbung keinen Fußball mehr zu zeigen, weil seine Frau immer sagte: ‚Deshalb haben wir kein *Sky* im Haus.'

Also haben wir eine völlig neue Kampagne entwickelt, in der weniger Fußball vorkam und stattdessen all unsere Dokumentar- und Natursendungen in den Vordergrund gestellt wurden.

Und auch mit *Sky Plus* haben wir einen Durchbruch erzielt. Es war schon eine Weile auf dem Markt, aber die Leute schienen den Sinn des Angebots nicht zu verstehen. Auf einer der Kundennähe-Veranstaltungen wurde dann sehr deutlich, dass wir viel bessere Ergebnisse erzielen, wenn wir die Verkäufer aus dem Gespräch herausnehmen und stattdessen potenzielle Kunden mit bestehenden Kunden sprechen lassen.

Die Verkäufer sprachen immer davon, wie viel mehr man bekomme – mehr Kanäle, mehr Sport, mehr Fußball. Aber die Leute wollten eigentlich gar nicht mehr – sie hatten ohnehin das Gefühl, dass sie gar nicht mehr Zeit hatten, um noch mehr fernzusehen.

Die Bestandskunden konnten ihnen jedoch sagen, dass es nicht um ‚mehr', sondern um ‚besser' ging. ‚Damit kann ich genau die Dinge aufnehmen, die ich sehen möchte, und sie dann ansehen, wenn ich sie sehen möchte.' Wow, warum haben mir die Verkäufer das nicht schon früher gesagt!

Eine bestimmte Kundin konnte das hervorragend, sie sprach ganz von allein die Sprache der Kunden. Wir wollten sie für eine Fernsehwerbung filmen, sie war auch schon im Studio, aber im letzten Moment entschied sie sich, nicht mitzumachen. Also haben wir stattdessen Michael Parkinson genommen, er sprach einfach in die Kamera. Auch er war ein Kunde, und weil er der sympathische, vertrauenswürdige Michael Parkinson war, der sagte, warum er *Sky Plus* so toll findet, wurde es einer unserer erfolgreichsten Werbespots überhaupt.

Letztendlich war das Programm für Kundennähe einer der Hauptgründe dafür, dass wir innerhalb von drei Jahren von sieben Millionen Abonnenten auf unser Ziel von zehn Millionen Abonnenten wachsen konnten. Weil wir gelernt haben, die Sprache unserer Kunden zu sprechen."

6.4 Was sagt Ihr Körper?

Bislang konnten wir in diesem Buch etwas von Enten, Eichhörnchen und Hummern lernen. In diesem letzten Kapitel wenden wir uns dem großen Philosophen des Ozeans zu – dem Tintenfisch.

Tintenfische sind aus vielen Gründen bemerkenswerte Lebewesen, unter anderem, weil sie drei Herzen, acht Arme und zwei Tentakel haben. Keiner von ihnen spricht jedoch Englisch, und so sind wir besonders daran interessiert, wie sie miteinander kommunizieren, vor allem an der Tatsache, dass sie mit ihrem Körper kommunizieren.

In der Haut haben sie Millionen von Pigmentzellen, mit denen sie chamäleonartig ihre Farbe wechseln können, und auf diese Weise kommunizieren sie. Ihre „Sprache" besteht aus bis zu 75 chromatischen Elementen, und einige Tintenfischforscher glauben, dass ihre Kommunikation sogar eine Grammatik hat.

Sie können sogar die Beschaffenheit ihrer Haut verändern, zum Beispiel, indem sie sie als Warnsignal vor einem Kampf stachelig machen. Bei der Paarung kann das Männchen verschiedene Signale gleichzeitig aussenden. Die Seite, die dem Weibchen am nächsten ist, hat eine glatte, liebevoll-romantische Textur, aber wenn ein Rivale vorbeikommt, ist die Seite, die dem Rivalen am nächsten ist, aggressiv-stachelig. Der Mensch ist fast so intelligent wie der Tintenfisch und auch wir kommunizieren mit unserem Körper. Dabei geht es weniger um die Farbe (aber sind Sie schon einmal rot geworden?), sondern eher um Haltung, Gestik, Mimik und nicht-inhaltliche Eigenschaften der Stimme.

Ihre Körpersprache spricht sehr laut, also achten Sie darauf, dass sie mit dem, was Sie aussprechen, übereinstimmt.

Vermitteln Sie den richtigen Status?

Zunächst einmal vermittelt Ihre Körpersprache einen gewissen Status, und wir haben in Kapitel 4 gesehen, dass für Rudeltiere wie Menschen der Status extrem wichtig ist. Je höher Ihr Status, desto wahrscheinlicher ist es, dass die Leute Ihnen Ihre Botschaft abkaufen. Aber der Status ist nicht absolut, es gibt kein besonderes Register, in dem man seinen angeborenen Statuswert überprüfen kann – was für den Status zählt, ist das, was wahrgenommen wird, und das wiederum hängt davon ab, was vermittelt wird.

Welchen Status vermitteln Sie also? Betreten Sie zaghaft den Raum, in der Hoffnung, nicht gesehen zu werden, sprechen Sie leise und stellen Sie selten intensiven Blickkontakt her? Oder sitzen und stehen Sie aufrecht, geben einen guten Händedruck, halten viel Augenkontakt und sprechen mit kräftiger Stimme? Oder lehnen Sie sich nach vorn, halten ständig Augenkontakt, zeigen mit dem Finger, schlagen auf den Tisch und werden laut?

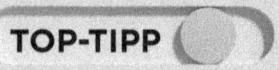

TOP-TIPP

Vergewissern Sie sich, dass der Status, den Sie vermitteln, der goldene Mittelweg ist – genau richtig für Ihre Situation, selbstbewusst, aber nicht dominierend –, und kommunizieren Sie dies mit der entsprechenden Körpersprache.

Vermitteln Sie Glaubwürdigkeit?

Mit dem Status verbunden ist die Glaubwürdigkeit. Wird Ihr Gegenüber glauben, dass Sie Ihre Versprechen einhalten? Wird Ihr Gegenüber glauben, dass Sie glauben, was Sie sagen?

Deborah Tannen, Professorin für Linguistik an der Georgetown University, hat sich mit Führungskräften befasst, die oft „in fünf Minuten Entscheidungen über Angelegenheiten treffen müssen, an denen andere vielleicht fünf Monate gearbeitet haben". Wie machen sie das? Es kommt nicht nur auf den Inhalt an, sondern auch darauf, wie souverän er präsentiert wird.

Wenn Sie Ihre Argumente mit Ähs und Hms und Möglicherweises und Vielleichts verpacken, während Sie den Kopf schütteln und nach unten schauen, wird man sie Ihnen einfach nicht abkaufen, selbst wenn sie stimmen. Aber wenn Sie das mit einer selbstbewussten und selbstsicheren Körpersprache untermauern, werden alle mitmachen, auch wenn die Realität nicht ganz so einfach ist, wie Sie behaupten.

Vermitteln Sie Zugänglichkeit?

Natürlich geht es nicht nur darum, zu zeigen, wie stark und selbstbewusst Sie sind. Die andere Seite der Medaille ist die Vermittlung von Offenheit und Zugänglichkeit. Viele Menschen wollen mit Menschen zusammenarbeiten, die sie mögen. Eine positive Beziehung wird Ihnen bei Ihrem Anliegen daher auf jeden Fall helfen.

Und das ist wieder eine ganz andere Art von Körpersprache.

Lächeln, viel Mimik und Kopfbewegung, viele Handbewegungen und Sätze, bei denen man am Ende die Stimme hebt (wie ein angedeutetes Fragezeichen), deuten auf Zugänglichkeit und Freundlichkeit hin – im Gegensatz zu Schweigen, fehlender Mimik und Bewegung sowie einem starren Blick, der von den meisten Menschen als unangenehm empfunden wird.

Sie können auch eine Beziehung aufbauen, indem Sie sich an der Körpersprache Ihres Gesprächspartners orientieren. Erinnern Sie sich, dass wir uns in Kapitel 3 mit der Arbeit von Professor Uri Hasson befasst haben und er herausgefunden hat, dass ein Gespräch als umso besser empfunden wird, je mehr die Gehirne der Menschen synchronisiert sind (mit anderen Worten: je größer die Abstimmung der Gehirnwellen ist).

Nun, der Neurophysiologe Giacomo Rizzolatti entdeckte einen Teil des Gehirns, die sogenannten Spiegelneuronen, die Bewegungen bei anderen Menschen wahrnehmen und einen Impuls für dieselbe Bewegung bei uns selbst auslösen. Sie sind der Kanal, über den die motorischen Abschnitte des Gehirns synchronisiert werden. Wenn Sie also die gleiche Körperhaltung einnehmen wie die andere Person, ähnliche Gesten machen und sich in der Regel an ihren nonverbalen Signalen orientieren, werden die Gehirne durch die Spiegelneuronen stärker beeinflusst und die Menschen fühlen sich in Ihrer Gegenwart unbewusst wohler.

Nicht nachäffen, sonst hält man Sie für einen Freak

Das heißt natürlich nicht, dass Sie die anderen nachäffen sollen. Wenn Sie sie offenkundig nachmachen, werden sie das bemerken, sich von Ihnen abwenden und Sie für einen Freak halten! Es gibt keinen schnelleren Weg, um Vertrauen zu verspielen. Aber es gibt einen Weg, das Ganze kunstvoll zu betreiben, sodass man die anderen nicht nachmacht, sondern in gewisser Weise etwas Ähnliches macht wie sie. Das sollte man anstreben.

Abgesehen davon werden Sie feststellen, dass die meisten Menschen ihre Körpersprache oder Gesten nicht bewusst wahrnehmen, weder ihre eigenen noch Ihre, und dass Sie folglich mehr Spielraum haben, als Sie denken, bevor sie Sie für seltsam halten (es sei denn, Sie sind seltsam).

Und in der Tat, manchmal will man bewusst nicht übereinstimmen. Wenn Sie eine Besprechung beenden, das Gespräch vom aktuellen Thema ablenken oder unbewusst vermitteln wollen, dass Sie mit dem Gesagten nicht einverstanden sind, kann der beste Weg dazu sein, sich genau anders zu verhalten als Ihr Gegenüber. Das wird all diese Informationen vermitteln, ohne dass Sie sich verbal äußern.

Die Körpersprache ist der Großvater aller Sprachen: Sie überzeugt, sie schafft Freunde, sie tanzt, sie singt. Seien Sie wie der Tintenfisch. Verwenden Sie Ihre Körpersprache, um zu kommunizieren, und achten Sie darauf, dass Ihre Körpersprache und das, was Sie sagen, übereinstimmen.

6.5 Schaffen Sie den richtigen Bewertungskontext

Befassen Sie sich bitte mit diesem Gedankenexperiment:

Paralleluniversum 1: Sie sind auf einem Flohmarkt, finden eine Vase, die Ihnen gefällt, und beschließen, sie zu kaufen. Wie viel würden Sie voraussichtlich zahlen?

Paralleluniversum 2: Sie sind in einem mittelpreisigen Kaufhaus und stoßen auf die gleiche Vase. Wie viel würden Sie hier zahlen wollen?

Paralleluniversum 3: Sie sind in einem sehr exklusiven Antiquitätengeschäft im nobelsten Teil der Stadt und stoßen auf dieselbe Vase. Wie viel würden Sie hier zahlen wollen?

Dies ist ein Gedankenexperiment, es ist nicht real. Ich stelle mir aber vor, dass Sie für jede Situation sehr unterschiedliche Preise ermittelt haben, obwohl es sich um genau dieselbe Vase handelt. Wie wir Dinge bewerten, hängt also stark vom jeweiligen Kontext ab.

Framing wirkt sich auf unsere Realität aus

Das liegt in der Natur der Sache – je nachdem, wie wir die Dinge betrachten, sehen wir sie anders. Schauen wir uns einige Beispiele an.

- Ist das Glas halb voll oder halb leer? Nimmt man ein leeres Glas und füllt es bis zur Hälfte, sagen 88 Prozent, es sei halb voll. Nimmt man ein volles Glas und schüttet es zur Hälfte aus, sagen das nur 31 Prozent.[10]
- In einer Studie, in der Ärzte die Vorzüge einer Operation bei Krebspatienten untersuchten, hielt nur die Hälfte derjenigen, denen gesagt wurde, dass 10 von 100 operierten Patienten sterben würden, die Operation für eine gute Option. Von denjenigen, denen gesagt wurde, dass 90 von 100 eine Operation überleben, hielten 84 Prozent diese für empfehlenswert.[11]
- Wenn man Ihnen sagt, dass die Erfolgschancen eines Vorhabens bei eins zu sechs liegen, werden Sie es viel eher in Angriff nehmen, als wenn man Ihnen sagt, dass die Erfolgschancen bei 16 Prozent liegen. Und wenn man Ihnen sagt, dass die Wahrscheinlichkeit eines Misserfolgs bei 84 Prozent liegt, werden Sie noch nicht einmal darüber nachdenken.

In jedem dieser Fälle stellen wir identische Fakten anders dar und formulieren sie anders, sodass sie eine andere Bewertung erhalten – und wir mehr oder weniger für die Vase zahlen würden.

Professor Vernon Smith führte einmal ein Experiment durch, bei dem er eine Gruppe von Menschen mit ihren „Gegnern" und eine andere mit ihren „Partnern" verhandeln ließ. Die „Partner" erzielten viel bessere Ergebnisse als die „Gegner", weil sie besser zusammenarbeiteten. Das ist Framing.[12]

Wir können den Kontext, in dem eine Diskussion stattfindet, steuern und dadurch die Wahrnehmung und die Reaktion der anderen steuern, um bessere Ergebnisse zu erzielen.

Der Preis ist selbst ein Bewertungskontext

Der Kontext wirkt sich auf unsere Bewertung aus (etwa den Preis, den wir zahlen), aber interessanterweise kann der Preis seinerseits Teil des Kontexts sein.

Zum Beispiel bei der Vase:

- Wenn Sie auf einem Flohmarkt ein paar Euro dafür bezahlt hätten, würden Sie sie mit nach Hause nehmen, sie aber wahrscheinlich nie besonders prominent platzieren.
- Wenn Sie sie in einem mittelpreisigen Kaufhaus gekauft und den entsprechenden Preis bezahlt hätten, würden Sie sie wahrscheinlich in die Küche oder ins Badezimmer stellen.
- Aber wenn Sie sie in einem exklusiven Antiquitätengeschäft gekauft und viel Geld dafür bezahlt hätten, würden Sie sie stolz in der Mitte des Esstisches oder neben der Eingangstür platzieren, sodass jeder, der vorbeikommt, sie sehen kann.

Auch wenn es genau die gleiche Vase ist. Der Preis selbst hat sich auf unsere Bewertung ausgewirkt.

Berücksichtigen Sie dies also, wenn Sie den Preis für Ihre Dienstleistungen festlegen. Wenn Sie billig sind, vermitteln Sie dem Markt Billigkeit; wenn Sie aber einen Spitzenpreis haben, vermitteln Sie eine Spitzenleistung.

Nun müssen Sie im letzten Fall auch dafür sorgen, dass Sie tatsächlich einen erstklassigen Service *bieten*. Aber Ihr Preis ist Teil Ihrer Marke, und wie die Menschen Sie wahrnehmen, wird durch Ihren Preis beeinflusst.

Framing kann Ihre Gesundheit beeinflussen

Dies ist ein sehr realer physischer Effekt. Dan Ariely führte ein Experiment über die Wirksamkeit eines neuen Schmerzmittels durch. Die Freiwilligen erhielten Elektroschocks unterschiedlicher Intensität, bekamen dann die Tablette verabreicht und wurden gebeten, jede Veränderung des Schmerzpegels zu melden.

Von den Freiwilligen, denen gesagt wurde, dass die Tabletten 10 Cent pro Stück kosten, berichtete etwa die Hälfte über eine Verringerung der Schmerzen. Von denjenigen, denen gesagt wurde, dass sie 2,50 US-Dollar kosten, taten dies fast alle.

Das „Schmerzmittel" war in Wirklichkeit eine Vitamin-C-Tablette.[13]

Der Effekt kann sogar noch greifbarer sein als das. Die Harvard-Psychologin Ellen Langer fand heraus, dass zwei Drittel der Hotelzimmermädchen ihre Arbeit nicht als körperliche Betätigung ansehen, obwohl sie den ganzen Tag auf den Beinen sind und hart arbeiten.[14]

Also nahm sie 84 Zimmermädchen und teilte sie in zwei Gruppen auf: Eine Gruppe wurde darüber aufgeklärt, wie viele Kalorien sie bei der Arbeit verbrannten und inwiefern diese Arbeit als Sport zu werten war, die andere Gruppe wurde zur Kontrollgruppe gemacht.

Nach einem Monat wurden die Werte beider Gruppen erneut gemessen, und die geschulte Gruppe hatte ihr Gewicht, ihren Fettanteil und ihren Blutdruck gesenkt, während die Werte bei der Kontrollgruppe gleich geblieben waren. Die Einstufung ihrer Arbeit als Bewegung führte zu einer messbaren Verbesserung der Gesundheit.

Framing kann ein sehr wirksames Mittel sein, um die Sichtweise des Gesprächspartners auf die Situation und damit seine wahrscheinliche Reaktion zu verändern.

Eigentum ist ein Bewertungskontext

In einem Experiment wurde den Teilnehmern eine Tasse gezeigt. Dann wurde eine Gruppe gefragt, für wie viel sie die Tasse kaufen würden (was voraussetzt, dass sie sie noch nicht besitzen), und sie antworteten im Durchschnitt 2,88 Dollar. Die zweite Gruppe von Personen wurde gefragt, für wie viel sie die Tasse verkaufen würden (was voraussetzt, dass sie sie bereits besitzen), und der Durchschnittspreis lag bei 7,12 Dollar.[15]

Eigentum ist ein Bewertungskontext – wenn ich etwas besitze, werde ich es mehr schätzen, als wenn ich es nicht besitze.

Und wir können Eigentumsgefühle stärken, indem wir den anderen wählen lassen. Ellen Langer gab einer Gruppe von Personen je ein Los und ließ eine andere Gruppe ihr eigenes wählen. Dann wurden alle angewiesen, ihre Lose zu verkaufen: Die Gruppe, die sich für ihre Lose entschieden hatte, verlangte das Vierfache des Preises der anderen Gruppe.[16]

Wenn wir also eine Wahlmöglichkeit bieten, werden die anderen das Objekt eher als ihr Eigentum empfinden; und wenn sie es als ihr Eigentum empfinden, werden sie es mehr schätzen.

Das ist ein wichtiger Aspekt der Überzeugungsarbeit. Lassen Sie den anderen die Wahl. Wenn wir ihnen etwas vorschreiben, werden sie sich wahrscheinlich dagegen wehren; wenn wir sie wählen lassen, werden sie *dafür* kämpfen.

Wenn Ihre Kunden Sie also bitten, eine Dienstleistung für sie zu erbringen, bieten Sie ihnen verschiedene Optionen an und lassen Sie sie wählen. Vielleicht werden in Ihrem Vorschlag drei Arbeitsweisen beschrieben:

Option A: Voller Umfang, voller Preis
Option B: Mindestumfang, Mindestpreis
Option C: Etwas dazwischen.

Wie auch immer sie sich entscheiden, sie werden sich mehr damit beschäftigen, weil es ihre Entscheidung war. Außerdem ist die kognitive Voreingenommenheit so groß, dass sie sich normalerweise für Option C entscheiden und dabei das Gefühl haben, verhandelt und ein besseres Angebot erhalten zu haben, obwohl Sie Ihren Preis gar nicht gesenkt haben. Sie haben lediglich den Preis geändert, indem Sie den Umfang geändert haben.

TOP-TIPP

Schaffen Sie Eigentumsgefühle, indem Sie anderen die Möglichkeit geben, Nein zu sagen. Wenn wir die Bemerkung hinzufügen: „Sie können ruhig Nein sagen", ist die Wahrscheinlichkeit, dass jemand das tut, paradoxerweise geringer.

Einen Satz framen

Framing ist auch auf der Mikroebene nützlich, wenn Sie zum Beispiel etwas zu sagen haben, was möglicherweise nicht gut ankommt. Es wird besser ankommen, wenn Sie Ihre Absichten vorher erwähnen.

Das einfachste Beispiel dafür: Jemand spricht und Sie möchten etwas sagen: Die Unterbrechung wird freundlicher aufgenommen, wenn Sie mit „Entschuldigung, darf ich kurz unterbrechen?" oder „Darf ich eine Frage stellen?" beginnen. Indem Sie um Erlaubnis bitten, geben Sie der anderen Seite die Möglichkeit, Nein zu sagen, auch wenn es äußerst unwahrscheinlich ist, dass das passiert.

6 Wege, ein heikles Thema anzusprechen

1. Darf ich eine schwierige Frage stellen?
2. Darf ich Ihnen etwas sagen, was Sie vielleicht schwierig finden?
3. Ich möchte ein Thema ansprechen, das ich für wichtig halte ...
4. Ich werde jetzt etwas sagen, was falsch interpretiert werden könnte ...
5. Was ich als Nächstes sagen werde, könnte als harsch empfunden werden ...
6. Es gibt nur einen Punkt, dem ich widersprechen möchte, wenn ich darf ...

In jeder dieser Situationen werden die Ehrlichkeit im Vorfeld und die Bitte um Erlaubnis wahrscheinlich zu größerem Erfolg führen. Benutzen Sie sie natürlich nicht als Aufhänger für einen vernichtenden persönlichen Rufmord, aber wenn Sie authentisch versuchen, das Gespräch voranzubringen, wird eine schwierige Aussage in der Regel besser aufgenommen, wenn Sie sie mit Ihrer Absicht kontextualisieren.

6.6 Die richtige Geschichte erzählen

Menschen sind selten begeistert, wenn sie Verkaufsgesprächen, parteipolitischen Sendungen oder Predigten jeglicher Art zuhören und schalten daher meist sehr früh ab.

Aber die Menschen lieben Geschichten. Erzählen Sie also eine Geschichte – und sie werden zuhören.

Wir haben uns dahin entwickelt, dass wir gern Geschichten erzählen. Wir haben die Vorlagen im Kopf, Sie müssen Ihre Inhalte nur noch an die Vorlage anpassen.

Und wir haben uns dahin entwickelt, dass wir gern Geschichten zuhören; wir hören aufmerksam zu und wollen genau wissen, was als Nächstes passiert. Sie sind leicht zu verstehen und leicht zu merken, weil die Vorlagen die verschiedenen Teile der Geschichte miteinander verbinden.

Wenn wir zuhören, erleben wir die Geschichte selbst auf eine sehr reale Weise – wenn wir zum Beispiel das Wort „Lavendel" lesen, werden die Geruchsregionen des Gehirns aktiviert.

Dementsprechend sind Geschichten ein wirksames Mittel, um die Meinung eines Menschen zu ändern.

Nehmen wir an, Ihre Tochter kommt traurig aus der Schule nach Hause, weil sie bei einer Klassenarbeit nicht gut abgeschnitten hat. Sie könnten sie ermahnen, härter zu arbeiten, aber glauben Sie nicht, dass sie auf diese Idee schon selbst gekommen ist? Logik ist nicht die Lösung für dieses Problem.

Setzen Sie sich stattdessen vielleicht neben sie aufs Sofa, hören Sie ihr aufmerksam zu und erzählen Sie ihr dann eine Geschichte, wie Sie, als Sie jünger waren, bei einer Klassenarbeit schlecht abschnitten und sich genauso schlecht fühlten wie sie jetzt. Sie mussten herbe Rückschläge verkraften, aber irgendwann sahen Sie ein, dass es keinen Sinn hatte, Trübsal zu blasen, rappelten sich wieder auf und begannen, sich für die Wiederholungsarbeit vorzubereiten. Am Ende erhielten Sie als Note eine 1+.

Oder erinnern Sie sie an das Fußballspiel, in dem ihre Lieblingsmannschaft zur Halbzeit schon verloren zu haben schien, aber wieder ins Spiel zurückfand und das Spiel noch drehte. Am einfachsten ist es, wenn Sie sich gemeinsam *Rocky* oder *The Full Monty* oder einen der Millionen Hollywoodfilme über den Triumph über das Unglück ansehen. Es sind die Geschichten, die die Meinung Ihrer Tochter viel eher ändern werden als jeder Ratschlag.

Geschichten und die vulkanische Gedankenverschmelzung

Wenn es darum geht, Meinungen zu ändern, ist der Goldstandard zweifellos die vulkanische Gedankenverschmelzung, von deren Existenz die Menschen erstmals durch Mr. Spock in der Originalserie von *Star Trek erfuhren*. Und wir haben in Kapitel 3 gesehen, dass der Princeton-Professor Uri Hasson mit seiner Arbeit gezeigt hat, dass die Abstimmung der Gehirnwellen tatsächlich die Grundlage dieses Prozesses ist.

Vielleicht geht diese Behauptung zu weit, aber seine Arbeit *zeigt tatsächlich*, dass das Gespräch von den Teilnehmern umso besser eingeschätzt wird, je besser die Gehirne synchronisiert sind.

Es hat sich herausgestellt, dass das Erzählen von Geschichten ein äußerst wirksames Mittel ist, um Gehirne miteinander zu verbinden. Nicht nur die auditiven Bereiche des Gehirns, nicht nur die sprachlichen Bereiche und auch nicht nur die Bereiche, die die sachlichen Komponenten der Geschichte codieren, sondern auch viel höherwertige Bereiche.

Und diese Bereiche bleiben gekoppelt, während sich die Geschichte in einem fortlaufenden Prozess der dynamischen Synchronisation entfaltet, sie tanzen gemeinsam zum selben Beat und zur selben Geschichte.

9 Bestandteile, die eine gute Geschichte ausmachen

1. Sie ist interessant, die Leute wollen zuhören, weil sie wissen wollen, wie es weitergeht.

2. Es gibt Überraschungen.

3. Es gibt Humor.

4. Es gibt einen Sinn.

5. Vor dem Erfolg kommt der Kampf, vor der Erlösung das Scheitern.

6. Sie nimmt den Hörer mit auf eine emotionale Reise.

7. Sie hat Persönlichkeit, sie hat Individualität.

8. Sie ist persönlich ...

9. ... und auch universell.

Erzählen Sie von Ihrem Traum

Vor allem aber wird eine gute Geschichte inspirieren.

Carmine Gallo, Autor des Bestsellers *Talk Like TED*, empfiehlt, eine Geschichte zu erzählen und mit der eigenen Leidenschaft zu beginnen: Wenn man sich selbst nicht inspirieren kann, wie soll man dann andere inspirieren?[17]

Er erzählt, wie Clarence Jones, der Redenschreiber von Martin Luther King, auf den Stufen des Lincoln Memorial in Washington, D. C., saß und King zuhörte, als dieser zu einer Menge von 250.000 Menschen sprach. „Five score years ago", begann er – „vor hundert Jahren" –, und Jones wusste, was jetzt kommen würde, denn er hatte die Rede geschrieben.

Dann passierte allerdings etwas. Ganz in der Nähe von King stand die Gospelsängerin Mahalia Jackson und rief: „Erzähl ihnen von deinem Traum, Martin!"

King hörte das, und Jones hörte es auch. Jones beobachtete King, der sich zurücklehnte und in die Menge blickte. Jones flüsterte seinem Sitznachbarn zu: „Diese Leute da draußen wissen es noch nicht, aber sie gehen gerade in die Kirche."

Und Martin Luther King legte seine sorgfältig ausgearbeitete Rede beiseite und fuhr, ganz im Stil eines Baptistenpredigers, mit seinem Text fort: „Ich habe einen Traum ..."

Wenn Sie mit Ihrer Geschichte inspirieren können, können Sie die Meinung von anderen ändern; vielleicht werden Sie viele Meinungen ändern.

Ich habe ihnen meine Geschichte erzählt

David Villa-Clarke, BEM, Gründer von DVC Wealth Management. Er ist außerdem Vorsitzender von Project Volunteer, einer Wohltätigkeitsorganisation, die seit 15 Jahren Projekte in Afrika unterstützt, und CEO der Aleto Foundation, einer Wohltätigkeitsorganisation für soziale Mobilität, die jungen Menschen aus benachteiligten Bevölkerungsgruppen Führungsqualitäten vermittelt. Für sein Engagement in den Bereichen Wohltätigkeit und Mentoring wurde Villa-Clarke mit der British Empire Medal ausgezeichnet.

„Letztes Jahr bat mich ein neu eingesetzter Schulleiter, an seiner innerstädtischen Schule auszuhelfen, die in den letzten vier Jahren von Ofsted (einer Behörde für die Inspektion von Bildungseinrichtungen in Großbritannien) als ‚verbesserungsbedürftig' eingestuft worden war und in diesem Zeitraum vier Schulleiter hatte kommen und gehen sehen.

Sie befand sich in einer Gegend, die für Drogenhandel und hohe Kriminalität bekannt war, und er verwies fünf Schüler pro Woche von der Schule, um für Ordnung und Disziplin zu sorgen.

Ich sagte, ich würde mit zehn Jungen ein Bootcamp machen, um ihnen zu zeigen, welche Möglichkeiten ihnen offenstünden. Ich wollte weder die Besten noch die Schlimmsten, ich wollte eine Mischung. Außerdem wollte ich ihre Eltern kennenlernen.

Das erste Treffen ging nicht gut los. Einige der Eltern kamen zu spät. Von den Vätern war nur einer erschienen. Als ich die Kinder fragte, wie viele ihrer Eltern mit ihnen über ihre Hausaufgaben sprechen, gingen eineinhalb Hände hoch. Man merkte den Eltern an, dass sie nicht viel von dem Ganzen hielten, warum also sollten es die Kinder tun? Wenn du ein junger Schwarzer bist, der in seinem Umfeld keine guten Vorbilder findet, dann wirst du etwas finden, mit dem du dich beschäftigen kannst. Einiges ist allerdings nicht gut.

Also habe ich ihnen meine Geschichte erzählt.

Ich sagte ihnen, dass ich weder ein Lehrer noch ihr Vater, sondern nur jemand bin, dem ihr Schicksal nicht egal ist. Und ich glaube, dass es ihnen half, einen schwarzen Mann zu sehen, mit dem sie sich identifizieren konnten und der als erfolgreich galt. Ich erzählte ihnen, dass ich aus einem ähnlichen Milieu stamme, Eltern aus der Arbeiterklasse, geschieden, aufgewachsen in den 60er- und 70er-Jahren in Woolwich, einer Hochburg der National Front. Als Neunjähriger wurde ich auf dem Heimweg von einem Pfadfindertreffen von 17-jährigen Skinheads verfolgt, die mich verprügeln wollten, weil ich schwarz bin.

Mit 13 Jahren entdeckte ich Tennis für mich und stellte fest, dass ich es gut konnte. Und jemand nahm mich unter seine Fittiche und gab mir Unterricht. So ging es los.

Beim Tennis lernte ich einen anderen Lebensstil kennen und traf Menschen aus anderen sozialen Schichten, deren Eltern Angestellte waren, denen es besser ging und die sich nicht darum sorgen mussten, ob sie ihre Rechnungen bezahlen konnten.

Ich merkte, dass mir ein anderer Weg offenstand. Ich arbeitete eine Zeit lang im Versicherungswesen und bekam dann eine Stelle in einem angesehenen Immobilienunternehmen am Sloane Square, wo ich mit Leuten zusammenarbeitete, die alle auf Internate in der Schweiz gegangen waren. Mein

Mentor im Unternehmen war der Leiter der Buchhaltung – das war für mein berufliches Fortkommen sehr hilfreich.

Für die Schüler war es wichtig, einen schwarzen Mann vor sich zu haben, mit dem sie sich identifizieren konnten, und seine Geschichte half sowohl den Eltern als auch den Kindern, sich besser mit der Idee des Business-Bootcamps zu identifizieren. Ich hatte vor den gleichen Herausforderungen wie sie gestanden, und ich hatte es geschafft, sie zu überwinden.

Das stimmte sie um und sie meldeten sich für das Bootcamp an. Wir besuchten eine große Bank in der Londoner City, eine Veranstaltung bei einer Anwaltskanzlei und ein anderes Finanzunternehmen. Ich lud Motivationsredner ein, die mit ihnen sprachen, Menschen, die wie sie aussahen und so aufgewachsen waren wie sie. Alles Möglichkeiten, die sie sonst nicht gehabt hätten.

Natürlich mussten sie selbst eine Menge Arbeit investieren. Zum Programm gehörte, dass die Jungen selbst Grundregeln für das Projekt festlegten – sie mussten gut gekleidet sein, die Krawatte ordentlich gebunden, die Schuhe geputzt, durften keine schlechten Noten haben, mussten ihre Hausaufgaben gemacht haben und ein gutes Vorbild für ihre Mitschüler sein.

Und weil sie ihre Regeln selbst festgelegt hatten, standen sie auch dafür ein: Wenn jemand dagegen verstieß, verwiesen andere auf die Charta. Einmal erschien jemand zu einer Besprechung mit offener Krawatte, weil er sich an der Hand verletzt hatte, und zwei andere sprangen sofort auf, um sie für ihn zu richten.

Das Endergebnis? Na ja, ein paar haben vorzeitig abgebrochen, aber alle anderen sind dabeigeblieben und haben sich in ihren Prüfungen um mindestens eine Note verbessert, manche sogar um zwei.

Vor allem aber erlebten sie, dass sich für sie Möglichkeiten ergaben, von denen sie vorher nichts wussten."

Zusammengefasst

Was Sie überzeugt, ist nicht unbedingt dasselbe wie das, was jemand anderen überzeugt. Sie müssen sich also genau überlegen, wie Sie anderen Ihre Botschaft präsentieren.

○ **Das Wann, Wo und Wie ist wichtig**
Wählen Sie den Zeitpunkt sorgfältig aus: Wählen Sie den Zeitpunkt und den Ort, an dem die Wahrscheinlichkeit am größten ist, dass die Gegenseite Ihre Botschaft unterstützt. Verlassen Sie sich trotz aller Bequemlichkeit nicht zu sehr auf E-Mail-Kommunikation: Telefon oder ein persönliches Gespräch funktionieren wahrscheinlich viel besser.

○ **Arbeiten Sie mit dem, was die anderen Ihnen geben**
Benutzen Sie das, was die anderen antreibt, benutzen Sie ihre Argumente, benutzen Sie ihre Worte. Die Menschen sind so hilfsbereit – sie geben einem vieles, was man verwenden kann; es wäre unhöflich, etwas anderes zu benutzen. Und es wäre sicherlich weniger effektiv.

○ **Seien Sie kein Energie-Vampir**
Die Menschen sind gern mit Menschen zusammen, in deren Nähe sie sich gut fühlen, und sie lassen sich auch eher von solchen Menschen überzeugen. Seien Sie also charmant, machen Sie Komplimente, bedanken Sie sich, erkennen Sie die Bemühungen der anderen an und sagen Sie viel öfter Ja als Nein. Ja?

○ **Auch Ihr Körper kommuniziert**
Vergewissern Sie sich also, dass er mit Ihren Aussagen übereinstimmt. Setzen Sie Ihre Körpersprache ein, um Status, Glaubwürdigkeit und Zugänglichkeit zu ver-

mitteln. Die Menschen können auf eine Hunderte Millionen Jahre alte Geschichte zurückblicken, in der die nonverbale Kommunikation die *einzige* Kommunikation war.

○ **Schaffen Sie den Bewertungskontext**
Sie können beeinflussen, wie jemand eine Situation wahrnimmt, indem Sie sie in einen Zusammenhang stellen. Das funktioniert auf der Ebene des Gesprächs (wenn man etwa eine Wahlmöglichkeit anbietet, erhöht sich die Wahrscheinlichkeit, dass die Person Ja sagt) oder auf der Ebene des Satzes (wenn man etwa um Erlaubnis bittet, eine heikle Frage zu stellen, wird sie großzügiger aufgenommen).

○ **Erzählen Sie eine tolle Geschichte**
Menschen lieben gute Geschichten. Wenn Sie also wollen, dass sie zuhören, erzählen Sie ihnen eine tolle Geschichte. Sie werden eher auf die Geschichte als auf logische Ausführungen anspringen.

Und die gute Nachricht ist, dass Sie das meiste von dem, was Sie brauchen, um in diesem Teil des Prozesses erfolgreich zu sein, durch die Arbeit in den Kapiteln 1 bis 5 gelernt haben. Und wenn nicht, gehen Sie die Kapitel 1 bis 5 noch einmal durch, denn wahrscheinlich haben Sie noch etwas übersehen, was den entscheidenden Unterschied ausmacht, wenn es darum geht, die Meinung einer anderen Person zu ändern.

Nachwort

Bessere Ergebnisse erzielen, bessere Beziehungen aufbauen, die Welt retten

Die meisten Methoden, die wir einsetzen, um andere zu überzeugen, funktionieren einfach nicht.

Selbst die Methoden, für die bei extrem wichtigen Ereignissen Millionen Euro ausgegeben werden, funktionieren nicht. Eine systematische Metaanalyse von 49 Feldexperimenten zu politischen Kampagnen bei US-Wahlen ergab, dass die durchschnittliche Wirkung auf die Meinungsbildung der Wähler bei etwa null liegt.

Wir müssen also unser Vorgehen ändern, wenn wir effektiver sein wollen.

Deep Canvassing: Anderen zuhören

Wir haben unser Buch mit der Abstimmung in Maine im Jahr 2009 begonnen, bei der eine Mehrheit gegen LGBT-Rechte stimmte, die aber drei Jahre später rückgängig gemacht werden sollte. Etwa zur gleichen Zeit erlitt die LGBT-Community in Kalifornien einen ähnlichen Rückschlag, als die „Proposition 8" verabschiedet wurde, mit der die gleichgeschlechtliche Ehe so gut wie verboten wurde.

David Fleischer wurde kurz darauf Direktor des LGBT-Zentrums in Los Angeles und beschloss, den Grund dafür herauszufinden. Er und sein Team gingen auf die Straße und klopften an die Haustüren, nicht um die Menschen zu überreden (dafür war es zu spät), sondern um ihnen zuzuhören. Dabei stellte er fest, dass Zuhören viel besser überzeugen kann als jeder andere Ansatz, den er zuvor gewählt hatte. Die Technik des „Deep Canvassing" (intensive Stimmenwerbung) war geboren.

Die Politikwissenschaftler David Broockman von der University of California, Berkeley und Josh Kalla von der Yale University führten eine Reihe von Studien über Deep Canvassing durch – und diese erwiesen sich als bemerkenswert erfolgreich.[1], [2] In einer Studie zur US-Präsidentschaftswahl zwischen Donald Trump und Joe Biden 2020 fanden sie heraus, dass jeweils 100 durchgeführte Gespräche im Durchschnitt 3,1 neue Stimmen für Biden generierten. Das mag nach wenig klingen, ist aber schätzungsweise 100-mal wirksamer als ein klassisches Überzeugungsprogramm bei Präsidentschaftswahlen und hätte ausgereicht, um das Ergebnis der Wahl 2016 in neun verschiedenen Bundesstaaten zu ändern.

Was funktioniert das konkret? Nun, anstatt die Wähler zu überreden, ihre Meinung zu ändern, hört man ihnen *zu*. Der Stimmenwerber befragt den Wähler auf vertrauensvolle und unvoreingenommene Weise nach seiner Meinung zu einem bestimmten Thema und stellt dann eine Reihe offener Fragen zu seinen Erfahrungen mit diesem Thema, um ihm zu helfen, ehrlich und analytisch darüber zu reflektieren. Der Stimmenwerber wird auch seine eigene Geschichte erzählen.

Indem sie mithilfe von Werten, die allen Menschen gemeinsam sind, eine Verbindung aufbauen, Geschichten austauschen und den Wählern erlauben, ihre eigenen Schlussfolgerungen zu ziehen, anstatt sie unter Druck zu setzen, ihre Meinung zu ändern, gelingt es ihnen oft, die Meinung der Menschen bezüglich einiger sehr kontroverser Themen zu ändern. Aber wenn Sie das Buch bis hierher gelesen haben, wird Sie das überhaupt nicht überraschen.

Denn Deep Canvassing unterscheidet sich nicht wesentlich von Motivierender Gesprächsführung, dem Ansatz, der bei Suchtkranken und Wiederholungstätern so gut funktioniert. Oder von Disciplined Listening oder dem forensischen Befragen, dem Ansatz, der bei Polizeiverhören funktioniert. Oder der Behavioural Change Stairway, der Strategie des Geiselverhandlers. Das ist immer der gleiche Ansatz, nur jeweils mit einem anderen Namen.

Es ist wirklich bemerkenswert, dass so unterschiedliche Bereiche, die alle auf ihre eigene Art und Weise gleich schwierig sind, unabhängig voneinander so ähnliche Strategien entwickelt haben.

Was hat das mit Tennis zu tun?

Das sind die Techniken, die funktionieren: die Vorhand und die Rückhand der Überzeugung. Roger Federer (ersetzen Sie diesen Namen ruhig durch Rafael Nadal, Novak Djokovic oder Serena Williams, wenn Sie das bevorzugen) erfand nie irgendeine erstaunliche neue Schlagart: Er spielte einfach Vorhand und Rückhand – genau wie jeder andere Spieler auch.

Federer gewann natürlich nicht jedes Spiel, aber wenn er es tat, dann mit diesen Schlägen, und wenn nicht, hatte er diese Schläge nicht gut genug gespielt.

Es ist dasselbe, wenn man jemanden umstimmen will. Ihr Ziel vor Augen zu haben, zu recherchieren, zuzuhören, Stärke zu zeigen, die Lösung mitzugestalten und die Botschaft auf die richtige Art und Weise für den anderen zu vermitteln – das sind die Grundschläge des Spieles, nämlich Vorhand und Rückhand. Das sind die Schläge, die funktionieren, und Sie können lernen, sie immer besser zu beherrschen und in immer schwierigeren Situationen immer überzeugender zu werden.

Hoffentlich, liebe Leserin, lieber Leser, werden Ihre Überzeugungsgespräche selten so extrem sein wie die Überzeugung von Suchtkranken, Terroristen oder Geiselnehmern, sodass die in diesem Buch beschriebenen Mittel vollkommen ausreichen dürften. Das heißt nicht, dass Sie immer alle Menschen überzeugen werden, aber wenn nicht, müssen Sie einfach die Methoden überdenken und besser einsetzen. Federer erfand keinen neuen Schlag, wenn er ein Spiel verlor, spielte er einfach eine bessere Vorhand und eine bessere Rückhand.

Dieser schöne kaputte Planet

Im Jahr 2010 saß ich draußen in einem Café in der syrischen Hauptstadt Damaskus. Ich genoss die Atmosphäre einer wunderschönen historischen Stadt und beobachtete die Einheimischen bei ihren täglichen Besorgungen. Mir ging der Gedanke durch den Kopf, dass das nahe gelegene Bagdad nur zehn Jahre zuvor eine solche Stadt gewesen und nun in Schutt und Asche gebombt worden war – so viele zerstörte Menschenleben, Familien, Geschäfte und Gebäude.

Während ich die Damaszener beobachtete, wie sie sich unterhielten, lachten und ihr Ding machten, kam mir der Gedanke, dass die Menschen in Bagdad ganz ähnlich waren, ganz normale, nette Leute, die ihr Leben weiterleben wollten; das Allerletzte, was sie wollten, waren die Verwüstungen des Krieges. Und mir kam der Gedanke, dass das Gleiche auch hier in Damaskus passieren könnte, was für eine Tragödie das wäre.

Ein Jahr später wurden meine Befürchtungen Realität.

Wir müssen unsere Herangehensweise ändern.

Tun wir es jetzt

Und zwar schnell. Wir leben in einer beschleunigten Welt, in der die Technologie immer schneller neue Technologien hervorbringt. Das ist eine fantastische Nachricht. Wir haben ein Paradies auf Erden vor Augen. Uns stehen die Mittel zur Verfügung, um eine Welt des Überflusses für alle zu schaffen; eine Welt, wie sie in Mythen gezeichnet wird – Utopia, Eden, Arkadien, Shangri-La, wie auch immer Sie es nennen wollen. Wir können es schaffen.

Aber es ist auch eine gefährliche Nachricht. Wie der große Biologe Edward O. Wilson feststellte, verfügen wir über altsteinzeitliche Gehirne, mittelalterliche Institutionen und gottgleiche Technologie. Das ist keine gesunde Kombination. Unsere Macht ist enorm; wir müssen lernen, sie besser zu nutzen. Wir sind eine so erstaunliche Spezies, die in ihrer kurzen Geschichte so viele unglaubliche Dinge getan hat. Aber egal ob Krieg, Klimawandel, der katastrophale Zusammenbruch der Natur oder der Winner-takes-all-Kapitalismus – das alles zeigt, wie zerstörerisch wir sein können.

Wir sind die Unterart Homo sapiens sapiens – „sapiens" bedeutet weise und wir tragen diesen Namen gleich zweimal. Halten wir uns in unserem eigenen Interesse daran.

Nicht nur Zeiten, auch Meinungen ändern sich

Abgesehen von Gewalt und Zwang gibt es derzeit drei vorherrschende Methoden der Überzeugungsarbeit:

- Herumschreien – wie in den sozialen Medien
- Manipulation – wie im Onlineverkauf und in der Werbung
- Lügen – wie in der Politik.

Kein Wunder, dass unser Planet am Ende ist.

Die gute Nachricht ist, dass es eine Methode gibt, die besser funktioniert, und zwar die, die in diesem Buch beschrieben wurde. Diese Herangehensweise wird die Menschen dazu bringen, konstruktiv und nicht destruktiv zu reden; sie wird die Menschen dazu bringen, sich zu öffnen und sich nicht zu verschließen; sie wird Wunden heilen und nicht vergrößern; sie wird Gräben überbrücken und nicht vertiefen.

Mit ihr können wir den Weg einschlagen, den wir wirklich beschreiten wollen.

Aber selbst, wenn Sie sich nicht um andere Leute kümmern, selbst wenn Sie sich nur um sich selbst als Zentrum des Universums kümmern, wird Ihnen diese Herangehensweise am besten helfen. Denn sie führt nicht nur zu besseren Ergebnissen, sondern auch zu besseren Beziehungen.

Ergebnisse und Beziehungen, daraus besteht Ihr Leben.

Das sind Ihre Karriere, das Haus, in dem Sie wohnen, Ihr Urlaub; das sind Ihre Kollegen, Ihre Freunde, die Menschen um Sie herum; das sind Ihre Lieben, Ihre Kinder, Ihre Familie.

Das ist Ihr Leben.

Sie können die Meinung von anderen ändern, Sie können viele Meinungen ändern und damit bessere Ergebnisse erzielen und bessere Beziehungen aufbauen. Wenn Sie das also gut können, werden Sie auch Ihr Leben gut meistern und allen um Sie herum helfen, ihr Leben ebenfalls gut zu meistern.

Vielleicht retten Sie dabei sogar die Welt.

Viel Erfolg dabei.

Danksagung

Der Autor dankt folgenden Personen für ihre Beiträge:

27–28 Anne Nusselder: Anne Nusselder, Opfrisdame. Die Opfrisdamen machen improvisiertes Theater auf Festivals, Firmenveranstaltungen und in Pflegeheimen. Anne unterrichtet (visuelles) Storytelling und Präsentation an der Universität der Künste in Utrecht;

32–33 Vitas Poshkus: Vitas Poshkus, Gründer von PVA Developments, eines designorientierten Bauunternehmens, das sich auf maßgeschneiderte Wohnprojekte für Privatkunden spezialisiert hat;

36–39 Igor Rybakov: Igor Rybakov, Seriengründer, Risikokapitalgeber, Philanthrop, steht laut *Forbes* auf der Liste der reichsten Menschen der Welt. Er ist Mitbegründer des Unternehmens Technonikol und Gründer der Rybakov-Stiftung und des Rybakov-Preises (von *Forbes* als „Nobelpreis für Bildung" bezeichnet) sowie der X10 Academy, einer Schule für Unternehmer;

42 Reed Hastings: Zitiert nach Reed Hastings;

43 Geoff Mulgan: Zitiert nach Geoff Mulgan;

47–49 Jenny Radcliffe: Jenny Radcliffe, Sozialingenieurin, Sicherheitsexpertin für menschliche Faktoren, Menschen-Hackerin. Jenny nutzt ihr Fachwissen in den Bereichen nonverbale Kommunikation, Täuschung und Überzeugungstechniken für ethisches White Hat Hacking, um die Websites ihrer Kunden zu sichern und sie vor feindlichen Angriffen zu schützen. Sie war Teil der Spezialeinheit bei der erfolgreichen *Channel 4*-Serie „Hunted";

60–62 Patrick Fagan: Patrick Fagan, Verhaltensforscher, Gastdozent an drei Londoner Universitäten, Autor von *Hooked: Why cute sells ... and other marketing magic that we just can't resist* (Pearson). Er war leitender Psychologe bei Cambridge Analytica und ist derzeit Chief Scientific Officer bei der verhaltenswissenschaftlichen Beratungsfirma Capuchin;

65–66 Lynda Bourne: Dr. Lynda Bourne, Expertin für Stakeholder-Engagement, Dozentin an der Monash University und Direktorin für berufliche Entwicklung bei Mosaic Project Services. Sie ist eine anerkannte internationale Autorität auf dem Gebiet des Stakeholder-Managements und der Visualisierungstechnologien und hat in zahlreichen akademischen Zeitschriften und Fachzeitschriften Beiträge zu diesem Thema veröffentlicht.

68–70 David Landsman: David Landsman war unter anderem britischer Botschafter in Griechenland, britischer Botschafter in Albanien, Geschäftsführer von Tata Ltd. (Europa) und Direktor des UK India Business Council. Als internationaler Verhandlungsführer und Experte für Unternehmensstrategie und Geopolitik ist er derzeit Vorsitzender von Cerebra Global Strategy und zudem Vorsitzender der Britisch-Serbischen Handelskammer;

83–85 Nargis Begum: Aliya ist Rechtsanwältin und arbeitet als Unternehmensjuristin für eine Investmentbank. Verwendung mit Genehmigung;

88–91 Sue Atkins: Sue Atkins, The Parenting Coach, ist Erziehungsexpertin in der ITV-Sendung „This Morning" sowie bei *BBC-Radio, Disney Junior* und „Good Morning Britain". Zudem moderiert sie zahlreiche weitere Fernsehsendungen auf der ganzen Welt. Sie ist seit über 15 Jahren als Erziehungsberaterin tätig.

96–98 Michael Reddington: Michael Reddington, zertifizierter forensischer Befrager, Entwickler der Disciplined Listening Method, Präsident von InQuasive, Inc. Er ist Experte darin, Menschen von einer Abwehrhaltung zur Zusammenarbeit zu bewegen. Er hat mehr als ein Jahrzehnt damit zugebracht, Ermittler in der erfolgreichen Anwendung nicht konfrontativer Interview- und Verhörtechniken zu schulen, und ist Autor des Buches *Disciplined Listening*;

105–108 Richard Bryant-Jefferies: Richard Bryant-Jefferies, Berater und Autor. Er hat viele Jahre als Berater und Supervisor in verschiedenen Bereichen gearbeitet und sich dabei auf die Suchtberatung spezialisiert. Bryant-Jefferies hat über 20 Bücher zu diesem Thema geschrieben und zahlreiche Kapitel in anderen Fachbüchern veröffentlicht;

123–125 David Owen: Lord David Owen war von 1977 bis 1979 britischer Außenminister und 26 Jahre lang Parlamentsabgeordneter für Plymouth. Er war auch Marine- und Gesundheitsminister und Mitbegründer der Sozialdemokratischen Partei, deren Vorsitz er von 1983 bis 1987 und von 1988 bis 1990 innehatte. Von 1992 bis 1995 war er EU-Friedensvermittler im ehemaligen Jugoslawien, er ist Mitverfasser des Vance-Owen-Friedensplans;

129–130 Chris Bryant: Chris Bryant, britischer Unterhaus-Abgeordneter für Rhondda. Er war stellvertretender Vorsitzender des Unterhauses und Unterstaatssekretär für Europa und Asien. Bryant war auch Schattenminister für Kultur und Oppositionsführer des Unterhauses;

136–137 Koen Schoenmakers: Koen Schoenmakers ist Mitbegründer und Vorsitzender der Positive Impact Society an der Erasmus-Universität;

139 John Lydon: Zitiert nach John Lydon;

139 Aristoteles: Zitiert nach Aristoteles;

154–156 Juan Fernando Cristo: Juan Fernando Cristo, kolumbianischer Rechtsanwalt und Politiker sowie ehemaliger Präsident des kolumbianischen Senats. Er war von 2014 bis 2016 kolumbianischer Innenminister während der Friedensverhandlungen mit der FARC und einer der Verhandlungsführer dieser Gespräche;

168 und 171–174 Gary Noesner: Gary Noesner, FBI-Geiselverhandler. Er war 23 Jahre lang als Geiselverhandler für das FBI tätig und leitete dessen Krisenverhandlungseinheit. Noesner war technischer Berater bei der Netflix-Serie „Waco" und eine der Hauptfiguren der Serie. Er entwickelte den zentralen Rahmen für Geiselverhandlungen, *The Behavioural Change Stairway*, und schrieb den Bestseller *Stalling for Time: My Life as an FBI Hostage Negotiator*;

178 Napoleon Bonaparte: Zitiert nach Napoleon Bonaparte;

180–181 Paul Chard: Paul Chard, Vorsitzender des Northampton Croquet Club, fand einen kreativen Weg zur Beilegung eines lokalen Streits;

190–193 Jo Hemmings: Jo Hemmings, Verhaltenspsychologin und Expertin für Beziehungscoaching. Sie wurde mehrfach zum „Dating Coach of the Year" (Dating-Coach des Jahres) in Großbritannien gewählt und saß auch schon in der Jury der UK Dating Awards. Hemmings ist beratende Psychologin bei einer Reihe von Fernsehsendungen und Psychologin für die Beurteilung und Fürsorgepflicht bei mehreren Reality-TV-Serien. Sie ist Autorin mehrerer Bücher über Psychologie und Beziehungen;

212–214 Danny Russell: Danny Russell, Brand Insights Consultant. Er hat über 28 Jahre seine Expertise in strategischem Markenverständnis für große globale Marken wie 21st Century Fox, Vodafone, *The Economist* und *Sky TV* aufgebaut;

216 Deborah Tannen: Zitiert nach Deborah Tannen;

228–230 David Villa-Clarke: David Villa-Clarke, BEM, Gründer von DVC Wealth Management. Er ist außerdem Vorsitzender von Project Volunteer, einer Wohltätigkeitsorganisation, die seit 15 Jahren Projekte in Afrika unterstützt, und CEO der Aleto Foundation, einer Wohltätigkeitsorganisation für soziale Mobilität, die jungen Menschen aus benachteiligten Bevölkerungsgruppen Führungsqualitäten vermittelt. Für sein Engagement in den Bereichen Wohltätigkeit und Mentoring wurde Villa-Clarke mit der British Empire Medal ausgezeichnet.

Endnoten

Kapitel 1

1 MacDonald, K. (2008), *One Red Paperclip: The Story of How One Man Changed His Life One Swap at a Time*. Kyle MacDonald, Ebury Press.
2 Siehe www.telegraph.co.uk/women/mother-tongue/6559883/Families-spend-four-days-a-year-arguing.html (Zugriff am 5. Januar 2022).

Kapitel 2

1 Matz, S. C. und Harari, G. M. (2020), Personality-place transactions: mapping the relationships between big five personality traits, states, and daily places. *Journal of Personality and Social Psychology: Personality Processes and Individual Differences* 120 (5): 1367–1385. www.gwern.net/docs/psychology/personality2020-matz.pdf.
2 North, A., Hargreaves, D. und McKendrick, J. (1997), In-store music affects product choice. *Nature* 390: 132. https://doi.org/10.1038/36484.
3 Mitchell, G. (1999), *Making Peace: The Inside Story of the Making of the Good Friday Agreement*. William Heinemann.

4   Levine, M., Prosser, A., Evans, D. und Reicher, S. (2005), Identity and emergency intervention: how social group membership and inclusiveness of group boundaries shape helping behavior. *Personality & Social Psychology Bulletin* 31: 443–453. https://doi.org/10.1177/0146167204271651.

5   Hirsh, J., Kang, S. und Bodenhausen, G. (2012), Personalized persuasion: Tailoring persuasive appeals to recipients' personality traits. *Psychological Science* 23: 578–581. https://doi.org/10.1177/0956797611436349.

6   https://www.academia.edu/9995428/The_paradox_of_project_control.

Kapitel 3

1   Derber, C. (2000), *The Pursuit of Attention: Power and Ego in Everyday Life.* Oxford University Press.

2   Kaplan, J., Gimbel, S. und Harris, S. (2016), Neural correlates of maintaining one's political beliefs in the face of counterevidence. Scientific Reports 6, 39589. https://doi.org/10.1038/srep39589.

3   Zajonc, R. B. (1980), Feeling and thinking: preferences need no inferences. *American Psychologist* 35(2): 151–175. https://doi.org/10.1037/0003-066X.35.2.151.

4   Siehe www.nytimes.com/2016/02/28/magazine/what-google-learned-from-its-quest-to-build-the-perfect-team.html (abgerufen am 10. Januar 2022).

5   Alison, E. und Alison, L. (2020), *Rapport: The Four Ways To Read People.* Vermilion.

6   Lieberman, M. D., Eisenberger, N. I., Crockett, M. J., Tom, S. M., Pfeifer, J. H. und Way, B. M. (2007), Putting feelings into words: affect labeling disrupt amygdala activity in response to affective stimuli. *Psychological Science* 18 (5): 421–428.

7   Shapiro, D. (2016), *Negotiating the Nonnegotiable: How to Resolve Your Most Emotionally Charged Conflicts.* Penguin Books.

8   Morwitz, V., Johnson, E. und Schmittlein, D. (1993), Does measuring intent change behavior? *Journal of Consumer Research* 20 (1): 46–61. www.jstor.org/stable/2489199.

9   Greenwald, A. G., Carnot, C. G., Beach, R. und Young, B. (1987), Increasing voting behavior by asking people if they expect to vote. *Journal of Applied Psychology* 72 (2): 315–318. https://doi.org/10.1037/0021-9010.72.2.315.

10   Huang, K., Yeomans, M., Brooks, A. W., Minson, J. und Gino, F. (2017), It doesn't hurt to ask: question-asking increases liking. *Journal of Personality and Social Psychology* 113(3): 430–452. https://doi.org/10.1037/pspi0000097.

11   Yi Hu, Yinying Hu, Xianchun Li, Yafeng Pan und Xiaojun Cheng (2017), Brain-to-brain synchronization across two persons predicts mutual prosociality. *Social Cognitive and Affective Neuroscience* 12 (12): 1835–1844.

12 Stephens, G. J., Silbert, L. J. und Hasson, U. (2010), Speaker-listener neural coupling underlies successful communication. *Proceedings of National Academy of Sciences USA* 107 (32): 14425–14430. https://doi.org/10.1073/pnas.1008662107.

13 Smirnov, D., Saarimäki, H., Glerean, E., Hari, R., Sams, M. und Nummenmaa, L. (2019), Emotions amplify speakerlistener neural alignment. *Human Brain Mapping* 40 (16): 4777–4788. https://doi.org/10.1002/hbm.24736.

Kapitel 4

1 Arreguín-Toft, I. (2005), *How the Weak Win Wars: A Theory of Asymmetric Conflict.* Cambridge Studies in International Relations Book 99, Cambridge University Press.

2 Noesner, G. (2010), *Stalling for Time: My Life as an FBI Hostage Negotiator.* Random House.

3 Zak, P. (2013), *The Moral Molecule: How Trust Works.* Plume Books.

4 John, L. K. (2016), How to negotiate with a liar. *Harvard Business Review*, Juli–August 2016.

5 Lee, F., Peterson, C. und Tiedens, L. (2004), Mea culpa: predicting stock prices from organizational attributions. *Personality and Social Psychology Bulletin* 30 (12): 1636–1649.

6 Ho, B. und Liu, E. (2011), Does sorry work? The impact of apology laws on medical malpractice. *Journal of Risk and Uncertainty* 43: 141–167.

7 Halperin, B., Ho, B., List, J. und Muir, I. (2022), Toward an understanding of the economics of apologies: evidence from a large-scale natural field experiment. *The Economic Journal* 132 (641): 273–298.

8 Dalio, R. (2017), *Principles: Life and Work.* Simon & Schuster.

9 Tetlock, P. und Gardner, D. (2016), *Superforecasting: The Art and Science of Prediction.* Random House.

Kapitel 5

1 Siehe www.england.nhs.uk/wp-content/uploads/2017/04/ppp-involving-people-health-care-guidance.pdf (Zugriff am 6. Januar 2022).

2 Zartman, W. und Faure, G. (2011), *Engaging Extremists: Trade-Offs, Timing, and Diplomacy.* United States Institute of Peace Press.

3 Grenny, J., Patterson, K., Maxfield, D., McMillan, R. und Switzler, A. (2013), *Influencer: The New Science of Leading Change.* McGraw-Hill.

4 Osborn, A. (1942), *How To Think Up.* McGraw-Hill.

5   Osborn, A. (1963), *Applied Imagination: Principles and Procedures of Creative Problem Solving*. Charles Scribner's Sons.

6   Blas, J. und Farchy, J. (2021), *The World For Sale: Money, Power and the Traders Who Barter the Earth's Resources*. Oxford University Press.

7   Lax, D. und Sebenius, J. (1986), *The Manager as Negotiator: Bargaining for Cooperation and Competitive Gain*. The Free Press.

8   Shapiro, D. (2016), *Negotiating the Nonnegotiable: How to Resolve Your Most Emotionally Charged Conflicts*. Penguin Books.

9   Stone, D., Patton, B. und Heen, S. (2011), *Difficult Conversations: How to Discuss What Matters Most*. Penguin.

Kapitel 6

1   Watkins, S. (2010), *Bernie: The Biography of Bernie Ecclestone*. Haynes Publishing.

2   Siehe www.youtube.com/watch?v=haCMlpDKxLk (Zugriff am 6. Januar 2022).

3   Danziger, S., Levav, J. und Avnaim-Pesso, L. (2011), Extraneous factors in judicial decisions. *Proceedings of the National Academy of Sciences USA* 108(17): 6889–6892. https://doi.org/10.1073/pnas.1018033108.

4   Valley, K. L. (2000), The electronic negotiator: negotiations over email. *Harvard Business Review* 78 (1) (Januar–Februar): 16–17. Nachdruck F00103.

5   Parlamis, J. und Ames, D. (2010), Face-to-face and email negotiations: a comparison of emotions, perceptions and outcomes. *SSRN Electronic Journal*. https://doi.org/10.2139/ssrn.1612871.

6   Feinberg, M. und Willer, R. (2012), The moral roots of environmental attitudes. *Psychological Science* 24 (1): 56–62. https://doi.org/10.1177/0956797612449177.

7   Wolsko, C., Ariceaga, H. und Seiden, J. (2016), Red, white, and blue enough to be green: effects of moral framing on climate change attitudes and conservation behaviors. *Journal of Experimental Social Psychology* 65: 7–19.

8   Loftus, E. F. und Palmer, J. C. (1974), Reconstruction of automobile destruction: an example of the interaction between language and memory. *Journal of Verbal Learning and Verbal Behavior* 13 (5): 585–589.

9   Vonk, R. (1998), The slime effect: suspicion and dislike of likeable behavior toward superiors. *Journal of Personality and Social Psychology* 74: 849–864. https://doi.org/10.1037/0022-3514.74.4.849.

10 McKenzie, C. R. M. und Nelson, J. D. (2003), What a speaker's choice of frame reveals: reference points, frame selection, and framing effects. *Psychonomic Bulletin & Review* 10: 596–602. https://doi.org/10.3758/BF03196520

11 Tversky, A. und Kahneman, D. (1986), Rational choice and the framing of decisions. *The Journal of Business* 59 (4): Teil 2, S251–S278.

12 Burnham, T., McCabe, K. und Smith, V. (2000), Friend-or-foe intentionality priming in an extensive form trust game. *Journal of Economic Behavior & Organization* 43: 57–73. https://doi.org/10.1016/S0167-2681(00)00108-6.

13 Ariely, D. (2009), *Predictably Irrational: The Hidden Forces That Shape Our Decisions.* Harper.

14 Crum, A. J. und Langer, E. J. (2007), Mind-set matters: exercise and the placebo effect. *Psychological Science* 18 (2): 165–171.

15 Kahneman, D., Knetsch, J. L. und Thaler, R. H. (1990), Experimental tests of the endowment effect and the Coase theorem. *Journal of Political Economy* 98 (6): 1325–1348. https://doi.org/10.1086/261737.

16 Langer, E. J. (1975), The illusion of control. *Journal of Personality and Social Psychology* 32: 311–328.

17 Gallo, C. (2017), *Talk Like TED: The 9 Public Speaking Secrets of the World's Top Minds.* Pan.

Nachwort

1 Kalla, J. L. und Broockman, D. E. (2018), The minimal persuasive effects of campaign contact in general elections: evidence from 49 field experiments. *American Political Science Review* 112 (1): 148–166.

2 Broockman, D. und Kalla, J. (2016), Durably reducing transphobia: a field experiment on door-to-door canvassing. *Science* 352 (6282): 220–224.

288 Seiten,
broschiert,
19,90 [D] / 20,50 [A]
ISBN: 978-3-86470-834-3

Jonah Berger
The Catalyst – Der Überzeugungskünstler

Jonah Berger stellt in diesem Buch eine effektive Methode vor, wie man Veränderungen anstoßen kann. Der Schlüssel besteht nicht darin, sein Gegenüber zu etwas zu drängen, sondern die fünf Barrieren zu beseitigen, welche die andere Person vom Handeln abhalten. Diese Barrieren sind: Abwehrhaltung, Festhalten am Status quo, Distanz, zu große Ungewissheit und zu geringe Beweiskraft. Viele Fallbeispiele belegen: Diese praxiserprobte Strategie funktioniert! Mit ihr wird jeder Leser in die Lage versetzt, Veränderungen anzustoßen und voranzutreiben.

BOOKS④SUCCESS

448 Seiten
gebunden mit SU
39,99 [D] / 41,20 [A]
ISBN: 978-3-86470-569-4

Michael Ehlers
Rhetorik

Die Rhetorik ist unverzichtbar für jeden, der professionell auftreten, an seiner Wirkung arbeiten und nachhaltig beeindrucken möchte. Im digitalen Zeitalter hat sich Kommunikation jedoch gravierend verändert. Sie wurde schneller und manipulativer. Praxisnah und effizient transferiert Top-Trainer Ehlers die Redekunst ins 21. Jahrhundert und beweist, dass Rhetorik eine Fähigkeit ist, die es zu verstehen und zu beherrschen lohnt.

BOOKS④SUCCESS

CHRISTOPHER HADNAGY | SETH SCHULMAN

Wie Social Engineering
funktioniert und wie Sie
sich dagegen schützen

HUMAN HACKING

320 Seiten,
broschiert,
24,90 [D] / 25,60 [A]
ISBN: 978-3-86470-759-9

Christopher Hadnagy & Seth Schulman
Human Hacking

Christopher Hadnagy ist ein Meister-Hacker – allerdings nicht am Computer. Er hat sich darauf spezialisiert, Menschen zu hacken, das heißt, ihnen mit einfachen Techniken wertvolle Informationen zu entlocken, um so Situationen zu seinen Gunsten zu beeinflussen. Beruflich nutzt er diese Gabe, um Unternehmen dabei zu beraten, wie sie die Sicherheitslücke „Mensch" schließen können. In seinem neuen Buch zeigt er, wie jedermann Menschen auf seine Seite ziehen, die Körpersprache seines Gegenübers lesen und sich selbst vor Manipulationen durch andere schützen kann.

BOOKS 4 SUCCESS

DR. MARIO HERGER

TOTSCHLAG-ARGUMENTE
für Anfänger
…

Wie Sie erfolgreich
jede Diskussion
im Keim ersticken

Praxistaugliche Tipps
und Tricks des Autors von
„Sorry not sorry"

160 Seiten,
broschiert,
14,90 [D] / 15,40 [A]
ISBN: 978-3-86470-813-8

Dr. Mario Herger
Totschlagargumente für Anfänger

Ob Corona-Impfung oder Tempolimit, Erbschaftsteuer oder
Aktienrente: Debattierfreudige Zeitgenossen finden in diesen
Zeiten Themen en masse. Manche perfektionieren die Kunst des
Totschlagarguments – und ersticken damit die meisten Diskussionen. Floskeln von „Das haben wir schon immer so gemacht" bis hin
zu „Das trifft wieder nur den kleinen Mann" begleiten uns zuhauf.
Wie sie funktionieren, was man dagegen tun kann – und wie man
sie im Notfall auch selber nutzt –, erklärt der Autor von „Sorry not
sorry" augenzwinkernd in diesem Buch.

BOOKS4SUCCESS

288 Seiten
Taschenbuch
9,90 [D] / 10,20 [A]
ISBN: 978-3-86470-802-2

Ingeborg Rauchberger
Schlagfertig war gestern!

Jeder möchte schlagfertig sein – aber warum eigentlich? Ob in
Verhandlungen oder im Ehekrach – zu viel Schlagfertigkeit kann
ganz schnell zum Bumerang werden, nämlich wenn sich der andere
persönlich angegriffen fühlt. Wie Sie auch ganz anders sehr erfolgreich argumentieren können, das beschreibt Verhandlungsexpertin
Ingeborg Rauchberger in ihrem Bestseller, der inzwischen als
Taschenbuch aufgelegt wurde.

BOOKS④SUCCESS

400 Seiten,
gebunden mit SU,
24,90 [D] / 25,60 [A]
ISBN: 978-3-86470-671-4

Rachel Botsman
Wem kannst du trauen?

Das Vertrauen in die Regierung, die Unternehmen, die Medien ist auf einem historischen Tiefststand. Andererseits handeln wir mit digitalen Währungen, vertrauen Bots, unterhalten uns mit Smart Speakern. Die Vertrauensforscherin Rachel Botsman erklärt diesen technologisch getriebenen Paradigmenwechsel und beschreibt, wie sich die Welt in einem Zeitalter des „verteilten Vertrauens" neu ordnet. Worauf es jetzt ankommt? Untereinander, Kunden und Firmenpartnern Vertrauensbrücken zu bauen, um die entstandenen Vertrauenslücken zu überwinden.

PLASSEN
VERLAG